主義克服のための朝鮮史

平凡社ライブラリー

Heibonsha Library

排外主義克服のための朝鮮史

梶村秀樹著

平凡社

目次

Ⅰ　排外主義克服のための朝鮮史

［1971年］

序　はじめに……14
一　なぜ朝鮮史を学ぶのか……20
1　在日朝鮮人の主体的必然性……22
2　おのれの価値観の転覆……26
3　アジア主義の系譜……32
4　問題はあくまでも具体的……36
二　朝鮮侵略の理論と思想……38
1　ヨーロッパ対アジアという図式と国家主義……39
2　福沢諭吉の侵略主義……42
3　大井憲太郎の「連帯の思想」の発想……44
4　他律性史観と停滞史観……47
5　講壇マルキストの「東洋社会論」……50
6　左翼科学者の戦争協力……53
三　戦後民主主義のもとでの朝鮮観……55

1 容易ならぬ思想的危機……55
2 古い歴史観の保存……58

四 朝鮮史の内在的発展……62
1 侵略史の暴露……63
2 社会経済史主義の偏向……65
3 朝鮮民衆の民族解放闘争……68
4 一人ひとりの朝鮮観……72

五 若干の補足と論争の深化のために……74
1 戦後のアジア・ブームについて……74
2 日韓闘争における思想問題……76
3 朝鮮の大衆運動の豊かさ……79
4 幸徳秋水の思想によせて……81
5 自分の痛みにつながる日帝百年の歴史……85
6 マルクス主義の歪曲に抗して……87
7 日本労働運動の腐敗との闘い……89
8 李光洙の道にみるもの……92

Ⅱ　朝鮮民族解放闘争史と国際共産主義運動

［1971年］

序　朝鮮史の主人公としての朝鮮人民……98

一　朝鮮革命運動の前史……105

1　朝鮮近代史の基本的発展段階……105

2　反封建闘争の諸形態……107

呉知泳の『東学史』／金玉均の再評価によせて

3　甲午農民戦争から三・一独立運動への流れ……113

日帝の暴力支配と独立運動のせめぎあい／天皇制イデオロギーと朝鮮植民地化

三・一運動の特質

4　労働者農民の歴史的擡頭と共産主義思想……121

朝鮮民衆の共産主義との出会い方／柳麟錫と李東輝の場合

マルクス主義への移行の過渡期／申采浩の闘い

二　朝鮮民族解放運動の国際的試練……131

1　朝鮮共産党の創設をめぐる苦闘……132

朝鮮共産党の解散

2　新幹会運動の意義……136

分裂と解体へ
3 赤色労・農組運動、解放区運動の展開……………141
文化・教育の主体的回復の闘い／間島パルチザンの大衆的激化
日帝の「満州国」建設との激突
4 朝鮮人民の国際主義観とコミンテルンの朝鮮観……………148
国際主義の理念と現実の落差／コミンテルンによる朝鮮共産党解散の指令
一国一党の原則／在満朝鮮人活動家の苦闘
5 民生団と朝中国際連帯の試練……………157
民族分断の歴史的縮図たる「満州国」／民生団による大謀略
固有の民族的要求の閉塞化
三 在日朝鮮人運動と日本人民の堕落……………164
1 全協と反帝同盟における朝鮮人の闘い……………165
2 日本プロレタリア運動の根本的反省にむけて……………169
圧倒的少数の体験のなかから／在日朝鮮人との連帯のために
四 金日成の抗日パルチザン闘争と八・一五への若干の諸問題……………175
1 コミンテルン七回大会路線の意味するもの……………176
2 祖国光復会の直面した課題……………179

3 指導なき大衆の反戦闘争……181

Ⅲ 八・一五以後の朝鮮人民
［1976年］

序 朝鮮現代史研究の実践的視点……194

一 戦後世界分割と朝鮮人民の苦闘……209
1 解放を主体的にむかえた朝鮮人民……210
2 自主的な統一政権……214
3 朝鮮人民共和国と朝鮮共産党……220
4 「信託統治」問題……229
5 朝鮮共産党と朴憲永……235
6 反米帝の闘い……243
7 南労党パルチザン闘争……250
8 阪神教育闘争……255

二 朝鮮南北分断の軍事的固定化……259
1 朝鮮戦争……259

2 朝鮮人民の惨禍と日本人民の責任……269
三 統一への苦難の時代……272
1 戦後分断体制が北半部に課した条件……272
2 李承晩の時代……279
四 革命と統一への新たな画期……284
1 六〇年四月蜂起……284
2 六一年初頭の情勢と朴軍事クーデター……291
3 日帝の再侵略と闘いの質的飛躍……297
解題——初出誌その他……307
排外主義克服のための朝鮮史 新納豊……307
朝鮮民族解放闘争史と国際共産主義運動 劉孝鐘……308
八・一五以後の朝鮮人民 水野直樹……308
解説 いま、なぜ梶村秀樹なのか——朝鮮と向きあうために 山本興正……311

凡例

一、本書は、一九九〇年に青年アジア研究会から刊行された同名の単行本を元とし、明石書店刊『梶村秀樹著作集』第一巻（一九九二年）、第四、五巻（各一九九三年）を底本とした。本書は、『梶村秀樹著作集』では、Ⅰ、Ⅱ、Ⅲの各部それぞれ分割して収録されていたものを、元の単行本の形にまとめたものである。ただし、元の単行本から『梶村秀樹著作集』に収録するにあたって、誤植や誤って脱落したと思われる文字などがある場合には、文脈から考えて元の表現に改めた。

一、底本では参考文献の記載の形式が各部不揃いであったが、本書ではこれを整理・統一した。

一、固有名詞に明らかな誤りがある場合には、適切なものに修正した。

一、注および『梶村秀樹著作集』の編者による編注は、各部の末尾にまとめて掲載した。

一、『梶村秀樹著作集』の編者による解題は、本書の末尾にまとめて掲載した。

一、朝鮮語で読まれる漢字には、適宜ルビを付した。ルビを付すにあたっては、このたび形式を統一し、便宜を図った。読み方も一部適切だと思われるものに変更した。

一、底本において、同一語句に対し、漢字・ひらがな・カタカナ・記号などが不統一に用いられている場合、文意に即して手を加えたところがある。

一、特に注記や補足が必要な場合には〔　〕を用いた。

一、右、本書の企画・編集・校訂は、姜徳相、山本興正、平凡社編集部の協議の下に行なった。

I

排外主義克服のための朝鮮史

［1971年］

序　はじめに

非常に緊迫した状況の中で、たいへん悠長な話のようですけれど、「朝鮮史の研究」を長い間試行錯誤してきた人間として、それにかかわる中で考えてきたこと、お役に立ちそうなことをお話してみたいと思います。

はじめに、かなり突拍子もないことなんですけれども、私どもが朝鮮史を勉強しはじめて以来、絶えず、いろんな形で朝鮮人の友人から、「お前なぜ朝鮮史をやるのか」「あんたの朝鮮史をやる必要性は何なのか」と問われるような経験をしてきた。そのたびに、例えば「そこに山があるから登る」式に、対象があるからとか、対象への愛からだとか、あるいは、学界であまりに市民権がなさすぎるからだとか、もうちょっと考えて、つまり、頭の中で理屈づけて、日本の排外主義的な思想状況を変えるために朝鮮史の研究が必要だとか、は答えてきたわけです。ところがそれでは、聞かれたことの答えにはなっていないような感じなんですね。そういう一般的・抽象的な論理ではなくて、具体的に私個人が、日本の排外主義を問題だという場合に、自分がそれとどうかかわっているのかを含めての「必然性」――それをはっきりさせておくべきだ、そうでないと、いつでも逃げられることになり、やり通せないぞと問われていたのではなかったかと思います。

「なぜやるのか」という問いは、研究の領域同様、運動の領域にたいしても若干形こそちがえ、向けられていると思います。例えば「入管法になぜ反対するのか」というように。

私は、はじめ質問の意図がなかなか、やっぱりのみこめなかった。のみこめない意識状態こそまさに問題だったと思います。あるときは「だいたい日本人自身の頭の〔上の〕ハエも追えないで朝鮮のことをわかったようにしゃべるな」ということなのかなあと考えたりした。それは重要な姿勢論だが、日本人自身を明らかにするためにも朝鮮を研究しないわけにはいかない。だから「朝鮮を研究してもだめだ」というようなことでは、少なくとも、ない。むしろその逆なのです。日本人である私個人の側にやらねばならない「必然性」があるはずだ。それを自己確認するべきだ。そうしないで無責任なことを散々いったあげく、ちょっと困難にぶつかると逃げ口上をみつけてやめてしまうようなことは許せないという意味がこめられていたと思います。私たち朝鮮を研究してきた者も当初非常に漠然としか、自分の「必然性」を実感できないような状況から出発している。そのこと自体がまさに問題なのですが、それをやっていく過程で、少なくともくりかえし、自分自身に問いかえしてはっきりさせていかなければならない。何だってそうだが、朝鮮にかかわる研究にしろ、運動にしろ、ふつうは避けて通れるようなそういう問いにいやおうなしにぶつかることが特徴だし、そういう意味で、やる意味が「私」にとって非常に大きい。

そのことを非常に重く考えるようになったのは、恥ずかしいことですけれども、一昨年末（一九六八年）の重大な一つの経験からです。朝鮮の研究をしている者としての根本的なショックを覚えたのでしたが、具体的にいうと、『朝鮮研究』という私どもがやっている雑誌で、朝鮮問題と違う面がありながら、私たちにとって共通の問題を含む被差別部落への差別発言を掲載してしまったのです。私はその座談会に出ていて、さらに編集者として原稿の段階でみたわけですが、なんの問題も感ぜずに聞きすごし、見すごしてしまった。もし朝鮮人にたいする差別発言がでてきた場合には、一応の知識があるだけに、事前に言葉の上だけではそれをなくすことが可能であったのかもしれません。これを逆にいえば、自分の専門領域の知識だけによって、いわば小手先で仕事をしていたことを暴露してしまったわけです。朝鮮問題について、排外主義を克服していく思想が本当に血肉化していたなら、当然それと関連する日本の被抑圧諸階級、特にその底辺におかれている被差別部落の問題についてのそれなりの認識と姿勢がはっきりしていなければならないはずだということを、雑誌が出たとたん神戸部落研の人たちから指摘され、そして残念ながら指摘されて初めて気がつくという状態だったのです。

しかも初めは技術的な間違いぐらいな受けとり方をしていた。しかし追及をうけながら考えてきて、直接の差別発言だけが問題なのではなくて、朝鮮を研究していく構えそのものの問題というように考えざるをえなくなった。つまり、例えば、日本の排外主義についてそれまでにいろいろ言ってきたけれども、それを結局、自分を抜きにして、自分の外側にあるものとして、つまり独占のイデオロギー、政府のマスコミ政策、そしてそれにとらわれている一般の人びとの社会意識などの問題としてのみ、客観主義的にというか、まるで他人事のように議論してきた。その具体的な事例をたくさん集めているうちに——そのこと自体必要ないことではないんですけれど——、いつのまにか、自分をそういう対象から全然離れた所において、思いあがっていた。なまじっか知識があるだけに、余計、いわゆる一般的な排外主義的な意識がひとごとにみえ、自分自身を素直に反省しにくくさえなっていた。知っているという尺度だけで自分を計って、自分の内と外とのそれを知識がどれだけ変えているかという尺度で評価していなかった。具体的な生活と行動の次元で、自分自身をつらぬいているもの、外側の日本社会の否定的なものと自分自身がどうかかわってきたのか、そこに問題があるんだということをだんだん納得してきたのです。この経験は、日本朝鮮研究所でのことですが、ある普遍性を持っているんじゃないかと思い、最初にお話したわけです。

私は、考えてみると、これ以前にも、なぜやるのかという私の必然性について、前から研究者、あるいはそうでない在日朝鮮人に、いろんな機会に、日常的な個人的な体験として「めくられ」たことが何回もあった。言い方は直接・間接いろいろですが、やはり「お前自身は何であり、何であろうとするのか」ということだったのだと感じます。なぜやるのかということをもっと自分で厳密化しながら、自分自身を排外主義の外側に置く形ではなく、かつ排外主義とたたかうという構えをとりながら、かつ研究をやっていかなければならないと思うんです。

これを別の言い方でいうと、今まで日本社会の中で排外主義的な意識、あるいは生活の中に、ずっとひたった状態のままの日本人が、ある日いろんなきっかけで朝鮮問題の重要性に突然気がつく。そしてものすごく夢中になって一時研究なり運動なりやりはじめる。ところがその過程である壁に必ずぶつかる。そうすると、結局おれにはやりきれないんだとか、あるいは、朝鮮問題よりも日本問題の方がもっと重要だという「自主独立」論といった形の合理化の理屈をいろいろ付けて、要するにいったんやりかけたことを、日本人であるがゆえに持つ自由を行使してやめてしまう。本当にわかっていない次元で、なまじっかわかったといったようなところで、日本社会の元の木阿彌にもどっていく。そういうことが、在日朝鮮人の側から見ればくり返しくり返し過去にあった。お前もそうではないのかと、先程のような質問をつうじて聞いていたのだ。それはお前の必然性を大声をあげてだれかに言うことではなくて、自分の内部においてはっきりさせておくことが、絶対必要であるという、非常に重要なことを指摘してくれていたんじゃないでしょうか。

そして日常的な研究を通じてのつきあいの中ですら、それが出されるのが朝鮮問題だと思います。普通、朝鮮問題以外の領域ですと、お前自身は何なのかといったようなことは厳密に問われる機会を持てないのではないでしょうか？　朝鮮問題の場合には、少なくとも状況が状況だけに、その、お前自身は何なのかということを抜かしたんでは、とうていやり切れないというむずかしさがある。むずかしさがあるから逃げてしまうのではなく、むずかしさがあるがゆえに私自身を変えていく契機としてやっていくべきなのだ。そういう意味で非常に重要なものを学ぶことをつきつけてくる。そういう領域ではないか、そう思うわけです。朝鮮をどんなような方法で認識したらいいか、「いかにやるか」を論ずる前に「なぜやるか」と問題をたてねばならないのですが、しかしだからといって、それがすっきりしてしまってからでなければ具体的なことに入ってはいけないということじゃなくて、わからないなりに細心の注意を払いながら、やっていくことを避けるわけにはいかない。いやでも、ある決断なり行動なりを迫られる場というものがあるわけですから。具体的なことをやっていく過程の中で、絶えず、やみくもにとにかくやっていきさえすればいいのではなく、くり返し問い返し考えなければならないという形だと思います。特に「研究」ということになりますと一つの固定したイメージがあり、その「お前自身は何なのか」「なぜやるのか」はとっくに卒業したようなつもりで、認識方法がいかにあっているか間違っているか、それがどれくらい精密であるか粗雑であるか、形式論理的な破綻があるかどうか、そういった議論だけが際限もなくくり返されていくという作風がある。これが日本では、例えば講座派と労農派の論争以来えんえんとしてあるといってもいいと思う。議論それ自体全く無価値なものではないけれども、その手前のことを抜きにして、スコラ的に進行していってしまう。この実態が研究の領域に限らず運動の領域にもあると思う。それでその手前のことが非常に重要なんですが、それを問いなおすために朝鮮問題はわれわれにとって特別に重要な意味を持っているということ、最初にそれをどうしても、抽象的な言葉であれ、はっきりさせておかなきゃならないと思う。

というのは、朝鮮史の研究をなぜやるのかということを問われたときに、答えがパッと間違いないものとして言葉になって湧き上がってくるという状態に私自身なかったわけですし、現にそれがだんだんできかかっている過程にある。むしろ、なぜやるのかがパッとわからないという状態自体が、階級的にさまざまな違いが若干あるとしても、日本社会の中で生きていくものにとって普通の状態である。そういう状態にあること自体が、極端な言い方をすれば、帝国主義的なイデオロギーの中にどっぷりと自分自身がひたっているからなのだと思う。逆に、帝国主義的イデオロギーの中にひたっているということを自分自身が意識し自覚し、絶えず考える、そういう契機として朝鮮問題はある。平たく言えば、朝鮮問題について、あるいは朝鮮史について知らないということ、知らないことに無自覚なのがそもそも第一に問題。そして同時に、知らないということに気づいても、知りたいという非常に生き生きとした要求がおのずと感じられないというのが第二のいっそう重要な問題。意識がそういうふうに一般的に形成されることによって、具体的なイデオロギー攻撃としてあらわれる排外主義的な動員に、日本の諸階級がかつて動員され、今また動員されて行きかねない形勢なのだ。逆に言えば、知らないでいることと、切実な要求感の欠落、その両者の循環をぬけ出すことがどうしてもやっていかなければならないこと、そのために朝鮮問題にかかわらなければならない、そういう関係だと思うんです。

一　なぜ朝鮮史を学ぶのか

日本社会の中で一般的に、例えば学校教育の体系の中で、歴史一般がいわゆる図式化された知識に還元されて死んでしまっている。それは受験等々を言うまでもなく、われわれ自身の中に、無意識のうちに日常的に入り込み、本来生き生きとして血肉化されるべきものを、平板な図式にして、そうして要求感覚を欠落させてしまう。そういう生活のしくみの体系のようなものが、一つの価値観を「常識」化させる。例えば、歴史家の藤間生大《とうませいた》さんが『歴史学研究』の三六一号で金錫亨《キムソッキョン》論文について書いている。金錫亨論文は朝鮮民主主義人民共和国の歴史家の古代日朝関係史についての、技術的な問題をこえた、日本の排外主義的な意識、古代史観の批判なのです。いわゆる任那《みまな》日本府を通じて、日本が古代においても南朝鮮を従属させていたんだという見方は、無意識の内に形成された固定観念であって、今日それがあたかも「科学的・合理的」に実証されたものであるかのように、研究者を含めて日本人が思い込んでいるんだけれども、実際は根拠がないのではないかという問題をつきつけている。そういう問題提起を多くの歴史家が黙殺している中で藤間さんなりに全力で答えようとした。僕は、もちろん藤間さんの議論の内容自体にも全部賛成ではないけれど、その問題を論じながら、歴史そのもの一般について、ともすると歴史家であって知識がいろいろつくに従って、俗に「歴史の重み」ということへの感覚を自分自身にプラスしていく方向ではなくて、むしろ、かえって現実についての生き生きとした認識をさまたげる知識として身につけてしまいはしないだろうかと述懐している点に共感するわけです。大部分の歴史研究者が知識のための知識を追いかけている中で、こういう内省と謙虚さこそ必要だと思うのです。朝鮮問題について生き生きとした要求感がないということに気づくことから、実は何についても同じなんだということに問題は拡がっていく。つまり全面的な価値体系が、空気のようにしみ込んできている帝国主義的なイデオロギー体系、あるいは社会関係の中でつくり出されてしまっているということを、出発点において私たちは免れえないのではないかということです。

1　在日朝鮮人の主体的必然性

そのことを職業的な歴史家ではない、とくに若い二世・三世の在日朝鮮人青年が、いかに自分の歴史を、朝鮮の歴史を切実に求めているかということに気づくなかで、私は改めて感じさせられています。多くの在日朝鮮人に、朝鮮史について自分がその生き生きとしたイメージを持っていないというものすごく切実な欠落感、そうであるがゆえに自分の中になんとかそれを取り戻したいという気持ちが確かにあるのです。私が例えば『東学史』(平凡社東洋文庫)という一冊の書物を翻訳すると、それにふれてさっそく自分自身の問題意識にかかわらせて問題提起を僕の方に投げかけてくれたのは、そういった切実な要求をもっている人たちでした。いうまでもなく、客観的にわれわれが知っているように、言葉さえも奪われ、しかも、「朝鮮人であるがゆえにだめだ」という日本人の差別観にさらされている中で、自分自身を取り戻そうとすると、やはり自分自身を人間として回復するということと、自分自身がその一員である朝鮮の歴史と朝鮮民族、それを自分の内部に取り戻すということは全く不可分である。それが彼の必然性でもあるわけです。容易ならない状況だけれども、なんとかそれを取り戻していかなければならないという気持ちが、おのずから朝鮮人にはあるわけです。そういった自分自身のあり方を絶えず見つめながら発言している在日朝鮮人文学者李恢成《イフェソン》氏が「自分がものを書くときには、自分の日本における存在形式から出発して、状況をどうのり越えていくかということのために、どのような意味を持つかを必ず問い直さざるをえない。言葉の遊びでないかを必ず反芻している。そういうことを無意識的にも点検するという過程を抜きにしてものを書くということはありえない」という意味のことを書いていましたが、一見楽なようにみえる状況の中で自分を腐らせているおそれのある私たちは、この発言にふれることで、はっとさせられるわけです。

それから、ついでですが、今お話したようなことは在日朝鮮人のいろいろなイデオロギー的立場にかかわらず共通していて、北の立場をとる人がそうであって南の人はそうではないといったようなことでは決してない。むしろ韓国籍の人たちの中に欠落感はより切実なものとしてあるともいえる。自分には欠けているものを、南の、例えば朴政権が安直に与えてくれるというような幻想をとうてい持つことができない状況があるなかで、なんとしても自分の手で自分の歴史をとりかえしていかなければならない。そういう切実感が生まれるのでしょうか。民団系に属する青年たちの手になる出版物などをかなり多く目にする機会がありましたが、どれをとっても歴史を取り戻したいという切迫感から出発する思考過程を示すような作品や論文が必ず非常に重要な位置付けを与えられている。しかもその場合に、例えば英雄史観というものがあっても、例えばブルジョア民族主義運動の歴史は英雄金玉均《キムオッキュン》によって開かれ、そして社会主義運動の段階は金日成《キムイルソン》の国外での活動によってつくり出されたというようなイメージではない、民衆の底流としての歴史を求めようとしている。厳しい状況に置かれながら、それでも近代初頭から一貫して民族解放闘争の中で闘い続けた、また傷つき続けた民衆の歴史の中から何かを掘り起こそう、そういう要求、だから英雄史観ではどうしても自分自身満足できない要求をもって、さまざまな書物なり事柄に接していこうという視点は共通して見られる。

僕たちはそういう意味での、なぜやるのかという切実感がないということがなぜなのかを、単に経済的な問題に解消せずに、それ自体が排外主義の状況の中に巻き込まれていることからきているることが見えるようにならねばならない。しかし、だからといってこれを詠嘆調で嘆いたところで、それが変わるわけではない。変えなければいけない。変えるための過程というものはさまざまな主体的工夫を必要とする。それは在日朝鮮人にはある意味では必要ない工夫かな、しかも、そのために在日朝鮮人自身のそういった歴史意識になまの形でふれて、学んでいくということがかなり重要な意味をもっているんではないかな、と思うわけです。

ついでに念のために申しますと、そういう朝鮮人の歴史意識にふれての日本人の受けとめ方は、直接反射的ではいけないと思います。日共系その他の人たちによくあることですが、在日朝鮮人が強烈な民族意識をもっているのに比べると、日本人は民族意識をもっていない、だからわれわれはだめなんだ、もっと民族意識をもたなければというような、戦前あったような国家意識への郷愁と重ね合わさったような不思議な方向へ受けとめていく場合が見られるようです。もちろんそれは、朝鮮人がおかれている状況と日本人が帝国主義の内側のプロレタリアートならプロレタリアートとして存在している、その存在の違いを無視して直接朝鮮人を真似すればいいという、条件反射的な間違った反応だと思うんです。

逆に、日本人が他民族を抑圧する状況に自らを置いている中で固有の否定すべきものをもっている。それをどう始末するかという独自の課題がある。これは在日朝鮮人とその点では楯の裏表のように、全く別の状況の中で考えてみる以外にないいんじゃないかと思います。ところが、一般に否定するか肯定するかは異なっても、日本人が受けとめる「民族意識」という言葉は、在日朝鮮人が使う「民族意識」という言葉と同じように見えて明らかに違う。在日朝鮮人にとって民族意識という時、明らかに、おのれ個人のさまざまな生活経験についての思い出と具体的な実感が伴われている。一般的な生活者の中で、普通そうなのですけれども、日本人が民族意識という言葉を無理にふりまわしたりする場合の抽象性、具体的なイメージの欠落ぶりはそれときわだって違うように思う。言葉は同じでも内容は全然違うことがあるんではないでしょうか。

一つのエピソードがあります。ある朝鮮人が日本の歌謡曲を批判して「日本の歌謡曲には、雨が降ったり涙が出たり別れたり、悲しいというような言葉がふんだんに盛り込まれているが、どうもその中身がない。言葉だけだ。朝鮮の例えば民謡には、そんな大げさな言葉はそんなに出てこなくても、その歌の歌詞と旋律と全体の中に無限の悲しいという感情がちゃんとこもっているものだ。もともとそういう形でしか表現できないものじゃないのか、どうも日本の歌謡曲のはにせもののような気がしてならない」と言われた。そういわれて聴いてみると、確かにそんな気がします。例えばそういうようなことです。

余談のついでに、先程の単純な反応の一つの例ですけれども葦津《あしづ》珍彦《うずひこ》という右翼の「論客」がいます。朝鮮大学に見学に行って、金日成の肖像が応接室のまん中に飾ってあるのを見て感激した。「今の日本人にはこれがないからだめなんだ。かつては天皇陛下の『御真影』がどこの学校にも奉られていた、あの状況をまた取り戻さなきゃあ」と感想を述べたそうです。見当違いの受けとめ方の端的な例を、わかりやすいんじゃないかと思ってお話したわけですが……。

ところでこのような受けとめ方が一般に多いので、僕たちは「民族」という言葉がでてくると、その事自体によって拒絶反応を起こしかねない。民族という価値を日本のなかでは、権力が無条件におしつけてくるから、それへの反発から、そうじゃなくてインターナショナリズムでなければだめなんだと考える。確かに帝国主義日本では大国的な民族主義が、排外主義という形態をとって現われている以上、基本的な対応としてはそうしかありえないだろうけれども、それへの直接的反発から、状況が異なる在日朝鮮人の民族意識、歴史意識、反帝の正当な根拠をすら、簡単に自分の観念にあわせて否定してしまっていなかったろうかと、僕は最近少し考えるようになってきたし、また皆さんにも、真のインターナショナリズムとはどういう態度のことなのかという面から考えてほしいと思います。われわれの欠落感がなぜできているのか、そういう意識を自分自身が生活歴の中でつくられてしまっているということを徹底的に明らかにすべく、つまり最初からなぜやるのかというすっきりした答えがないところをはっきり意識して出発する。そして朝鮮問題にふれたりしながらおのれの必然性をつくり出していく方向へなんとしてでも進んでいく、それが結局、われわれがインターナショナリズムへだんだん接近していく過程なんだろうと思います。

2　おのれの価値観の転覆

その場合気をつけなければならないことが一つあります。われわれ自身が抑圧民族の中に巻き込まれている、そういう状態にあるがゆえに、どうもがいても体制の変わらぬ限りそこから抜け出せぬことに気づく。それはその通りだという謙虚な自覚が必要ですが、気づいたとたんにかえって絶望的な気分になっていって、例えば朝鮮問題は抑圧民族であるわれわれにはむずかしすぎるといって避けてしまったりする。逃げてしまうことは本質的にはできないんですけれども、現実的には、日常生活の中に埋没してしまうことで逃げられるように見える。最近また奇妙に、むずかしさを単に観念的・抽象的にだけ強調する傾向があるので、気づいていないうちは割合ほがらかにやってきていたんですけれど、気づいてかえって逃げだしてしまう状況がかなりあるように思うんです。しかしそういうことでは、まだむしろ気づかなかったのより悪いくらいだ。気づいてなおかつ困難を避けずにやっていく以外に、自分の存在規定性がどこまでもついてまわる以上、逃げ場所はないんだと覚悟を決めなければならないと思います。そして初めからわかっているわけはない、と同時にいつまでも「わからない」ことの上にアグラをかいていたのではどうしようもない。おのれの欠落を回復するために行動そのものと同時に、朝鮮の歴史のありようにふれていくということが必要だ。なぜなら自分自身を必ず絶えず「めくられる」のが朝鮮史だからだと思います。

このような姿勢論をこれ以上抽象的にお話しても皆さん自身の内的な作業なしでは全く無意味なわけですから、それを触発するために、在日朝鮮人が見れば非常にはっきり見えるわれわれのわからなさ、問題性を具体的なことを通じてお話していきたい。

まず学校教育・日常生活・家庭環境・社会の中でつくられるわれわれの普遍的な社会意識ある

いは価値観、生活がいかに形づくられているのかという点です。またそういう自己をあるきっかけをもってとにかく間違っていると感ずるようになっても、気づいた自己の意識はすぐに変わっているわけではない。朝鮮問題が欠落していたといっても、もともと純白の状態であったんじゃなくて、克服しなきゃならない排外主義価値体系は、闘っていながらもわれわれの中に長年培われてきて、依然として巣くっている関係だと思うんです。そういう関係の中でむしろ一般的にみられることは、朝鮮問題というものは非常に重大な問題だと気づいても、なお非常にむずかしい問題であるだけ、特殊な問題、特殊な専門家がぼつぼつとやっていく種類のことであり、また運動論的にもそんなように受けとめられているきらいがある。「私は専門家ではないから、朝鮮問題はよく分からないのです」というようなことは二重の意味で大きな顔でいえることではないわけです。

そういった朝鮮問題をあえて欠落させたような価値観の体系は、客観主義的にいえば明治以来、帝国主義的な歴史の中で全体的な帝国主義臣民としての意識の中の部分として形づくられ、戦後も反省されずにまた再生産されている。近代主義的な教育や価値体系の問題性はもちろん、非常にわかりやすい一定の範囲内では、われわれにも見えているけれども、われわれが意識している以上にもっと深く入り込んでいるものと覚悟し、絶えずそれを洗い直すつもりがないといけない質のことではないかと思います。

具体的にわれわれが朝鮮の歴史についてどのようなイメージをもっているか？　多少の差はあれ貧しいものでしょうが、貧しい教師が自分の貧しさを棚にあげて世を嘆きつつ、貧しさをそのままゆずりわたしていたりする。参考文献の10番（「日本史教科書における排外主義」『朝鮮研究』一九六九年七月）を始め、客観主義的に「日本人の朝鮮観」を論じたものはこのごろ多いんですけれども、自分自身を脇に置いて図式的に概嘆しているだけなのでなかなか深まらない。教科書がだめで、教師の価値観がまただめなので、それらを一応反面教師として育ったものにまで、否定的な認識の断片が知らず知らず受けつがれているというような状況が、朝鮮人の目を通してはじめて見えてくるということがあるということを、避けずにまず自覚する必要がある。ある教科書は編集者の傾向が良くないから誤っていて、比較的、いわゆる「進歩的」な教科書の場合はいというような、そういうふうにいえるもんじゃなくて全部だめだというようなことが、日本の現状の中には多分にある。もちろん僕らはだめではないものを皆さんの前に提出したいと日常的な努力を続けているわけですが。

例えば古代における日本と朝鮮の関係、日本の古代国家形成に先進的な南朝鮮の文化が非常に大きな影響を与えているという確かな事柄が、日本の古代国家のイデオローグによって『日本書紀』などの形をとって逆転され、日本が南朝鮮を支配していたというイデオロギーとなり、そういう形で体系化された観念を、表面的に変わっているつもりで、深部では中世・近代に至るまでゆずり受けてきている。戦後に至り、例えば神功皇后という人間がいわゆる朝鮮「征伐」を実行したという、『日本書紀』に書いてある事柄がうそである、神話であるということは、とにかく客観的にそれこそ合理的に明らかにされ、教科書から消えたけれども、発想の骨組自体は、日本と朝鮮の関係が古代において支配・被支配の関係にあったんだということ自体は無根拠に「真理」とみなしたがる傾向がある。いわゆる「左翼」の日本史家の書いた書物なんかでもその点では全く変わらない形であるという状態にあるわけです。だから、すべての教科書の記述がまるで間違っているということが現にあるわけです。もちろん検定制度などの問題もあると思うんですけれども、豊臣秀吉が朝鮮侵略した理由は、朝鮮側が日本の貿易の申し入れを断わったことによるのだというような、とんでもない見解が、ほとんどの教科書にそのままあげられている。このような具体的事実は、古代についても近代についてもまだいくらでもあるわけですが、いわんとすることは、教科書の編者がだめだということだけではなく、そういう誤りが現場からもどこからも強い批判にさらされたことがなかったがために、日本人が全体として問題を問題として感じとれなかったという普遍的・一般的状況が、無神経さがまかり通ることを結局許してきた、支えてきた、左翼だけは免れているのではなく、左翼こそ本当はこれを克服する責任を担えるべきなのに担っていないということです。

もちろん、文部省が、意図的に排外主義的イデオロギーにそった朝鮮史像を最近特に浸透させようとしているわけですが、それを批判すべき教科書の執筆者・使用者の中にも、その同じイデオロギーが自覚されない形で入り込んでいる分だけ、形式的には一定程度抵抗しているつもりで、どこかで妥協している。間違いを正していくべき教師の中にも、昔、自分が教わった教科書などから形づくられた間違った朝鮮史のイメージ、朝鮮を蔑視した歴史のイメージというものがすでにある。まして生徒自体が白紙の状態ではなくて、やはりすでに親とか社会とかから朝鮮に対しての蔑視観をうけとっている。そういう状況のところへ、やはり蔑視観をもっている教師が、そういう「歴史事実」を教えるもんですから、これはもう間違いない確信、常識みたいなものになってしまう。とにかく、どこからでも気づいたものが、この悪い連鎖を断ち切っていく奪闘をはじめなければならない。もちろん日常生活一般には、朝鮮の古代史像がたえず意識にのぼっているわけではない、潜在した形でしかなかったわけですが、何かのときにふいとそれが朝鮮問題一般に対する一つの価値判断として顕われてきて、それが本当に重みをもって朝鮮問題を考えていけないような態度につながっていく、そういうことがわれわれをふくめて一般的にある。それが日本人なんだということを、くどいですけど、まずおさえておく必要がある。

もちろんこれをつき崩すほかはない。どこからでもつき崩す、とにかく崩せるところから崩していくほかはないわけで、それを手工業的にであれ何であれ、とにかくやりはじめなければならない。まず自分から始める以外に、始まらないわけです。そういったような作業をわれわれは研究の領域でともかく始めているわけですが、それにもまして、朝鮮の歴史家が日本人の例えば朝鮮史観及び日本史像にどういう違和感をもっているか、違和感というより異議をさしはさまざるを得ないかに、皆さん是非、生のままふれていただきたい。やむにやまれぬ気持ちから書かれたものがそこにある。北朝鮮あるいは在日朝鮮人科学者協会の人たちの書いたものですけれども、読みとっていただきたいと思う点は、南朝鮮の人にも共通してある感覚だということを付言して、文献1・2（金錫亨ほか「『世界史』（ソ連科学アカデミー編）の朝鮮関係叙述の重大な誤りについて」『月刊朝鮮資料』六三年一一月号、在日朝鮮人科学者協会歴史研究部会「『日本歴史』の朝鮮関係叙述の問題点」『歴史学研究』三四七号）のような、朝鮮人として日本の社会常識を批判したものを真剣に受けとめなきゃと思います。

もちろんその次にイデオロギー上の問題もあるわけで、その次元では、僕は文献2の新しい時代についての部分については「ハイその通りです」と安易に従うわけにはいかないと思いますが、総論と古い時代についての部分は、ほとんど、まったくその通りかと思うのです。それはそれとして、私たちは、左翼でございというつもりで書かれた書物にも、それだけ違うという受けとり方が、在日朝鮮人にあるということの意味をもっと掘り下げたい、重要な要素として紹介したのです。

在日朝鮮人が日本人の歴史を批判するのとは当然同じ日本人であるがゆえに違う形で、しかも同じ意味で批判しきれるような、抽象的によく言われる、自らの国家を否定する歴史観をもつことを本当に貫徹できる物の考え方・感じ方を血肉化できないはずはないと僕は思うんですけれども、今のところ、少なくともそれはできていない。そういう意味で、在日朝鮮人が提起している問題をどう受けとめるのかということは非常に重要な課題だと思います。

3　アジア主義の系譜

次に、無意識のうちに排外主義的常識が血肉化していることについて無数にある例のうちから、唯一つだけ、僕自身が問題を提出してみて感じた研究の領域での一つの経験をお話してみたいと思います。

いわゆる「アジア主義」についてです。ずいぶん前に書いたものですが、文献の11をあげておきました。日本の近代に一連のいわゆる「アジア主義」という思想の流れがあって、例えば明治藩閥政府とは現象的には対立している。その対立を現象的な対立ではなくて、根本的な対立と考えている人が多い。日本の帝国主義が形成される過程の権力と大衆の大部分もそのイデオロギーに巻き込まれていたが、一群のアジア主義者だけはそうではない、それはわれわれが引き継ぐべき伝統だという問題意識、アジア主義者の系列を再評価しようという問題提起を、例えば竹内好《よしみ》氏のような人すらが日韓闘争のころ、「日韓親善」イデオロギー攻撃が激化しているさなかに提起された。僕はたしかめてみたわけではないけれども、竹内好氏は少なくとも所説を今は撤回されているんじゃないかと思いますし、個人的なレッテル貼りをするつもりはないんですけれども、僕らがむしろ驚き、容易ならないと思ったのは、その一声に応じて「そうだ、そうだ」と、この観点を支持するエピゴーネンが、右翼ならともかく左翼らしき部分の中から続出したことです。僕らは、どうもそうじゃないと思った。朝鮮を通して日本の思想状況を見ているものとしてその危険性を議論しようとしたのですが、それへの反応は圧倒的に、お前、何おかしなことをいうか、ないし、そんなに目くじらを立てるほどのことではないというものだった。その方が日本の歴史をある程度かっこよくイメージできるので、アジア主義再評価論を心情的に肯定したい気持ちが一般にあった。それは、かつての野蛮な侵略を批判しながら「紳士的」な新植民地主義的進出を支える心理的基盤に他ならないのではないでしょうか？　その論法はさっそく林房雄などに利用されてきたし、エピゴーネンの中でも当時からとりわけきわだっていた判沢弘という人は、自分では左翼のつもりらしいのですが、そのようなテーマ・幻想を僕らが批判しても、賛成する部分が多いせいか、相変わらず夢を追い続けて世の中に害毒を流し続けている。ごく最近も三一書房から出た明治の歴史についてのシリーズの一巻で『アジアへの夢』という書物を編纂していますが、それを見ますと、その当時以上に批判さるべき侵略の元凶である「大東亜共栄圏」論者に至るまでを——「侵略を通じての連帯」という不思議な言葉があるんですが——、そういうものとして合理化する論調をおしすすめている。またそれが左翼と思われている出版社から出ているから、自分が左翼だと思っている人びとの中に一定の読者層を獲得しているという状態があるわけです。

「アジア主義」をどうとらえるかということ自体、それに十分たち入った話をここではできないけれど、結論的にいって、表面的に権力に対立しながらも侵略の先兵としての役割を果たしたというべきだと思います。その最も極端な形が後の右翼の大物として知られる玄洋社、黒龍会、頭山《とうやま》満や内田良平の明治以降の思想と行動にあらわれている。それはそしてまっすぐ「大東亜共栄圏」につながっていくものであると思います。

特にここで重要なことは、玄洋社というものが明治の前半期には地方の自由民権運動体として、たしかに藩閥政府に対抗するという意識のもとに一定程度闘ってきた存在であるということです。国内的には闘ってきた、ところがそれがやがて、民権よりも国権が大事だという論理にとらえられて、むしろ在野の姿勢は依然として少なくとも表面的には保ちながら「日本の国権を保つために藩閥政府は朝鮮や清国に対し、なぜもっと強硬にでないのか、そんな弱腰ではだめではないか」と批判するかっこうをしながら、後には実質的にも権力の別動隊として侵略の先兵の役を果たしていくわけです。その行動を、結果はともかく主観的な動機においては連帯の思想であったなどと合理化しようとし、あるいはそこに伝統を求めようとするなら、新植民地主義的進出は大いに奨励すべきことになってしまう。そういう効果を生むのが最近現われたアジア主義再評価論です。日韓親善ムードに非常に見合っている。露骨な侵略主義というものを一方では否定するようなかっこうをとりながら、当面さしあたり「経済援助」という口あたりのいい言葉をつかって、究極的には侵略の方向へ日本の大衆全体を引き込んでいこうとする日韓親善ムードづくりの要請に極めてぴったりとあうのです。

むしろ例えば「大東亜戦争肯定論」が生の形で出されれば、今日の生活意識の中の、ある意味で以前より根深く帝国主義体系全体の中に組み込まれている日本の大衆は、そう簡単に動かない。ある程度動くにしても、少なくとも戦前と同じような反応は権力も期待しえない。いわゆる近代化路線、つまり「アジアの諸国を近代化してあげる、恩恵をほどこすのが日本の役割だ」という形の植民地主義思想を、権力の方が必要としている、そういう時にいわばおあつらえむきにアジア主義再評価論が出て来てしまう。しかも反体制のよそおいのもとにです。判沢弘という人も、自分は権力とは別であって権力と闘っていると少なくとも主観的には思っているし、また読者層の大部分も主観的には、そうだそうだという。アジア諸国民の目から見たならば全くなりたたない独善的なイメージ、合理化の理論が抵抗なく心の中にすっと通ってしまう状態、「日本人もけっこういい面もあったんだよ」といって、本当の問題をいわばごまかそう、避けて通ろうとする心情、それがすごく普遍化していることを「アジア主義」をめぐる議論の分布が象徴的に示しているんじゃないかと思います。当時の竹内好さんは思想的な良心をかけてそのような発言をされたと思います。主観的には、むしろ大真面目で、無意識のうちに独善を出してしまうという例であるからこそ僕らは、むしろこれを自分の問題として重要視しなければならないと思うのです。

4　問題はあくまでも具体的

一番最初に言いましたけれども、僕は、朝鮮史をある程度やってきたがゆえに、朝鮮問題について日本人一般とは違って、分かっているという安易な思い上がりがずっとあったと思います。そういう分かっている人間として、分かっていないやつらをやっつけるといったような、自己満足的なニュアンスが流れたりする。そのいやみが、かえって正当な批判を受け入れられないようにしていたことはなかったろうか？　表面的には批判し闘ったと思っていながら、例えば客観主義におぼれ、差別構造に安住する感性をそのままにして口先で批判していて、同じ物を身につけていないかといえば、決してそうではない。そういう腰の定まらぬ批判じゃ有効ではないと思うのです。なまじっかある程度やっているというううぬぼれがあるゆえに、かえって気づきえない。そういう構えだと朝鮮問題への認識も独断的になっていくと思います。そして独断的な日本と朝鮮の関係のイメージ、自分の観念にあてはめた朝鮮の図式化が、現実の朝鮮とは違う。そうなったとき、自分の図式の方に問題があるんだとは思わずに、朝鮮人の方が、例えば理論的に遅れているからそうなるんだというふうにきめつけ、二重の独善をかさねかねない。こういうことが、僕も含めて、今までよくあったと思います。例えば入管の問題にしても「民族問題に矮小化してはいけない、究極的には階級の問題だという視点が在日朝鮮人には欠けているんではないか」という結論を簡単に出したりした。極めて抽象的な理論としては階級の問題かもしれないけれども、階級社会のありようが実は朝鮮人への民族差別を具体的につくっているのだ。具体的に、在日朝鮮人のおかれている状況から出発すると、われわれが観念の図式として知っているような階級という言葉がストレートに出てくるわけではない。自分自身が排外的な意識の枠組みにとらわれているから、それを分からない。とにかく自分なりに一生懸命到達した観念を簡単に清算すればすむなどということではないが、そういう観念の図式できめつけてしまう、平気でいられる鈍さが問題だということです。これは、いわゆる理論問題とは違う次元のことです。階級という言葉が、それならわれわれにとって具体的に何なのか、自分自身に対して抽象的なものとしてしかないのではないかを、考え深めていく必要がある。

とにかく、あせりにあせったり、ぎごちなさを伴って、そのくせ在日朝鮮人、その存在そのものに対する神経の使い方は思い及ばない。朝鮮問題が特殊な問題として取り組まれるというのではなく、あらゆる問題を考える中で、朝鮮を決して忘れないということが必要だと思います。例えば三島由紀夫の行動に対してジャーナリズムが意図的に騒いでいる面がある。しかも自分で左翼と思っている人びとが、かなりそれにのってしまっているのはなぜだろうか？　これまた同じ問題であろうと思います。最後にぜひ補足しておかなければならないことは、結論だけに致しますけれども、だからといって在日朝鮮人を絶対化するとか英雄化するとか、そういうような形で偶像化することは、日本人にも朝鮮人にもよくないということ。われわれはしょせん抑圧民族なんだから何をやってもだめなんだとあきらめてしまったり、逆に日本人はだめだが在日朝鮮人は立派だと英雄化すればすむことなのかというと決してそうではない。実践的な過程の中で、一般論じゃない次元でしか明らかにしてはいけないように思います。

二　朝鮮侵略の理論と思想

戦前の日本に帝国主義的なイデオロギーがいかにしみとおっており、大衆がいわゆる天皇制の構造のもとで、意識の面で、おそろしく完全無欠にとりこまれていたかということは論じつくされているようで、決してそうではない。その思想、意識の残りかすが、単なる残りかすとしてでじゃなく今日まで尾を引いており、今日の帝国主義的な状況の中でまた再生、さらに強化されようとしている中で、戦前のことが問題にされざるをえない。少なくとも政治的なレベルに現われる限り、日本が朝鮮を侵略した一つの政治的事実の中で、大衆がどういう行動をとったか、どういう思想のもとで行動したかを大きくとらえていくならば、やはり圧倒的につねに権力の側のイデオロギーが、それこそ帝国主義的・排外主義的イデオロギーが大衆を組み込んでいる。権力が先手、先手をうって大衆を組織していくことを巧みにやり、そして、またそれを生活実感との違和感としてとらえかえす余地さえ大衆にあんまり与えない。生活レベルで、例えば日本と朝鮮との間の帝国主義民族と植民地民族という重層関係が、労働者階級の中にも持ち込まれ、階級秩序が厳然として存在していながら、支配民族の側の労働者にはそのことがストレートに日常生活の場面で検証できないような隔離政策が貫かれていた。現実に労働の場を共にすることがあっても、少なくとも、精神的・意識的な隔離政策の壁が、日本人の労働者と朝鮮人の労働者をものすごく隔たったものとしていた。それは今日においてもほとんど同様の形でひきつがれている。僕たちの日常生活が日常の南朝鮮進出と不可分に結びつけられていながら、個々の実感的レベルでは意識できないような形になっている。朝鮮の問題というのはふれないですまそうとすれば通り抜けられる道具だてがしこまれていると思うんです。

1　ヨーロッパ対アジアという図式と国家主義

戦前に話をもどしまして、とにかく、帝国主義イデオロギーは末端の最底辺の日本人に至るまで、一定程度、少なくとも朝鮮の側から見れば貫いていた。問題は、なぜそう簡単に組み込まれてしまったかですが、その場合、先程の「アジア主義」の果たした役割が浮かび上がってくる。例えば明治の前半には、いわゆる天皇制の権力構造は今日想像する以上に必ずしも固まっていなかった。教育勅語だの欽定憲法だのがまだできていなくて、大衆は天皇などあまり眼中になかったところ、薩長藩閥が実現した明治維新に対して、かなり意識的に第二革命を追求する——ブルジョア民主主義革命の範囲ででしょうけれども——共和制論なんかも登場し、そういう思想をふくめた自由民権運動がかなり大衆運動として展開していた。明治一〇年代のことですが、藩閥権力の側が、それに対応する過程でさまざまな切り崩しの手段を講じながら、その有力な武器として天皇制をつくりあげ、結局そちらの力が勝って大衆運動が負けてしまったのだけれど、権力の側がこれを崩すときにイデオロギー的な意味で最も重要な武器として使ったのが、やはり国権論というか排外主義イデオロギーだった。そして「民権」か「国権」かという二者択一の中で、「国権、すなわち、朝鮮等の問題において日本の国家利益を貫徹することのために、民権すなわち、民衆の犠牲は堪え忍ばなければならないのが現状だ」という論理が、いままで闘っていた人びとを内的にとらえてしまう。そういう排外主義、侵略主義の方向に大勢が流れていってしまうことによって、自由民権運動は挫折していくわけですけれども、その場合に、その国権論を合理化する一つの論拠として、客観的な当時のヨーロッパ対アジアという対立の図式が利用されるわけです。ヨーロッパの侵略に直面したアジア、という大状況は確かにある。実際、遅れて出発した資本主義国である日本についても、幕末においては、過大に見ることはできないにしても、一定の圧迫の中で明治維新が遂行されたわけです。そういうヨーロッパ対アジアという図式を、日本自体がその後どういう経過をたどって急速に侵略する側に成り上がっていっているのかということをぬきにして、国権論を補強する手段として使う。日本自体が帝国主義として朝鮮へ、やがて中国へ進出して行くときにも、あたかもヨーロッパ帝国主義とは違うかのように合理化する。ヨーロッパに圧迫されているアジアのために進出していくんだという使命意識を注入する。そういう機能を果たしたのが、先程のアジア主義だろうと思うんです。

客観的に、あるいはアジア諸国民の眼から見れば、ヨーロッパ列強と同じか、あるいはもっとすさまじいことをやっている日本帝国主義のやり方を、内側からは、ヨーロッパではないアジアの側に立つものと思い込んでいる。ヨーロッパに対する国権論を、アジアに拡大していくような意識の回路を通じて、侵略と思わずして侵略に加担する意識状況が割合簡単にできてしまう。ヨーロッパ対アジアという客観的事実を、権力＝明治政府の側が利用できないような状態だったならば、かなりそこのところは違っていただろうと思うくらいです。一つの心理的契機として、つまりヨーロッパの帝国主義がアジアに対して行なっていることは日本に対する場合と同様がまんできないことだという気持ちは、大衆の中に当然の心情として生まれた。それをたくみにすりかえて、日本自体を不問に附した天皇制の側に組織していく。すりかえを大衆はずっと後まで明確に気づくことができずに過ごしてきたので、主観的な意識としては自分が侵略に加担しているという自覚すらもっていないという状態を経過してきているわけです。まして、一方では資本主義のイデオローグ、その時々の思想状況を常に帝国主義の方向へ向けて欧米列強に伍する方向に先取りしていく最も先の見えるブルジョア・イデオローグであった福沢諭吉が、『脱亜論』なんて書物〔正しくは論説〕を書きながら、同時にアジアに対する指導者意識といったようなものを日本人に注入していく。そういうイデオロギーにひたされて、侵略どころか援助のつもりでアジア諸国へ出ていくという経過があり、そしてそれを裏づけるアジア諸国に対する虚像が、いろんな教育手段なんかを通じて日本社会の中にひろめられる。実は、いわゆる日本の朝鮮史の研究もそういうイデオロギー的要請の中から出発しているのです。

2　福沢諭吉の侵略主義

若干横道にそれるけれど、福沢諭吉は朝鮮問題に関してはかなり重要な研究対象の一つです。かれは意識的にも悪いやつというか、少なくとも日本国家のために他民族を犠牲にすることをそれこそドライに言ってのけるような人物だけれども、そう公言するようになる背景をここで問題にしたい。かなりポーズかも知れないけれども、一時期、福沢諭吉は朝鮮の開化派と一定の提携関係を結ぼうとしていた事実があるのです。これは当時の専制ロシアなんかとの国際関係の中で、戦術的な連帯論に発する接近のようですが、ともかくそれにしても朝鮮内部の問題にある関心を寄せた時期があった。福沢の場合、はじめから日本の国権本位の発想法で朝鮮問題に介入していくのですが、金玉均のグループは、それをまた利用できると読んで、一定のかなり深い関係が成り立つ。けれども当然のことながら、その、自国の国家主義・排外主義を問わない福沢諭吉の姿勢、問わないどころかそれを推進していくために朝鮮問題に入り込んでいこうとする、そういうような構想が、当然朝鮮の開化派ととことんまで一緒にやっていくようなそういう方向性は、絶対持つことができない。だから違和感が当然はじめからあるわけですし、そしてそれがやがて袂を分かっていく複雑な過程を導くことになる。

その経過の中での福沢の書簡なんかを見ますと、かなり自己欺瞞的ですけれども、とにかく朝鮮のためを思って、留学の手続きの相談にのるというように、開化派の人びとの面倒を見たっていうような意識がある。ところがそれなのに恩義を知らない朝鮮人は、自分が日朝両国のために良かれと思って言っていることについて賛成しない、それどころか、逆に賛成しかねるような問題を次から次へと持ち込んでくる、全然だめである、というわけで強烈な偏見ができあがっていく。明治維新にならって朝鮮を開化することはああいう朝鮮人には見込みがないと独断的にきめつけて、明治一八（一八八五）年以降、手のひらを返すような猛烈な侵略主義者に変わっていく。そしていったん変わっていくと、以後その具体的な経験が心理の支えとして反芻されて「ああいう朝鮮だから、露骨に侵略していく以外に手はないんだ」という思想が最も極端な形で表現されていく。つまり、これは欺瞞的な「連帯」論者の例ですけれども、そういう生半可な連帯が壁にぶつかったことの原因を、自分自身の側、自分の国家主義の側、自国の帝国主義を否定しえないということに求めずして、外側のむしろ朝鮮人の側におしつけているわけです。そう思い込むことによって、露骨な侵略主義を平然と正当化できるようになる。

朝鮮のことをある程度知っている人間が、中途半端に知ったことをすべてと思い込んでしまって、最も悪質な偏見の持ち主になることはよくあることのようです。最近、在日朝鮮人がこう言っています。「最近、朝鮮問題あるいは朝鮮文学について、不思議なほど日本人の関心が高まっている。今まで無視されていたことに比べればびっくりするくらいで、うれしいことのようだけれども、経験に照らして、あとの反動が恐ろしいとすら感じる。ずっと続けてほしいんだけれども、たえず、そういう逆転がまた起こりはしないかと心配になる」と。これはもちろん、関心を持つのがいけないのではなくて、持ち方があまりに軽薄で地道なものと思えない、という批判でしょうが、在日朝鮮人から見るとそう思わざるをえない、福沢諭吉のような手のひらの返し方を、今まで無数の日本人がくり返してきたんだということなのです。僕らは少なくともこのことを肝に銘じておく必要が非常にあるだろうと思います。

さらにまた、もっと極端な反面教師として先程あげた福岡玄洋社——国権論＝排外主義を民権よりも上に置くことによって、権力以上に極端な排外主義者、あるいは、権力にとって最もいい侵略の先兵に転化していく例があげられますが、実は明治期の歴史の中にそういう例は他にもいくつもあるのです。いわゆる防穀令事件、つまり、明治二〇年代の日本の居留地商人と権力が一体となって、朝鮮の民族主権を踏みにじっていく事件ですが、そのとき大石正巳という自由党の代議士が、自ら進んで登場します。自ら買って出て外交折衝の先端に立ち、強引に朝鮮政府を脅迫していく。かつては自由民権運動の闘士ですが、政府の国権の発揚のしかたはまだ生ぬるいから俺がいってやってくるという調子です。その逆転ぶりは図式的にいってしまえば、階級的視点を貫き得なくさせるものとして、国権論、排外主義があるということを典型的に示している。

3　大井憲太郎の「連帯の思想」の発想

さらにもう一人の反面教師、大井憲太郎という人がいます。自由民権運動の左派に属する理論家で、伝記なんかもいくつか書かれているような著名人です。彼は、たしかに自由民権運動が体制側に崩されていく最後の頃までかなりがんばった人で、秩父事件などの最底辺の民権派、百姓民権派あるいは過激派も彼には期待をかけていた。理論的には、そういうグループと共鳴する、そういう意味では、当時の権力の性格を最も良く見ていた人の一人ですが、その大井憲太郎が、大勢が民権派に不利で国権論が優勢になっていく状況の中で、大阪事件といわれる行動を起こす。それは、銀行強盗によって、朝鮮に渡って運動をやるための資金を得ようとしたものですが、渡っていくところまで行かないで、逮捕され裁判にかけられることになった。裁判の過程で、大井憲太郎自身、計画の動機などを述べているのですが、それによると、「日本の中で民権運動をやっていこうとしたけれども、藩閥政府側がイデオロギー的にも優勢で運動は崩れていき、なんとか挽回しようといろいろやってみたけれども絶望的だ。日本大衆をおこすことはできないと見ざるを得ない。朝鮮はしかしまだ見込みがある。朝鮮ではまだ、近代国家としての天皇制国家みたいなイメージが固まっていない流動状況にあるから、朝鮮へ行って運動を起こそう。それで朝鮮の運動が日本以上に進んだ権力形態を実現するならば、その反作用で日本の運動を再びやれる条件ができるだろう。そのために、日本をあきらめて朝鮮に行く。それには資金がいるから行動を起こしたのだ」という理論なのです。

そして、例えば平野義太郎が伝記を書いていますが（吉川弘文館人物叢書）、そこではそういう大井憲太郎の発想を当時の連帯の思想として高く評価すべきであるとしている。挫折に終わったけれども、ともかく連帯の思想だというのです。ところが大井憲太郎に、それじゃ朝鮮の中で、どのような党派があってどのような階級関係の中でどのような運動をやっていくべきか、というような分析があるかといえば、ほとんど全くない。知識そのものが零なのです。そういう状況なのですから、もし仮に銀行強盗が成功して、大井たちが朝鮮に渡っていたならば、朝鮮の運動に対して有効な寄与をできたとは到底思えない。福沢諭吉がかつて朝鮮の運動をかきまわしたようにかきまわし、心ある人びとに迷惑をかけたでしょう。失敗したので被害もなくてすんだわけだ。そういうふうに見ざるをえない思想を、何で連帯の思想として評価できるでしょうか。

これは、いわば後に大いにはやる大陸浪人的な心の構えです。日本の運動はだめだからと簡単に絶望して、いかに困難な状況の中でも日本の中でやっていくしかないと考えられない。秩父事件を起こして身を滅ぼした百姓たちとは違う弱さがのぞいている。この絶望してしまうという間違いがまず第一にあって、さらに、これはおそらく当時の福沢などがつくり出したイデオロギー的状況、朝鮮観に、無意識に規定されたんでしょうけれども、日本でやれないことも朝鮮でなら簡単にできると思い込む、第二の大国主義的な間違いが重なっている。事情もわからない朝鮮なのに、あたかも帝国主義者が植民地民族を意のままに動かせると思い上がるのと同じように、日本の大衆を動かすことさえできないとあきらめた人間が、朝鮮の大衆なら動かすことは簡単だと考えてしまう発想が問題だと思うのです。理論的につきつめにつきつめた上では明らかになく、思いつき的にあまりにも安易に朝鮮にのりこもうとするこの姿勢は、朝鮮人から客観的に見れば、主観的には全然違うんだけれども、侵略者が朝鮮民族を見るのと全く同じ見方と映るに決まっている。決して連帯の思想なんかではあり得ない。また、そういう安易な、大井的な発想を、受け継ぐべき連帯だという姿勢で、今日の状況に対応されたのではたまったものではない、はっきり言って連帯する資格はないと言うわけです。これはわれわれのまわりにざらにあって、しかも深刻に考えなければならない一つの例というべきでしょう。

4　他律性史観と停滞史観

だいぶ横道にそれましたが、福沢諭吉などがイデオロギー的にレールを敷いて、それに沿って明治政府が、具体的な侵略の行動を次々に物質化していく。兵士などとして動員されるという体験を通じて大衆が巻き込まれていきながら、自己の行動を合理化しようとして、侵略ではないと思いつつ、さらに加担してゆき、行動の上でも意識の上でも、天皇制の国家主義の方向に自発的に身を投じてゆく。日清戦争などはそういう過程の一つの大きな山場となるわけですが、その後はさらに制度的に、教育勅語を骨子とする義務教育や、青年団・在郷軍人組織などを通じて、在地地主・村落ボスを通じての思想支配を体制化していく。そういう客観的な過程が進む中で、いわゆる研究がどういう位置付けをもっていたかというと、完全に、国権主義を多かれ少なかれ前提にして、そこから出発しているのです。そのイデオロギー的視角の範囲で、そういう図式でしか、例えば朝鮮なら朝鮮を見ないという状況がある。

例えば「日韓併合」のときにそれを合理化するイデオロギーとしての「日鮮同祖論」が、著名な言語学者金沢庄三郎らによって唱えられる。「お国のために」という意識で進んで御用学者をふるまっていくわけです。その間の事実については、文献4の旗田さんの『日本人の朝鮮観』の一章に、具体的にふれられているので、ここでは省略します。日本国家の権威づけを古代にまでさかのぼって「学問」的に与え、教育の領域に導入させ、一方では侵略を合理化するために朝鮮の歴史をおとしめ、無価値のもののように描き出した。

いわゆる他律性史観あるいは停滞性史観というのですが、要するにアジア諸国民には、西欧や日本のような発展的歴史はない。「発展的」というのは、当時の発想法では、資本主義化の内的可能性を指すのですが、そういう見方でアジアの歴史、朝鮮の歴史を一貫させてはめこんでいこうとする。自力では近代化できないものだから、日本が「近代化する使命」を負うのだというわけです。日露戦争から「日韓併合」のころ、いわゆる経済史学でマルクスをかなり早い時期に紹介した福田徳三の場合には、一方ではそういう発展段階論を武器に使いながら、朝鮮が発展段階的にいかに遅れているかを実証しようとするのですが、それは実証というよりも、結論をまず無意識のうちに持っていて、日本軍なんかの世話をうけながら朝鮮の内部を一ヵ月ほど視察して歩いて蔑視感に満ちた印象を仕入れ、それを下地にして発展段階論なんかの武器を使ってもっともらしく仕上げて、そして停滞社会論という「権威ある理論」ができあがる。権力はこれを大いに広める。そこで権威ある学者に従って、人びとは「朝鮮は遅れたどうしようもない国だ」と順に思い込んでいく。朝鮮の歴史についての固定したイメージの体系がこうして定着し、疑う者もいなくなっていく。

この停滞史観と表裏一体にあるのが、朝鮮の歴史は常に外側の力によって動かされてきた歴史だ、自律的には動いて来なかった、外からの侵略によってしか歴史の発展はなかった、という他律性史観で、これがさらに朝鮮史をズタズタにしてしまう。こうして自分は政治から中立な純実証主義だと思っている多くの歴史家が、実証主義の手続きに入る手前でもう帝国主義のイデオロギーに規定された結論に支配されているというようになる。手続きが精密になるだけで、結論は常に変わらないのです。

例えば、東拓（東洋拓殖株式会社）の場合、土地調査事業の経過でどういう論理が駆使されたか。当時の朝鮮の一定の社会経済的な発展段階にあっては、ちょうど幕末の百姓と領主の関係と似たような、いわば自作農に近いような多くの農民が一定の土地を耕作しているのに、明治政府は、地租改正でやったのとはちがって、所有権は農民の側にはないんだ、国家の土地だったんだと強弁して所有者を決めていく。そうして李朝政府の手に移ったものを朝鮮総督府の手に移して、そして東拓に譲りわたしていくわけですが、国有対民有というような土地紛争が現実にあったことを無視して、日本の明治維新期にあったような社会変革は朝鮮にはない、だから地主に所有権があったんだと、そういうふうに論証することで土地調査事業をどんどん進めたのです。発展段階論的にはこれだけ朝鮮は遅れているんだといった停滞史観が、実際に武器として土地調査事業の中で使われている。和田一郎の土地調査事業の報告書や、朝鮮総督府の報告書など、すべてこういう歴史認識を貫いている。

実際、総督府が朝鮮人から歴史を奪ったということは、言葉としてそれを否定したということにとどまらず、朝鮮史の基本的主体である朝鮮の民衆のすべてを否定し、朝鮮史の存在そのものを否定し、そのことを現実に具体的に、制度的に貫徹していこうということを含んでいるといえると思います。

5　講壇マルキストの「東洋社会論」

ところで、一九三〇年代以降、特に講座派の講壇マルキストたちが、このような停滞的アジア観に「社会経済史」的基礎づけを与え、理論的に動かしがたい真理のような外見を与えて、のちの「大東亜共栄圏」論の布石となるような固定観念を補強する役割を果たしてしまったということは、これまでお話してきたこと以上に重大です。天皇制とトータルに対決したいと望んだ者がどうしてそんなことになってしまったのか。それはまず、西欧に基準をおいて、天皇制を支える日本の「封建的」要素、「特殊性」のみを一面的に強調していく方法論自体から発していると思います。そのことを強調する時、「アジア的」という表現がなされたり、「インド以下的低賃金」という差別用語で悲愴感をアジろうとしたりしたことでわかるように、その発想によってアジアの現状を分析していく時、理論的に整ったものにしようとすると、必ず日本以上に遅れた、停滞的な側面しか目に映らないようになっていった。それはしかも、体制側から無意識のうちに受け取っている既存のアジア観にも合致している。イギリスは典型的な近代市民社会、日本はやや遅れており、中国や朝鮮は一段と遅れているという図式にどうしてもなってしまう。実は、その場合、日本を含めた帝国主義の侵略自体がアジアの自律的展開を抑圧している条件を無視して、単純な比較をしてしまっているのです。日本の明治維新だって、世界史の場の中でという条件抜きには語れない。まして、現象的には中国や朝鮮社会に封建的な要素が確かに残されているのは事実で、それは帝国主義世界がそのような状態を強いていたのですが、うかつにも、というか、無意識のうちにそのことが見落とされていく。そして、そのようなイメージはなまじ、例えばマルクスの有名なインド論の一節などによって補強・合理化されるので、ますますもっともらしくなる。

そこへ、さらにウィットフォーゲルの例の「東洋的社会論」、いわゆる水びたしの理論が入ってきて、イメージにピッタリだというので、異常に流行することになる。これはマルクスのアジア的生産様式論の歪曲で、西欧近代のアジア観の図式をマルクス主義の上に強引に継ぎ木したようなものです。いわゆる歴史の発展段階の継続性は、封建制社会から資本主義社会へ、日本を一応含めてヨーロッパのみに妥当する。アジア社会の歴史を貫く理論はそれとは全く異質で、そこでは、ヨーロッパ的封建社会とは違う、アジア社会独特の水の管理に根拠をおく専制体制とそれを支える生産様式が、強固な持続性を持ち、外から打撃を受けない限り停滞社会としてとどまるほかない。したがってそういった社会は、自律的に資本主義を経て社会主義へという過程を歩めない。現実のアジアがさしあたり資本主義へ移行するには、それらの社会の内部からマニュファクチュアが起こって市民革命を準備するなどということではあり得ない。内部からの発展の道は閉ざされている。発展の道は外部から、たとえ侵略であろうと帝国主義であろうと、外側から資本主義が移植されることによってはじめて資本主義社会に達しうる。そうしてさらにいえば、そのもとで階級矛盾の激化によってはじめて社会主義革命が射程に入ってくるのだ、というような「理論」です。彼はこういうドグマを使って具体的に中国論を展開する。そしてそれは現象的な現実を説明できるようにさえ見え、ちょっと見たところでは真理と映らざるを得なかったわけです。

結果論的にいって、後にウィットフォーゲル自身を含めて意識的に帝国主義のアジア侵略の合理化のために奉仕していくことから、この理論の性格は今日、明らかでしょう。ただ、この発想の傾向は、実は、ウィットフォーゲル一人のものではなく、その他、多かれ少なかれ、ソ連の「東洋学者」にも共通のものだったといってよい。例えばマジャールとかサファロフとか。その他一連の巨大な理論的著作が権威を背負って、このころどしどし日本語に翻訳されています。そして日本の講座派的マルクス主義経済学者たちは、早速このヨーロッパ近代主義の影を背負ったマルクス主義理論の流行に飛びついていった。そして、『東洋的生活圏』の著者森谷克己など、それをさらに「深め」ようと、独自の展開を試み、これがまたたいへんかっこよく見えたりする。「満州事変」・中国侵略がまさに進みつつある中でです。

そのころ、そういう左翼学者の生活の基盤として大きな比重を占めているのが、例えば「満鉄調査部」とか「東亜調査会」とかの、侵略の第一線の調査機関です。日本のアカデミズム内にいられないような人が、「満鉄調査部」などに拾われ、使われていく。第一線ではかえってあまりしめつけずに、ある程度自由に社会調査などをやらせて、その結果を頂戴すればよいという考えが、帝国主義権力の側にある程度意識的にあったようです。特に水の理論ならまあ危険はなかろうというわけです。それにのって動いている自己の無自覚は、抗日運動なんかに触れて認識を変えていく内的契機を失わせ、それなりに科学的にやっているという自己満足にさえおぼれていく。

6　左翼科学者の戦争協力

この状態は、さらに一段進むと、あまり内的葛藤なしに「大東亜共栄圏」論への積極的合流にまで進んでいきます。アジアは他律的な資本主義化の強制的な手術の過程を、歴史の一段階として必要としている。「大東亜共栄圏」は、アジア諸国のそうした内的矛盾を、日本国家権力を逆用して一挙に推し進めることに役立つという発想が、例えば平野義太郎をして、『大アジア主義の歴史的基礎』『太平洋地政学』〔本書はドイツの地政学者ハウスホーファーの著書であり、平野によるものではない。おそらく本書と同時期に出版された平野義太郎・清野謙次『太平洋の民族＝政治学』（日本評論社、一九四二年）の間違いであると思われる〕などを書かせたのでしょう。これは国内問題として一部の社会民主主義者がファシズム体制を国家社会主義と規定した誤りと好一対でしょう。もう少しそれなりに密度の高いものとしては、例えば尾崎秀実《ほつみ》の思想と行動あたりを分析することから重大な教訓が出てくるかと思います。「満鉄調査部」の中に身を置くということを非常に不自然とは考えない。その枠組みの中で自分が「東洋社会論」的に対象を見てゆくことの限界性に気づかない。また、例えば中国革命の中国人民自体の闘争としての展開がまるで見えない。主観的にマルクス主義者であって、行動のみならず認識においてもそこまで落ちていってしまう危険性があるわけでしょう。かなり多くの、いわゆる左翼学者が、沈黙を守るだけならまだ良いのに、意識的に戦争協力をしているのです。「大東亜共栄圏」をすら、歴史の一過程、必然として肯定する形で、強烈な自責の念もなく、帝国主義に屈服していく。そして、このようなこともいわば血肉化して培われていたさまざまな偏見が下地になっていたというべきでしょう。

帝国主義御用機関の中での存在形式から真に告発されることもなしに、意識がそのまま持ち越されて、大量にそういう現象をよんだことを、「研究」の領域にいる人間の反面教師として受けとめたいと思います。つけ加えれば、彼らは、天皇制に心から忠良な庶民より一段上のものとして、自分で思い込んでいたけれども、ある意味で一般の排外感覚以上に、理論構成としては、最も精密な「東洋社会論」をもって、太平洋戦争に奉仕する役割を果たしたといわねばならない。ともかく、どのように無自覚的加担が進行したかを考えるために、この「東洋社会論」がどう展開したかは、最も重要なテーマでしょう。

ついでながら、今日、超越的な「反省」論議には事欠かないが、「日鮮同祖論」を口をきわめて批判しながら、停滞史観の方はなおほとんど問題にしえない人がいる。「遅れていたのは事実じゃないか」とか言って。そこには、停滞史観の枠組みの中での実証研究をした覚えが身にあって、それをさらに合理化したい心情が関係している場合があるようです。

私は、総括的に言って、戦前の朝鮮史のとらえ方の最大の問題点は、「東洋社会論」に象徴されるような、広い意味のイデオロギーとしての停滞史観にあり、民族解放闘争の無視という容易ならぬ認識のゆがみも、そういう発想の根っこから生まれてきていると考えます。そういうことによって、どこをどう変えなくてはいけないのかが、はっきりするのではないかと思います。

三　戦後民主主義のもとでの朝鮮観

次に、いわゆる敗戦後に話を進めます。戦前の研究史については、今日、一定の客観的な整理のようなものがそれなりになされているのですが、そう客観的に眺めている人間の属する戦後自体が、まともに対象化されていない風潮があって、このことがまず問題だと思います。学者などでない、ふつうの朝鮮人の目に映る日本人が、朝鮮の問題に対する姿勢において少なくともほとんど戦前と変わっていないということが、最近ようやく端的に指摘されるようになってきた。例えば帝国主義の進出の仕方が、戦前と全く同じ現象形態をとっているかといえば、かなり異なっている点もあるけれども、その底に流れる発想法は変わっていないと糾弾される。

1　容易ならぬ思想的危機

ただ、戦前の社会意識が戦後もそのまま残されたという点、確かにそうなんですけれど、単に残りかす・遺制としてのみあるのではなく、現在においてそれを保存させ、改変もしつつ、補強・強化させるイデオロギー操作のもとで、そうであることはいうまでもありません。だから、昔の残りかすを払拭しなくてはいけないのだというだけでは根は断てない。南朝鮮への帝国主義支配が、われわれをもとらえようとしている現在を見ないで、歴史だけを問題にしようとする観点からは、抽象的な道義論しか出てこない。若い年代のなかに、意外に差別・抑圧・植民地主義をいうと、過去のこと、戦前のこととうけとって、戦後生まれの自分とは関係ないとほがらかに言う人が多い。「戦後民主主義」教育のマイナス効果なのでしょうか、そういう場面にしばしば行きあっています。

言うまでもなく、現在の南朝鮮の労働者を直接・間接に日本帝国主義のメカニズムの最底辺に組み込んでいる体制の上に、日本の資本主義社会が存立している。われわれはその中での日常生活を強いられつつ、またその内部に差別構造をもっている。上層労働者の一定範囲の経済闘争を許容しつつ巻き込んで体制内在化していく仕組みは、ある意味では戦前以上に進んでいる。要するに、まぎれもなく南朝鮮人民の犠牲の上に日本の資本主義が成り立っている。そのおこぼれの一切を拒否していると、簡単にいえるかどうか？　われわれのそういう現在の存在に無自覚であるとすると、僕らの意識はそのように規定されているはずだ、と考えなければいけないことになる。在日朝鮮人の戦後二五年間を、われわれが無関心のままに過ごしてきたことも、こういう意識のありようと無関係ではない、と考えなければいけないことになる。重層構造が一層巧妙・間接的になっている分だけ、無自覚性が一層深まっていることは、むしろもっと容易ならぬ思想的危機だと言っても良い。

戦前と違うところはと言えば、戦前の弱い資本主義以上に、仕組みが巧妙に作られていることだ。戦前ですと、「天皇制は個人の外にある権威であり、外から強制されている」というある程度の意識はあったが、今は、意識すらなくなっているという状況がある。このようなものとしての「戦後民主主義」体制、われわれをその枠の中に戦前より一層深く組み込んでしまう「戦後民主主義」体制、その中にいて、われわれの集団的な社会意識も形成されることは否定できない。無自覚性はより進み、そして朝鮮史に対する認識の欠落はといえば、以前と同じ、屈折させられ、偏見を持っているという点も以前と基本的には同じ。そして、より点検されにくい、露骨な形でない「見て見ぬふり」や、「上からの同情」という一般的な姿勢が放っておかれている。そういう状況が今日あると思います。戦前と戦後は連なっているということは、日本の諸階級の多数にとって、まず敗戦体験が根本的な価値観の崩壊ではなく、カメレオンみたいに色を変えればすむことだったということだ。

例えば、一九四五年八月一五日を、日本人と朝鮮人とが、どう過ごしたかを比べてみるとはっきりする。山田昭次さんが前に『朝鮮研究』に書かれた分析などもありますから、細かくはそういうものを読んでもらいたいと思いますが、朝鮮の民衆の中では、解放後の新たな権力を下から積み上げて作っていく動きが、とにかく当然のことのように始まり、地方人民委員会が具体化していくが、日本ではそうではない。上の方の機構が崩れたというような受けとめ方です。朝鮮においては、旧来の支配機構、権力機構はいうまでもなく、社会末端に至るまで、植民地支配の体制に連なっていた、いわゆる隷属資本家や地主や下級官吏の権威を含めて、明らかにガラッと崩れ、大衆意識がその存続を許さなかった。そしてそれに替わるものとして「人民委員会」などが生まれてくる。

それに比べれば、日本社会での末端の崩れ方は全く不徹底なものにすぎない。天皇や軍の権威は上の方で崩れたけれど、末端の社会機構、地域・町内会や村落の中の人間関係は別に変わっていない。昨日まで威張っていた奴が、別のことを言いながらやはり威張っているという姿ではなかったか。あるいはそういう中での日常生活意識の次元で、今までの考え方ではとてもやってい けないというような危機感・流動状況にまで、ほとんど至っていない。そのうちに、ただ物質的に大変になって、流れにまかせて……。少なくとも全然いない訳ではないけれど、非常に少ない。完全に「どうしようもない」という気持ちから、長い時間をかけて新しいものを見出していくという経過が、大量にあったとは到底言えない。むしろ、非常に器用に、プラグマチックに、今までの天皇の代わりにGHQをもってきたにすぎない。だから朝鮮観などが問い直されるという当然のことには、ほとんどなっていなかったのではないでしょうか？　イデオロギー・政治的意識の点では大いに変わっても、その前提となるものが崩れないできた人間が、かなり多いのではないだろうか。

2　古い歴史観の保存

そういうことをまとめてみると、戦前・戦後がつながっているという言葉が、われわれが意識しているよりは大きいものとして浮かんでくるのではないだろうか。このように、基本的な継続性があった上で、天皇制イデオロギーが持っていた非合理性が有効でなくなったことに対応する、別なものによる補強があって、「戦後民主主義」的・資本家的安定が、次第に回復していく。その場合、政治の次元では、「平和と民主主義」という、どうにでも解釈されうる二つの観念が新たな価値体系の中心に据えられた。一方、経済的には、朝鮮戦争なんかをバネとして、アメリカの極東戦略とも関連する、独占資本主義体制の維持・強化がいうまでもなく行なわれ、戦前以上に複雑な差別支配のメカニズムが、労働者階級をも体制的に取り込んでゆく。そして、それを肯定する「戦後民主主義」「マイホーム」等の言葉が後からできる。その体制と価値観に安住する者は一定の保障を得るが、その外側に、身分的に差別されて、あるいは自発的にはみ出している者には、このような大衆社会は全く冷たい。体制内的身分を踏みはずさないように自発的にたどっていく労働者階級にとって、「戦後民主主義」は、そのことの問題性を避けて通るためのオブラートにもなっている。否応なしに取り返さなければならない何かに気づかせない。朝鮮戦争を契機に復活した体制の中に自分がいるんだと気づかせない。その全体的連関の中では、例えば教育の面でも、朝鮮の問題を相変わらず隅の方に、取り上げるとしてもきちんとした形でなく、置き去りにする仕組みとなっていく。まともにぶつけると、価値観が揺さぶられざるを得ないからだ。朝鮮問題をまともに取り上げようとしない、本当に初歩的な事柄さえも知らないままにさせ、しかもそのことにわれわれが気づかないという仕組み、そういう体系に組み込まれていることに無関心だったから、在日朝鮮人に対する無関心を平気でいられたのです。それは、戦後の朝鮮史の研究にも貫かれている特徴でしょうが、それを次に具体的に考えてみたい。

研究の領域では、戦前以上の問題意識の希薄化というべき状況があります。むしろ、敗戦直後、植民地支配の体系が崩壊した後で生まれるべき新しいアジアに対する関心は生まれず、何の関心もなくなってしまう一時期があり、方法的には戦前のそれを何となく受け継いだままでいた。やがて、アジア自体の状況の変化に外在的に触発されて、戦前の史学史に対する一種の批判をしないわけにはいかなくなる。そして今日、その批判の仕方を振り返らねばならない時にきているといえましょう。例えば、文献6にあげた『シンポジウム・日本と朝鮮』という本、これは実は私も参加しているのだけれども、批判されるべきものとして挙げているんです。この本のために企画された座談会で、最初に言った差別発言がなされたという点だけではなく、戦前の朝鮮史をそれなりに総括して、前進の材料にしようという企画の意図はよかったはずなのに、読み返してみると、全体としては戦前の最も極端な御用学問についての批判はあるけれど、むしろ批判はさておき、継承すべき点は何かということに、相当の比重がかけられ、しかも甘くなっている。逆に、本当に内在的に批判することを通じての継承、という点になると非常に心もとない。お世辞を言いながら、戦前を過ごしてきた人の思い出話を聞く、という形になってしまった。もちろん、全部そればかりではないけれども。戦前と戦後はどこが違っていて、どこがつながっており、現在のわれわれが直面している問題への回答を、それを通じてひき出すべきところを、むしろ、戦前の、極端に非合理主義的なものを批判して、現在の自分たちは、とっくにそれを拭い去ってしまったかのように思い込んで、それですましていた。別の言葉で言うと、戦後そのものを問題にする姿勢論が、本当に欠けていたと思います。

まず、戦前と戦後の変わっている面を、「日本史教科書における排外主義」（文献10）で取り上げた具体例で説明してみると、戦前の歴史教科書ならのっけから「天照大神」が出てきて、朝鮮問題で言えば、神功皇后の新羅「征伐」というような神話が、あたかも史実であるかのように出て来るのに対し、戦後実証主義、本格的な近代史学が、より巧みに擬似科学性を加えている。誰にもそれとわかるような神話は、神話として否定される。ところが、「神話の中にも含まれている客観的事実の反映を充分読み取らなければいけない」というような論法が、それに伴っている。そのこと自体は正当かもしれないが、それが一定の戦前来のイメージを崩さないためのいいわけに使われる。例えば、「任那日本府」＝古代日本国家の南朝鮮支配が実在したことを、神功皇后の神話が反映しているのだというように。

つまり、神功皇后は消えたけれど、むしろ、より「科学的」に戦前と同じイデオロギー的枠組みのなかの発想法が保たれている。しかもそれが戦前の悪しき遺産は清算し尽くした、と思い込みながら保たれている。金錫亨などの批判はそこに向けられているわけです。要するに、日本人に朝鮮問題が見えないようにさせていたベールというのは何枚も重なっていて、そのうちほんの一枚ぐらいは戦後はがされたかもしれないが、基本的には依然として残りがかかったままであり、そして朝鮮問題を知らないということ、朝鮮史を知らないということ、在日朝鮮人の世界と全く隔絶した状況の中にいつも自分自身がいることを、問題とすら感じられなくなっている。

あまつさえ、戦後日本のいわゆる「高度成長」自体、「平和と民主主義」の国家に生まれ変わった日本が、すべて自力でやってのけたと考え、戦前の植民地支配の中で築かれた物質的基盤と、朝鮮戦争における朝鮮民衆の犠牲の上に築かれたものだとは意識しない。歴史はさておき、現在の日本は、基本的には文句なしの肯定的なものとしてとらえるという感覚が、大変に行き渡っているように思いますが、それだけむしろ、戦前以上に問題が深刻化しているのではないでしょうか? それにまともに立ち向かおうとする姿勢が、「平和と民主主義」とか、さらには「国際主義」とか、そういう言葉だけはかなり自由にやりとりされ得る状況の中で、絶えず磨滅の危険に脅かされ、かえって鈍感になってしまうという状況ではないかと思う。

四　朝鮮史の内在的発展

一般論はさておき、そういう中で、私たち朝鮮史をそれなりに学んできた者――別に専門家と限定しませんが――が、戦後どういう風にやってきたかを、ある程度まとめて振り返ってみたい。それにかかわると思われる文献は、わりにたくさん挙げておきました。敗戦後、最初に、少なくとも戦前かくされていた日帝の侵略史の暴露をやらなければならない、という気持ちは生じた。例えば山辺健太郎さんの場合、自分の経験などを動機として、ずっとそれを続けてきている。戦前は、そのような事柄を日本人が知るということ自体、権力にとって正当性の動揺を来たす恐れがあるので、ひたかくしにされていた。例えば三・一運動が、どういうものとしてあったかということを、日本国内では厳密な検閲を通じて、ほとんど何も知らされなかった。だから、それを知ること自体が重要な問題だったことは確かです。

ただ、その過程で、戦後の権力は全部かくすわけにはいかないので、それを最小限にとどめ、きれいごとにし、かつ戦前と戦後を切り離してしまおうとした。戦前の極端な悪に対しては、特に現在の日韓条約体制下の「日韓親善」ムードづくりに必要と思えば、かっこうだけは外務大臣が手をついてみせる位のことはやってのける。だから、とにかく過去と現在は違う、というような切り離しをした上でだと、過去の単純な暴露だけでは、権力にとってあまり痛手ではなくなってしまうようにみえる。もっとも表面的にそのように見えても、実際に過去と現在がかなり直線的につながっているから、その意味から言っても、権力が侵略史の完全な暴露を推進することはありえない。脅迫的な手段も使って、直接・間接にそれをさせないようにしむけようとする圧力も、全然ないわけではない。直接の圧力よりも、マスコミなどの自主規制の方がより大きいのが現状かもしれませんが。

1　侵略史の暴露

とにかく、具体的な事実を掘り起こす作業――関東大震災をはじめとするきわめて具体的な事実――特に植民地支配に抗しての民族解放闘争、独立運動の圧殺のために何がやられたのか、逆に日本人に独立運動の真価がなぜ見えなかったかなど、一つ一つ明らかにする作業が、ある程度進んではいるといえましょう。ただ、そこでも言っておかなければならないのは、在日朝鮮人歴史家の熱意と実際的な成果が、日本人の手による成果よりはるかに集中的であったことです。われわれは今なお、それに負っている部分が非常に大きいと言わなければなりません。在日朝鮮人よりも日本人こそが、もっと系統的に追求せねばならなかったはずなのに。

とりわけ朝鮮人、特に在日朝鮮人に対して、戦前戦後を通じて日本社会と国家が何をしてきたかという物質的・精神的両面を含めた侵略史の系統的暴露、これは本当に日本帝国主義史の枢要の一環であって、抽象論でかたづけずに、それこそ具体的にわれわれがやらなければならないことでしょう。つまり、侵略史の暴露という課題は、依然として非常に重要であって、一定の蓄積があるが、まだまだ終わっていないどころか、始まったばかりでくり返しくり返し語りつがれなければいけない。しかも現実はそのような事実を、くさいものにふたをするようにふれまいとする公教育体系の制度的改悪が進んでいるのだから、われわれはあえてその外側ででも、知識自体をひろげていくこともしなければならない。そういう場でさえもわれわれはまだそう大きく確保しているとはいえないと思うのです。現にその侵略史の事実を何一つ知らない「常識」的社会人が決して少なくない。そういう点から言えば、くり返しくり返し、くどいほど徹底してやっていかなければならないのもこのテーマなのです。

しかし、それと同時に、例えば停滞論的な基軸から朝鮮史を見るような価値観そのものが、意欲をわかせなくしているとすれば、それ自体をひっくり返すことを追求しなければならない。

個々の事実をいくら詳しく明らかにしても、それが何のための知識だかわからないと反発さえ起こる。その基本的価値観にかかわる方法の問題として、私たちは「内在的発展」という言葉をいわば見つけ出した。解放後、朝鮮の歴史家が自分たちの歴史を自由に研究し書きはじめ、そこから多くの示唆を受けながら、僕らなりにつくり出したのが、この言葉に結晶するような歴史への対し方だったと思う。文化の独自性や、そしてなかんずく解放闘争の中に含まれているすぐれた価値、美しい事柄のいちいちと、また、歴史としての全体の流れを発見すること、それによって、朝鮮に対する構え方が変わってくると同時に、侵略史を暴露することの私たちにとっての必然性もわかっていくような価値観を、はじめはもちろん不充分なところから出発しながらつくっていくために、「内在的発展」という言葉に圧縮されるような姿勢が必要ではないかと気がついてきた。内在的発展という観点から、朝鮮の歴史のあらゆる事実を、とらえ返すという作業を系統的に続けていかなければならないと思う。

2　社会経済史主義の偏向

ただその場合、問題は、内在的発展とは何なのかということです。まさに「戦後民主主義」的な状況の中で、それが矮小化されて、部分的なものに入りこんでいったことを、この間私たちは集中的に知るに至ったと言えるでしょう。例えば、古い世代の人がよく、「日鮮同祖論」的な思想が今でも強いために朝鮮民族を一個の独立した民族として認めえないという発想が残っていて、若い層にもかなりゆずり受けられているのではないか、という角度から在日朝鮮人問題をとりあげようとしたりする。しかし、朝鮮民族を独立の民族とは認めないという、そういうところに戦後的な状況の中での日本人の問題性の集中点があるのではなくて、民族であるということを、建前としては認めながら、かつその中になお差別、抑圧の意識と、あるいは無関心、蔑視の意識をもちこしていることが問題なのではないか。朝鮮問題に生き生きとした関心を示せるような発想の根っこがかけているのは、他者として蔑視しているからではないか。つまり認識の程度が義理でとおりいっぺんの浅いもので間にあわされてきた。

歴史の教科書では、日本国内の問題については、例えば荘園の内部の構造がどうなっているとかの、戦前にはなかった階級・階層構造について相当詳細な知識が与えられている。ところがそれが、知識としてのみ蓄積された。それと同じようにいわゆる経済過程が土台だという図式に暗黙のうちにささえられながら、いわゆる社会経済史を精密にたどってゆけばよいのだという発想が、僕たちが「内在的発展」という言葉から最初に引き出した意味だった。朝鮮の歴史における各発展段階はどう区切られるか？　例えば資本主義の萌芽がいつごろ生まれてきていたのかというように。確かに、今までの停滞一方であるという見方をこれが否定するものであるとはいえる。朝鮮の歴史学者が、個々の事実を実証的に明らかにして言っている発展の歴史がやはり真実なのだ。戦前のわれわれは、そういう側面を重要視する発想が欠けていたがゆえに、史料に事実があるのを見ても見えなかったのだ。それではいけないというわけで、とにかくあらゆる時期の社会経済史を詳細にやってきた。それはいいことだし、今なお依然として必要なことだ。社会の土台である下部構造をはっきりとらえないで、例えば南朝鮮の現状を表面的にたどるだけでは理論的認識は生まれない。そういう意味で必要なことなんだけど、そこだけに視点が集中してそれがすべてのように思ってしまうことが問題なのだ。それはいわゆる社会経済史主義という、一種の偏向を生んできた。それが社会経済史以外と、特に政治過程を図式的に社会経済史の直接の反映として割り切って、それでわかったことにしてしまう。客観的な対象としてひとつひとつ社会経済現象を実証主義的にやっていけば、やがていずれは壮大な体系というものができるというつもりでした。

ところが〝いずれは〟というものを待っていられないという現実的要請がある中で、ともかく手持ちの材料によってでも、朝鮮について新しいイメージをつくらなければいけない。歴史の次元でのイメージをつくらなければいけない。それを実証が全部すむまで言えないと考えるから、細かいことと細かいことを分業していった。これは日本史などの分野にはもっと極端にあって、「現代実証主義」というような頽廃相を示している。朝鮮史の研究も遅ればせながらその悪しき道を、内在的発展という言葉に気づいたとたんにたどろうとした。いうなれば近代主義の方向へふみ込んでいく傾向があったのです。そしてしかもそれが階級関係を、当然、一応視野に入れているためにいっそう中途半端な形になり、イデオロギー的な、大国主義的な発想に平気で接ぎ木されていったりした。社会経済史の分析から出発して、同情論的な日韓親善論、南朝鮮経済援助論などを展開していくような、そういう理屈さえも成立可能であった。

それがどういう傾向となってあらわれるかというと、やはり特に近代史では、朝鮮人民の歴史のエネルギーを問題意識の中心にすえられなくなってしまうことです。

3　朝鮮民衆の民族解放闘争

要は、どこにそれがあったかということ。やはり植民地支配に抵抗する運動の中に見出される近代史の最も価値あるものは、少なくとも植民地支配・統治者の側、またその周辺に強制的に、あるいはたまには自発的に、いわゆる隷属資本家・官吏・インテリなどとして組みこまれた朝鮮人の営為にあったのではない。そういう人たちの権力に屈服した生活の中でつくり出されたものは、それはそれとして複雑なひだをもちながらも、政治経済的にも文化的な面でも朝鮮人のつくり出した最高のものなのではない。いうまでもなくそれは、徹底的に民族解放をめざして闘う部分の中にあった。歴史研究の領域を例にとりましょう。朝鮮人歴史家の中でも崔南善《チェナムソン》などは日本人の中での知名度が高くて「民族史学」の代表のように思われていたが、それは実は、彼が後に戦争中に戦争協力者となることに象徴的なように、権力に比較的接近した生活の姿勢をとっていたことによってなのだ。今日、議論の内容を検討してみても、そういう人びとよりも、日本ではほとんど知られていない申采浩《シンチェホ》の方が疑いもなく本物です。彼は日本帝国主義との妥協を徹底的に拒否して、最期は大連刑務所で獄死した。その姿勢によって朝鮮人の中での信望は高かったが、日本人は完全に無視していたということがある。

民族解放闘争史を学ぶということは、いつ、どういうところで、どういう事があったかという事実を詳細に一つ一つ知り、いかに無数の事実があったかを認識するという一般的な受け止めから始めて、またさらにそれを支えていた思想、例えば申采浩という人の精神の姿にふれ、うたれることに進むと思います。現実の植民地権力との抗争、精神的に対峙していた緊張の姿、また対抗していくための思想を、朝鮮の青年大衆の中にひろめ、ともに前進していこうとする血みどろの努力、そこから学ぶべきものを自分でひき出してくる中で、私たちの方の思想過程が触発されてゆく。実際そういう意味での「歴史」が、今日の南朝鮮の闘争の中に継承されているのだ。指導者が問題なのではなくて、個々の大衆の日常生活意識と密着した感覚を理解するためにも、「歴史」を学ばねばならない。

例えば、「日帝」という言葉が日常会話用語として、ちゃんと成立しているような生活感覚はどうひきつがれ、それが運動を底辺でどう支えているのかを研究しなければならないと思います。思想という場合、指導者が問題なのではなく、民衆運動の流れそのものの中に、非常に重要なものが含まれている。追求していく過程で含まれているという実感がしだいに見つけられていくのであって、自分は当面そういう風に思えないとすれば、そういう意識から脱け出すために、無理にでもそういう姿勢を持たねばならない。そうして、単に社会経済史的なものではない、朝鮮民衆の解放闘争の思想と、その内的な発展の経過を本当に流れとしてつかむように努力したい。なお、その点については、今日は抽象的な話ばかりですが、次回のテーマは当然それに具体的にふれてゆくつもりです。それは日本自体をとらえなおすという課題の要でもあると思います。

それから、もう一つ言っておかねばならないことは、朝鮮の民族解放闘争史の意義は、それ自体として今言ったような意味をもっているだけではなく、朝鮮一国の範囲をこえて、アジア全体の反帝闘争史の中での一つの要としてとらえかえす視点が必要だということでしょう。例えば三・一運動から一九二〇年代前半にかけての朝鮮の運動の中に含まれていた運動史的な先進性が、アジア反帝闘争全体の構図の中で、どれだけ重要な意味をもっているのかということです。例えば僕らにしても、三・一運動をそういう視点からとらえる姿勢をこれまであまり持たないで来たのではないかと反省しています。

同時に、そのこと自体が一体なぜであったのか、自身の問題としてもっと徹底して追及していくことも必要だと思います。朝鮮は朝鮮一国としてイメージをもつというように、別々に切り離してはならない。実はよくありがちなことですが。世界資本主義が、東アジアなら東アジアという場で、どのように貫いた結果、朝鮮民族の闘争と、日本の侵略の側に加担してしまった大多数の人間の立場とがどう出会ったのか、そしてそれがわれわれに、どういう歴史的刻印を残しているのか、それをわれわれはどのように克服しなくてはならないのか、などのことをやはり世界史全体の中でとらえ返すことも必要なのです。

ところがそのように言う場合にまた、一つの落とし穴があります。実は、「世界資本主義の中で一国史をとらえる」という言葉自体は、ここ最近、歴史研究者の世界では、わりと流行語のようにさえなっているのです。日本の明治維新を世界資本主義の連鎖の中でとらえ返そう、というかけ声が合言葉のようになっているといってよいくらいです。それ自体はけっこうなことですが、朝鮮史の内在的発展という言葉に対して、そういう雰囲気の中から「朝鮮一国史主義的な古い方法はだめだ、世界資本主義の視野からとらえなければだめじゃないか」というような、見当違いの機械的な議論が出て来たりする。

僕はしかし、その辺に何か問題があると思うのです。「世界資本主義の中の日本であり、朝鮮であり、その関係だ」ということに抽象的には異存ないんですが、そういう発想を妙に力んで強調する人が、朝鮮像をどう描くかというと、簡単に、例の他律性史観を展開しはじめる。近代初頭の朝鮮を見る場面、朝鮮の内部の階級配置の変動などは実はよく分からないから、外側の列強角逐の場面を次々に展開していく、「世界史的視野」の中でとらえるということはこういうことだとばかりに。朝鮮民衆はいわば歴史の客体にすぎないようにいうのです。しかも世界資本主義、日本資本主義が朝鮮に持ち込んだもの、これを朝鮮史を見る場合の一つの基準にする。あたかも昔の他律性論がそのまま今日復活してきて、しかもそれが進歩的であり、カッコいい事のように流通するという我慢ならない状態さえ起こるわけです。

むしろ僕は、もっと徹底的に世界資本主義の全体像を描くためにも、今までまるで分かっていない朝鮮内部の人民闘争、大衆生活の底辺での思想意識の展開をわれわれにとって一番価値あるものとして掘り下げていくことが必要なのだと思う。それをしないで、なまじっか抽象論として世界資本主義を論じていると、かえって今日流の帝国主義的排外主義のイデオロギーに取り込まれてしまうことになりかねない。

朝鮮人民の歴史の内在的発展の契機が、日本がかつて植民地支配していた時代から、解放後、さらに今日に至るまで、朝鮮本国において、また、在日朝鮮人の中に、どのようにひきつがれてきたか、それが朝鮮史である。それを基準として初めて、日帝の侵略史の批判、暴露が生きてくる。侵略は本当の意味では、いかなる悪であるのか、内在的発展を抑圧した点においてだという事が明らかにされる。「朝鮮が全然遅れていて弱い国だったから、強い日本が乗り込んでいって近代化してあげたんだ。しかし、その過程でさまざまな蛮行がふるわれた。その事は悪い」というような侵略史の批判だったならば、「弱肉強食はしかたなかったじゃないか」という居直りが許される。つまりこれは事実上は居直りの論理になるのです。また、「太平洋戦争は、あまりに悪かったけれど、それ以前の朝鮮支配は恩恵だったんだ」という居直りにもなる。そんな「反省」が必要なんじゃない。内的な発展の可能性——民衆の力量・思想・経済的にも文化的にも、もちろん政治的にも、あらゆる面にあらわれている——それを、まず外来侵略者がつき崩していく過程があった。日本の明治の国権論者は、意識的にまた無意識的にそれをつき崩す活動をし、完全に歪めてしまい、朝鮮人を追いこんでいきながら、そのようにしてつくり出された状況を前提として植民地を合理化したのです。

4　一人ひとりの朝鮮観

最後に、今日の私たちの主テーマである自己点検の契機としての朝鮮史ということと、似ているようで異なる「日本人の朝鮮観を論ず」というような客観主義的なジャンルは、この間、特に日韓闘争のころから、けっこうはやりのようにさえなっている。人ごとのようにする論断の型ができあがってしまっているようにさえ見受けられる。特に私たち歴史家がその先頭に立った感じもあった。それが道義論的に空転していったのも客観主義的なためだったと考えます。

自分をそとにおいて「日本人の朝鮮観」、とりわけ戦前のそれだけを論じているためだった。その点で、多くのことが言われたわりに、まるで不充分なのではなかったかと思います。本当の意味で日本の諸階級の朝鮮観を論じ切った書物は実はまだつくり出されていないというべきでしょう。これを充分なものにするために、発表するなどということと無関係に自分をかかわらせての日本近代史像を、それこそ研究しておく必要がわれわれ全員にあると思います。例えばおじいさんからおやじさんから自分にかけて、日本社会の中にどういう位置を占め、動きまわり、そして朝鮮とそれがどうかかわっているのかを確かめておく必要があると思うのです。意外なほど、具体的なかかわりを認めざるを得ない場合が多いのではないでしょうか？　私の場合もそうです。えぐり出すような研究――既成の研究という概念にあてはまらないかも知れませんが――それを語りながら、その恥をマイナスのバネとする。そのマイナスのバネを強固なものとするために、朝鮮史が自分を照らす鏡である。今後、今言ったような方向で、具体的な事柄を私は私なりにやっていこうと思っているわけです。今日は終始抽象論でわかりにくかったと思いますが、これでひとまず話を終わりたいと思います。

五　若干の補足と論争の深化のために

1　戦後のアジア・ブームについて

戦後自体について整理しきれないことがあったりして、ややとばしてしまった点もありますので、できるかぎり補足したいと思います。

いわゆる「東洋社会論」的なイメージは一九四〇年代末頃にくずれていく。客観的に言って中華人民共和国成立の頃です。われわれは外側からそれらの事実をつきつけられた。「アジアは停滞している」とばかり言い続けてき、ほとんど、アジアの民衆の中のエネルギーを感じとらず、自身に問題意識を持ちすらしないで、戦前以来「満鉄」あたりでテレテレしていたことを、やっぱり外部からのショックで深刻に反省せざるを得なかった。同時に、朝鮮戦争というショックがあるわけですが、こちらの提起する問題への対応はなお不充分でした。ともかく、いわゆる停滞論的な発想ではいくらなんでもだめだということが、少なくとも気づかれはじめて来た。その頃までは、講座派的発想から、農地改革の後でも、日本の封建遺制を主要に問題にするような姿勢がかなりあったわけですね。それではいくら何でも太刀打ちできない現実の進行を外側からつきつけられてやっと問題がはっきりしてきたのがその頃、四九、五〇年あたりだろうと思います。

その後どうなったかということを、きわめて大まかに言ってみますと、例えば講座派とか労農派とかそれぞれが多様に分化してきていることからも分かるように、従来の価値基準では間に合わないという感覚が戦前来の世代の人びとに多々ありながら、確かな方向性を展望し得ない模索の状況が続いているのだと思います。なにか別のものが出てきて、それなりに確信を持って進んでいるというかっこうではないまま、ズルズルと今日に来ているといえないでしょうか。しかも「象牙の塔」がいわゆる「左翼」学者にも開かれる近代化の中で、アカデミズム本来の清算され残ったものとの癒着が起こった。日本史なんかでは平泉史学などと一定のイデオロギー闘争をそれなりに経たけれども、いわゆる「東洋史」などの分野ではそれもなくてアジアフォード資金問題の頃まではほとんど無風状態で戦前戦中の責任も問われないまま、何となく社会経済史学とアカデミズム実証主義とが癒着していた。一方、アカデミズムと旧「民科」などの運動との接点あたりでは、例えば上原専禄《せんろく》さんのイメージなどに導かれて、五〇年くらいからあと、理論的というよりはむしろ心情的に、今までのヨーロッパ中心の価値観をアジア中心に逆転せよというのが合言葉で、いわゆるアジア・ブーム、特に中国ブームが現出し、そういう方向へ大勢が流れていると思います。

ただその場合、今度はアジアに対する手放しの礼賛、日本人民の主体的総括をぬきにしてアジア・アフリカによりかかり「A・Aが世界史を動かしている、そして日本もアジアだ」という安易なアジテーションに流れていく。漠然とアジア・アフリカのナショナリズムに便乗してゆくことが目指されていた。ところが現実には、アジア・アフリカの諸国の内部で、アメリカ等の植民地主義的な働きかけもからんで、それぞれに階級分解が進行し、インドなどに典型的なように、いわゆるA・A勢力の超階級的な結束自体が五〇年代末以降分解していき、六〇年代に入ってますますはっきりしてきた。無責任な賛美では許されない深刻な内部矛盾が見えてきた。さらに中・ソ論争が顕在化する。これまでのイメージからするとありうべからざることですが。良心的な上原さんは、それまでずっと自分がイニシアティブをとって描いてきたイメージが崩れてしまったことを知ると、数年前から今に至るまで、一切の公的な発言を絶って自分にこもるという姿勢をとっているくらいですね。はっきりそのような転換の画期を区切るのはむずかしいけれど、やはり六五年前後になると、完全にA・Aよりかかりのイメージが崩れていたといえましょう。まとめていうと、つまり戦前の発想の残り物でまに合わせてきた五〇年頃までの段階、それからあと甘いアジア・ブームで何とか糊塗してきた六〇年代初めまで、それからあと、日韓条約を経て現実の日本帝国主義体制——新植民地主義体制が、われわれの上に、日常食うもの、着るものなどすべての上に影を落としている中でもがいてきて、現在に至っていると思うのです。

2　日韓闘争における思想問題

この現状にどう対応すべきかにかかわることと関連して、日韓条約について少し言うべき事があると思うのです。先ほど、法的地位協定、在日朝鮮人の生身の人間存在そのものから発想する視角が日韓闘争のとき欠けていた、と言われました。私なども六五年には確かにそうだったと思います。客観主義的に帝国主義が復活する状況が、政治的にどうか、経済的にどうか、請求権の問題は日本の経済、独占資本との関係でどういう役割を果たすのか、といった分析を中軸において、いわば日韓条約の客観的解明を行なおうとしてきた。個人としてはその時にはほとんど関与していなかったのだけれど、日本朝鮮研究所が当時果たそうとした役割もそれに沿ってだった。もっとも、それだけでは足りないとはとにかく気づいていた。そして例えば、李ライン・「竹島」問題を通じての日本の国家意識、大国主義思想再形成の問題、自衛隊正当化のキャンペーンなども含めて、そういうことを掘り下げたいという意図があった。いわゆる李ライン・「竹島」に集中する南朝鮮民衆の民族感情がつきつけてくる問題を重要視せねばならないと主張した。また、請求権を問題にする場合にも現実にその資金が果たす役割とは別に、日本国家の歴史的責任の清算のすり替えが行なわれようとしていることを、われわれ日本人の側からも問題にしなければならないと考えた。一般的にすでに広まっていた問題意識に加えて、運動の中にそういった発想をもち込む努力はしていた。もっとも、韓国の低賃金労働の問題に関しては、実は、朝鮮研究所が最初に作ったパンフレットでは、まだ「日本人の生活をおびやかす低賃金」というような認識であり、やっていく過程でその間違いにともかく気がついて、二回目のパンフレットでは改めたりしたのでした。しかし、在日朝鮮人個々人の生活が直接に脅かされる法的地位協定の問題は、ほとんど問題意識に上がらなかった。南朝鮮に生きる「人間」を抽象的には考えたのですが、それが充分具体化していなかったのです。

なおついでに、その後、李ライン・「竹島」への問題意識は、歴史的責任を追及し、今日の大国主義・排外主義の復活と対決しなければならないという形で、朝鮮研究所内で寺尾五郎などを中心に深められてゆき、人民責任論という言葉がその中から結晶してきた。つまり、例えば左翼が戦前に帝国主義と多少闘ったからそれでいいといって責任を免れるような姿勢に満足してはならない。闘いきれなかった、大衆を自己の側にひきつけ日本帝国主義を内側からつきくずしていく事ができなかった責任を、日本人民は感じなければならないのだ。中国や朝鮮の人びとは、日本人に対し帝国主義と日本人民は別だと強調する場合がある。儀礼として、あるいは半ば彼らの立場なりに今日の状況の中でそういう必要を感じて。しかしそういう時にわれわれ日本人民が「そうですよね」とすましていてはとんでもないことになるのではないか。そういう主張でした。そしてその主張は現状よりも歴史を重視し、運動の実践そのものではなく思想を重視する、という様な若干のゆがみを生みつつも、基本的には正しく提起された。

ところが驚くべき事は、寺尾の議論に触発されて日本共産党が機関紙でその批判の中で「人民」――日共には責任はないとはじめて公然と言いだしたことです。日韓のあと一～二年たって対韓進出が本格化する時期に、「もはや戦後ではない」という逆潮が日共内にも及んだのだと言えましょうか。それ以前には少なくともそういう言い方はしていなかったのに、そういってはいけない最も危険な時期に至って。

この日共の変化は、ニセ進歩派が多い研究の領域にも大いに否定的なイデオロギー的影響を与えています。自主独立論、人民責任論の否定、身近主義、経済主義、朝鮮問題・入管体制などは日本人民には縁遠い事だという系統的なイデオロギー宣伝が、総体として問題意識の希薄化を支えているといえましょう。やはり日韓闘争をほとんど総括し得ないままずごしてきた日本人民の前で、主観的には前衛のつもりの日共が、このような変化を示したという客観的事実のもつイデオロギー的意味を、改めて問題にする必要があると思います。大衆運動の領域で今日、われわれが何かちょっとやろうとすると、意外なほどしばしばこの論法をたてにとった拒絶反応にぶつかります。朝鮮問題を提起していくと、それは道義論であり、歴史論であり、学者だからそういうことを言うんだ、大衆の身近な要求とは違うんだから無視せよ等々の卑劣なデマゴギーの形をとって。そういう意味でアジア・ブームが破産したあとの社会意識の状況よりは、アジア・ブームの方がまだましだったといえるでしょう。依然として方向性なしという状況が続いている泰平ムードの中で、再び植民地支配が始まっているまさにその時に、人民には責任はない、という議論がでてきて、それが一定の影響を与えている、という事態を重大な事だと僕は思うのです。

3　朝鮮の大衆運動の豊かさ

それから、ついでに別のことにはいりますけれど若干補足したいことがあります。さきほど内在的発展という「学者」的な言い方をしましたが、そんな言い方をしない方があるいはよかったのではないかと思うのです。朝鮮の歴史の中の、朝鮮の大衆運動の中の豊かさというべきものを、何とかしてつかむ、そういう構えで、もちろん専門的にではなくとも、運動をやっていく人間がそれをつかんでいくことが必要だと言いかえてもよいと思うのです。

ただ、さきほど言い落としたことは、その場合に朝鮮の歴史を、人間を英雄化し、美化すればよろしいということで手軽にすませてはならないことです。歴史的責任を感じる以上、それに沿って、なるたけほめておけば問題はないんだろうとでも言うような、そういう安易な考え方は、むしろ大きな侮辱でしょう。運動の中の豊かさの裏には、その豊かさを必死に支えるものすごいエネルギーというか粘りがある。それが一方にあって、それを崩そうという帝国主義イデオロギーの日常的にくり返される攻撃が他方にある。そこには結果論的論断を許さない緊張が絶えずあるということを見落としてはならない。文献12（梶村「同化主義の刻印」『金嬉老公判対策委員会ニュース』四）だけあげておきましたが、そういう内的な闘いを見ることができないで賛美することは、ある意味ではやはり侮辱でしょう。多くの傷つき挫折していった部分を含みながら、そういう矛盾と痛苦を押しつけられた歪みを、満身創痍で引きうけながら、しかも、なおかつ粘って、人間を奪回してゆこうという個々人の闘いがあり、運動はそのエネルギーの表現としてある。従って、現象論的次元で空疎に美化したのではすまされない。例えば私は、金嬉老《キムヒロ》公判闘争を支える仕事にもかかわってきながら、その中で、いやでも思い知らされたことは、安易、無責任な英雄化・美化ほどわれわれにも金嬉老氏にもマイナスな事はないということです。意識の歪みを互いにどこまで遡って根本的にとらえ得るか、そういう相互関係をいかにしてつくるかを問うことこそが現実的だと思うのです。歪んだ意識を金嬉老氏が身につけさせられていることが、金嬉老氏自身に何より問題であると同時に、逆にわれわれ自身の歪みを増幅させている点で、まさにわれわれの問題にほかならないのです。実践的にいって、朝鮮についての美化しすぎたきれいごとのイメージをもって現実にぶつかっていった場合、それが、当然歪みによってイメージが崩れることが往々あり得る。私が皆さんに話したことが多少役立つとすればむしろその時でしょう。もともと勝手なイメージを描き、勝手に崩したのはわれわれであって在日朝鮮人の関知する事ではないんだけれども、イメージの崩れた時に、多くの場合、これは手に負えない問題だとか、理解不能であるとか言って逃げ出し、甚だしきは偏見を前にも増して固定、助長することが一般的に残念ながらある。そこをつきぬけて、豊かさを追求し、内在的発展を追求すること、それで始まるし、しなければならない。そうしなければ何にもならないと言いたいわけです。

4　幸徳秋水の思想によせて

自由民権運動の場合、先ほどは、あえて歴史的段階の違いぬきでお話しましたが、基本的目標はブルジョア民主主義の徹底であって、いかに良き自由民権も、イデオロギー論的には、その範囲内であるに決まっているわけです。従って、自由民権運動の中で、連帯の志向といった様なものがあったたか、なかったたかを論ずることは一定の意味があるとしても、それは当然限界付きのことであることを忘れるわけにはいかない。ブルジョア国家主義と根底的に闘うものとはいえない質だといってしまえばそれだけのことだ。ただ、にもかかわらず、本来矛盾する事を追求しようとした、挫折の例としての大井憲太郎の事件などが、やはり反面教師としてその歴史的段階の違いにもかかわらず、今日の状況のもとで、ある意味があると考えたわけです。つまり国権論がとうとうとして大勢になっていく状況の中での大井の一行動・意識形態から教訓を学べるし、学ぶ必要があるということでした。

その点、少なくとも幸徳秋水は社会主義者として自国の帝国主義を否定した点ではっきり違っている。『二〇世紀の怪物帝国主義』という著書を、日露戦争前に書いている。体系的な排外主義批判を展開したのだ。そしてそれに基づく平民新聞等での実践活動があった。当然の事ながらそこでの排外主義批判は自由民権派に比べれば質的に画期的なものを含んでいるというべきである。われわれが基本的に継承すべき問題意識の出発点はここにあるといってもよいと思うのです。

今まで、私たちの周辺には無原則に大井などまで含めて「連帯」の伝統を甘くかつ過大に評価する傾向があり、それを掘り起こすことが侵略主義を批判・否定するよりもっと重要だというような意見が多かったので、対抗上僕らは、自国の侵略と闘った人びとが日本に確かにいたし、また戦前の弾圧はものすごく激しかった中でのその勇気を絶対に無視できないけれども、それが大衆的影響力を持たず、圧倒的に大衆が排外主義に組織されてしまったという真実が問題である以上、そういう侵略に組み込まれた人間のあり方を問い、それを断ち切るにはどうしたらいいのか、そういうことを明らかにすることこそ一番重要な課題だと強調してきた。それを抜きにして連帯の萌芽は日本にもあったとかいって安心するという、そういう研究なり実践なりの構えでは間に合わないんじゃないかと主張してきた。その論争の中では、いきおい「連帯の萌芽なんてのは全くとるにたらぬ」というような極論も出てきた。今も基本的な考え方は変らないが、しかし考えてみると、幸徳秋水のような、少数とはいえ闘った人間から学ぶべきことは多い。社会主義運動の中に、とにかく主観的に帝国主義と闘わなければならないという意識が顕在化されたありようを、大海の中の孤島にすぎなかったことを忘れないようにしつつも、肯定面、否定面とも掘り下げなければならない。全面否定の発想法を絶望的に語るというムードが確かにわれわれの中にあったが、そうじゃなくて、そういった部分を全体の中で正しくとらえなきゃならないと思うのです。

その場合、従って、過大視したり、手放しでほめたたえたり、ということで間に合うものでは当然ない。例えば幸徳の場合、帝国主義イデオロギーに完全に包囲されている状況のもとで、彼の論理なり、運動なり、完全にそれと対立するものとしての意識をどこまでつくり得たかを、もちろん客観条件、弾圧の厳しさを考慮しつつ、やはり、はっきりさせなければならないと思います。

幸徳秋水について、とりあえずとりあげます。例えば石母田《いしもだ》正『歴史と民族の発見』の中に幸徳秋水を論じた論文があります。ご存知のようにこの本は、五〇年代歴史学、民族主義路線のもとでの到達水準を示す一つの古典といえましょう。幸徳秋水はご存知のようにアナキズムにもかなり関心をひかれている時期があって、国家悪を否定糾弾する思考の延長線上に「朝鮮の民族主義も民族運動のせまい次元にとどまっていないで、やがて、直接に国際主義を追求するべきである」と論評を加えた文章を残している。そして被抑圧民族の正当な民族主義を認識しえていない幸徳の限界を批判することが論文の一つのポイントになっている。容赦なく切っているという感じですね。旗田氏の場合もほぼ同じ発想ですが。僕が思いますには、幸徳のそういう限界は確かにあるが、それを全体の条件の中で幸徳の思想と行動の中に位置づけなければいけない。幸徳秋水の、ああいう状況の中での問題意識は、徹底的に日本社会の、とうとうとして、大衆次元にまで浸透していく国家主義・排外主義と極少数者として対決することであった。そういう状況の中で、自国の帝国主義を否定する思想にたどりついたということは、まさに画期的なこととして大きく評価しすぎることはないと思う。

しかし、ブルジョア国家主義との全面対決、これが日本の中で彼の生命がけの課題であった。そのためにも必要なはずの被抑圧民族の民族主義の評価が充分でなかったのが彼の限界だったのだ。具体的活動として、例えば亜州和親会というアジア諸国民との連帯の組織を結成するところまで進みながら、うまくいかなかった。それは第一に弾圧が激しかったためですけれど、同時にやはり、しっくりいかない面があったようです。幸徳とアジアのナショナリストの間には、やはり本当に分かり合う形に成り得ないすれ違いがあったように見受けられる。石母田論文のニュアンスとは若干違うけれども、やはりその点は見なければいけないと思う。幸徳秋水は最も徹底的に良心的だった。自分自身のおかれている立場をつきつめていった。国家の否定という論理にたどりつき得たのはそのためだ。国際主義を抑圧民族の側から貫くために自国の国家主義の全面否定が最大関心事になるのだ。被抑圧民族の中では、しかし同じ反帝の目的のために国際主義に移行していく要素をはらんでの、侵略に抵抗する民族主義というものが何をおいても現実的な実践上の課題とならざるを得なかった。幸徳には自分の状況に忠実たらんとする主観的意図のあまり、それが見えなかったのです。そういう意味でいえば、帝国主義イデオロギーの中で培われた、大井憲太郎のもっていたのと同じような弱さというものを完全に克服しきれていなかったということになるだろう。

しかし幸徳秋水について言えば、当時の日本のもろもろの動きの中で言えば、相対的に最も正面から体制に挑んだ思想として最大限の評価をしなければならないと思う。同じ平民新聞などの中にも、キリスト教社会民主主義やその他のニュアンスも合流していて、幸徳に比べればはるかに問題な思想を露呈している。それを不問に付しながら、幸徳を、この弱点によって全面否定してしまうとしたら大変な間違いだ。「保護条約」の時などに、植民地支配に徹底的に反対するのではなくて、朝鮮が植民地化された事実は、近代化の歴史の一段階として、ともかく認めて、その中で朝鮮人の立場の改善をかちとってゆくためにはどうしなければならないかを考えたい、というような論が出たりしている。帝国主義への加担そのものであるような理論が平民新聞に掲載されているような時期における幸徳秋水なのだ、ということです。

5　自分の痛みにつながる日帝百年の歴史

旗田巍《たかし》さんの『日本人の朝鮮観』、この本は認識の一過程として通らないわけにはいかない本だけれど、やはりその構え方に問題はあると私は思う。私たちが批判的にのりこえていかなければならない欠陥をふくんだ本だと思います。

それは、客観主義的な構えからくるものだと思いますが、もっとはっきりしているのは、意識的に階級性を捨象して「日本人」を平板に論じている点です。征韓論者も自由民権派もさらには幸徳秋水にも、結局のところ、同じ日本人の朝鮮蔑視感があるということ、そのこと自体は事実なのだが、私たちにとって問題なのは、そういうように平板に事実を詠嘆することではない。つまり権力の側に立つ者の排外主義イデオロギーと、民権派の下部にまであるそれとは意味がちがう。体制側の例えば福沢諭吉が侵略論をあおるのは、いわばきわめて目的意識的です。むしろ意識して体制の外に立とうとしたもの、また被抑圧階級、つまり帝国主義を内側からつき崩すことが可能であり、またそうすべきはずの人民が、体制側のイデオロギーに組み込まれ、加担し、同質化してしまうその構造、その人間が指導者意識等々をいかに自覚せずして身につけてしまっているかということこそが、私たちが歴史をくりかえさないために、より重視し、反面教師として研究しなければならない姿ではないかと思うのです。つまり、日帝百年の総括を、私たちは帝国主義の側からするのではもちろんなくて、大衆意識の側からしなければならない。

それをしかも、何とか一般論・抽象的にではなく、「個人」をとらえてやっていく必要があるように思う。例えば色川大吉氏がそういう問題意識から明治期の底辺の庶民意識の次元で掘り起こす作業をされていて、大変魅力的なのだけれど、ただ、その色川さんも、アジア観の次元では非常にロマンチックに日本人の主観を肯定するところから出発している点が、私には不満です。私には、そのまたもとを問いただすのが今日の歴史家のしごとだと思えます。非常に具体的に自分自身の祖父・父・私と三代が、農工兼業の山村民から小学校教師・役人と営々として天皇制国家の枠組みのなかの忠良なる臣民として生き、またなり上がってきた生活意識の体系のようなもの、そこからおのずから、排外イデオロギーがしみ出てくるような原基を問題にしたいと思うのです。歴史学の範囲に入るかどうか分からないけれど、家の歴史の中での朝鮮とのかかわりを全面的に掘り起こしたら、ロマンチシズムより、もっと重いものが沈澱してこざるをえない、少なくとも私のばあい。

こういうことを考えたのは、最近、父が死んだので、いやでもそういうことにふれざるをえなかったのですが、古い写真帳をくっていると大叔父の一人が、今まで全然知らなかったのですが、朝鮮銀行の前で勲章などつけて晴れ晴れとした顔で写っていたりするのを見つけて、ぎっくりしたりしたからですが、この「ぎっくり」の断片を私なりの思考によって深めていく質の作業が必要のように思うのです。しかも、これは、だれでもできることだ。日本帝国主義の歴史の中に私の存在・出生・意識の継承性がどのようにくみこまれているかということ、そういう「主体的作業」をやってみなければと思っています。設定する場は必ずしも「家」とは限らず「村」でも「町」でも「大学」でも「工場」でも良いわけだが、ともかく具体的かつ身近な、自分の痛みにつながるものでなければと思います。

6　マルクス主義の歪曲に抗して

戦前の講座派、とりわけ「東洋社会論者」たちが同時代の現実に対してどう構えたかというと、先ほども言ったように、「大東亜共栄圏」論に対して、黙って傍観しているならともかく、あえて積極的に加担していっている場合が多い。どうしてそういうことが平気でできたか？　確かに基本的に民族解放闘争史が見えなかったからだといってよいでしょう。だが、どうして見えなかったのか？　例えば「満鉄」にいた人間など、情報に不足していたとはどうしても言いがたい。目の前にあっても見えないという問題意識の欠落、それはやはり近代日本の、朝鮮植民地化の過程で発生した一般的な蔑視感、特に「学者」の世界では、社会経済史的にも朝鮮・中国は日本と全く異なる停滞社会だったというイデオロギー、これがウィットフォーゲル流の「理論」で補強された固定観念となってあったから生じたのだと思うのです。今日だってそれは別の形で生きていますよ。「アジアの国は経済が遅れていてみじめだ。まず第一に、それを『援助』によって何とかしてあげるのが日本の責務だ」という広汎にあるイデオロギーが、侵略へと動員されていこうとしている。日韓闘争の時の構改右派のように、その日本的「常識」に密着して、侵略にならない「援助」を考えようとしたりする傾向が出る。

解放闘争史が重要か、社会経済史が第一かという不当に単純化された議論が確かにある。二者択一とすれば、もちろん前者だと答えることになるが、単純に二者択一として問題をたてること自体が問題だと思うのです。確かに、社会経済史主義、さらに生産力論というようなドグマ的な「方法」と闘わなければならない。同時に、解放闘争史の表面だけ追って、その主体を条件づける社会経済状態の内在的展開を考えないとしたら、解放闘争史も分からなくなってしまうと思うのです。

さらに、「東洋社会論」・講座派的な発想は、日本のインテリから庶民にまで部分的に及んだだけでなく、解放前の朝鮮の左翼インテリにまで及んだ、朝鮮人民に害毒を流したということがある。社会経済だけじゃなくて、「マルクス主義」理論でも、日本が朝鮮より先進国だという通念みたいなものが、日本の運動や研究の周辺に感覚として非常にあると思います。確かに「文献学」などが進んでいた。マルクス読みのマルクス知らずだったのに、それで妙に自信を持っていた。文化からの疎外を強制されているところからきた朝鮮のインテリとしては、日本経由でマルクスに接しながら、この通念に知らず知らずひたされてゆき、自国の現実を自国の大衆の眼で見るのではなく、日本の「東洋社会論」者の目で見ていくことにさえなっていった。だから一九三〇年代以来、解放後一九五〇年代なかばまでの北朝鮮の研究者の自国史分析を見ると、驚くほど講座派的といえます。しかしそのころから、変化する現実がそういう固定観念ではやっていけないことがはっきりしてきて、このような民族ニヒリズムを克服・清算することが大きな課題とされてきています。インテリ社会を中心に、国境をこえるほどの「普遍性」をもってしまった一見「合理的」な固定観念を、社会発展史の見方の根底からこわしていくことは、だから依然としてわれわれの重要な任務だと思うのです。

7　日本労働運動の腐敗との闘い

私の住んでいる地域の付近の中企業ですが、南朝鮮ではなくて台湾に、去年か一昨年あたり、のきなみ下請工場などをつくっているのです。そして労働者の中のある程度経験を積んだ部分を、技術指導等の名目で短期間であれ派遣している。その帰ってきての印象は、要するに大国主義的な優越意識、指導意識なのです。「アジアに入って役に立つようなことをし、喜んでもらった」というような感覚をもって帰ってきている。

それから南朝鮮について、無責任な観光旅行者の宣伝などが、安く土地が買えるとか、背広は安いとかあおっている。週刊誌の無責任な記事などによって、植民者的感覚・ムードがすごく広まってきていると思う。僕はとりわけ、南朝鮮に行く人といろいろな形で会う機会が少なからずあるのですが、とにかく一般意識のようなものが随分はっきりとあらわれてきてしまっている。日韓条約の前と比べると、悪い方にずっと変わってきているような気がする。これは侵略への加担につながる前段階みたいな意識なのです。この大国的な優越感覚が、朝鮮人民の抵抗によって否定されたときの受けとめ方はどうなるだろうか？　歴史の経験に照らしても、今日の容易ならぬ問題です。

現に、そうした大国意識を助長していく労働運動があるわけですね。特に顕著には同盟ですが、韓国政府と直結した御用労働組合とさかんに交流をかさね、共同声明などを出している。最近、新聞に出たアジア電気労連はその一例ですが、労働組合の提携を通じて、例えば南朝鮮の労働運動を体制内の「生産性向上運動」にすりかえ、日本とも違った民族的エネルギーを発揮することをチェックしていく役割を買って出ているのです。それが客観的事実である以上、具体的な場所、ある一つの企業、あるいは組合での具体的な動きの中に侵略の現実を見つけ出して、それを徹底的に突いていくということをやる必要がある。排外意識を助長する側は逆の方へ向けてそれを現にやっているわけで、それとの闘いが不可欠であると思う。

ここで李ラインについて考えてみると、日韓闘争において南朝鮮漁民は李ラインをたてにして闘ったが、独占漁業資本は今や李ラインをこえた向こう側に入りこみ、南朝鮮の中で闘いが続いているといえる。そしてその闘いでは、日本漁民は独占の最先兵の側に編成されようとしている。李ラインの問題を実物に教育の手段にし、例えば北九州漁民の排外意識を大衆的につくり出している。あるいは自然発生的にそういった素地があるものを強めてゆく。「竹島」問題の場合はもっとはっきりしていましょう。〝韓国にあなどられるぐらいの武力しかない日本だ。なんとなさけない国であろうか〟というような形で排外意識づくりのために使われてゆく。日本の漁民の利害がおかされると同時に、漁民その他の人びとの意識を排外的なものに、侵略の先兵たりうるものに動員していくためのイデオロギー攻撃の道具にも使われてゆく。一般的に、今日、南朝鮮に進出しようとしている企業の内部を考える場合に、この二つのことを合わせて見ていかなければならないと思う。

ところで、日本では最近、「韓国の背広は安い、日本のねだんの三分の一だ」というようなロコミが広まっている気配がある。実際買ってきたという人間にお目にかかることもまれでない。自慢話のような話が聞かれるが、その背広をつくっているのは、焼身自殺した全泰壱《チョンテイル》氏をはじめとする零細企業の下請けの下請けのまた下請けというようなひどい条件の中で、したがって最低生活もなり立たないような賃金でしばられている人たちなのです。だから実際安いのだ。それも南朝鮮内部の市場向けの生産だけではなくて、日本市場とつながっている。このメカニズムが日本の支配階級だけじゃない部分をも直接間接に帝国主義的にうるおす関係として現にある。そして、全泰壱氏の焼身自殺という必死の行動に、直ちに南朝鮮の学生運動が応え急速にもり上がって、朴政権を全大学の閉鎖というところまでとにかく追い込んでいる。今までとはとらえどころが違ったような運動が、いま南朝鮮で起ころうとしているといえます。七一年春にかけて、そういう意味で、朴政権というだけではなくて、日帝の経済進出を射程にとらえた運動が、再び上げ潮に乗ろうとしているのです。日韓以来、一時抑えられていたものが再び発展していくこの状況を、われわれがどう受けとめていくのかという現実の問題だと思うのです。

8　李光洙の道にみるもの

朝鮮の近代小説の創始者ともいわれ、一九一九年の三・一独立運動に先がけて東京留学生たちによる独立宣言（二月八日）が発せられたその起草者でもあった李光洙《イグァンス》という人がいます。彼は一九四三年に『文学界』のなかで「主観的には『われは日本人なり、天皇陛下のために生きん、しかして死なんものなり』という感情を成就した時に、私は日本人になったはずです。二千三百万の朝鮮人が揃ってかういう気持ちになったら、いわゆる内鮮一体は完成されたことでせう。（中略）さうして、二千三百万やその子孫たちがさっぱりと日本人になってしまわなくちゃなりませぬ。さうして、大東亜共栄圏や、八紘一宇やの大理想の実現に翼賛したてまつるやうになったら、誠に結構なことではありませぬか」と言いましたが、『法政評論』第一号のなかで任展慧《イムジョンヘ》さんがこのあたりのことにふれておられる（「植民地政策と文学」）。そこでの任さんの問題意識は、僕の理解するところでは、屈服してしまった知識人李光洙らへの告発を通じて、日本を告発するよりも主として自分自身をとりもどす、つまり同化主義的状況の中で自己形成してきた在日朝鮮人として、ぬきさしならぬ主体性を確保しようということではないでしょうか。そうとすれば、日本人であるわれわれの同じ李光洙への対し方は、当然単純に同じものであるべきではないのではないでしょうか。もちろんわれわれにとっても、李光洙をさけて通ることはできないし、見過ごすわけにはいかない。ただ、否定する点では同じでも、その意味と力点が違うのではないでしょうか？　直感的に、ある印象を李光洙に対しても、あるいは朝鮮人一般に対しても、われわれが持った場合、それを口に出して言ってみるしかないわけだが、その場合、えてして、状況についての理解ぬきの独断であって、評価を下すわれわれの主体性が逆に問い返されることを避けるわけにはいかない。問い返されたとき、もし自分のとらわれた意識に固執するようでは、李光洙がわれわれに（任さんにではなく）提起している問題を切り捨てることでしかない。だから逆に、その問題の日本人にとっての重要性を避けずに突っこんでいくことを、意識変革にまで高めていくことが必要だ、ということにつながると思います。

だから、私たちが李光洙に対する場合、何が彼を屈服に追いこんでいったのかに一番力点がおかれねばならないし、李光洙の屈服は、同じ屈服でも日本人知識人の転向とは意味の違いがある点に注意を向ける必要があると思うのです。よく引用される太平洋戦争期の思想検事の発言ですが、「日本人の思想犯は、一旦転向すると天皇主義者にコロッとかわって、進んでちょうちんもちをはじめることがしばしばだが、朝鮮人のばあい表面的に屈服するだけだぞという不敵な構えがあり、実際ころんでもただではおきまいとする風である。朝鮮人には本当の転向者はないのではないか」と言っている。李光洙のばあい特に著名な知識人であるがゆえに、ムチとアメの両面からねらいうちにされ、自身の弱さから複雑に屈折してゆく。その弱さは当然つかれねばならないものだが、同時に屈服したあとでも、何か日本人の「内鮮一体」論者の言うこととは、微妙に意味あいが違っている点が注目されます。日本人の「内鮮一体」論は、いわば権力をカサにきて理屈も何もなしに神がかった結論をおしつけるものだが、李光洙はそれに口うらを合わせながら、「大東亜共栄圏」論を逆手にとって日本人の欺瞞性を問題にしていこうとする構えがなお含まれている。そこがそもそも思想検事にとって気に入らない点ですが。朝鮮人の青年が実際、李光洙のアジテーションによって戦場に出ていった、その責任はあくまで追及しなければならないが、私たちは李光洙のそうした情けない対応そのものが、日帝の告発になっていることを見なければいけないと思います。

そして李光洙はある意味では過去の人ですが、私はむしろ、現在の朴正熙《パクチョンヒ》は確かに、貧農出身の秀才として自己の価値を実現しようとあせっていたが、朝鮮社会の中にその場所は見出せなかった。すべてが日本人によってふさがれていて、インテリの内面には鬱屈が内積していた。そこへ、つまり侵略の最先端である「満州国」の軍人という一方向にだけ価値実現の場が開かれた。それに飛びのっていったことへの朝鮮人の側の糾弾がきわめて鋭いのは、そういう中でもちこたえてきた以上当然だが、私たちからすると、ハレンチな加担へと追いやった日帝の植民地政策そのものがやはり問題なのです。朴正熙という人間は、日帝がつくるがままに身を投じたことによって今日ある、という面があるのではないでしょうか？

参考文献（克服の対象とすべき反面教師をふくめて）

1　金錫亨・金熙《キムヒ》一《イル》・孫永鐘《ソンヨンジョン》「『世界史』（ソ連科学アカデミー編）の朝鮮関係叙述の重大な誤りについて」（『月刊朝鮮資料』一九六三年一一月号記載）

2　在日朝鮮人科学者協会歴史研究部会「加藤・西村・米田・佐藤・矢代・本多著『日本歴史』の朝鮮関係叙述の問題点」（『歴史学研究』三四七、一九六九年四月）

3　朝鮮史研究会『朝鮮史入門』太平出版社、一九六六年

4　旗田巍『日本人の朝鮮観』（勁草書房、一九六九年）、特に「日本における朝鮮史研究の伝統」（二二六～二四八頁）

5　判沢弘編『アジアへの夢』（三一書房『明治の群像』六、一九七〇年）

6　旗田巍編『シンポジウム・日本と朝鮮』（勁草書房、一九六五年）の一八三～二〇六頁「まとめと展望」

7　朝鮮史研究会四回大会レジメ「朝鮮社会の歴史的発展」（一九六六年）

8　梶村「朝鮮社会の歴史的発展」（『歴史学研究』三二一、一九六七年二月）

9　同「朝鮮近代史研究の当面の状況」（『中国近代史研究会会報』九）

10　同「日本史教科書における排外主義」（『朝鮮研究』一九六九年七月）

11　同「竹内好氏の『アジア主義の展望』の一解釈」（『中国近代思想史研究会会報』三七）

12　同「同化主義の刻印」（『金嬉老公判対策委員会ニュース』四）

Ⅱ　朝鮮民族解放闘争史と国際共産主義運動

［1971年］

序　朝鮮史の主人公としての朝鮮人民

前回のかなり抽象的な姿勢論を踏まえつつ、今回は朝鮮民衆の反帝国主義のたたかい、民族解放闘争の歴史の中からわれわれがどのようなイメージを引き出し、何を学ぶべきかについて具体的にお話したいと思います。

お断りしなければならないことは、できあいのイメージが完成品としてあるわけではないことです。私自身まだそういったイメージを、探りつつ、試行錯誤している途中であり、いわば中間報告として考えたかぎりのことをお話してみたい、というつもりです。実際われわれの仕事が遅れていることを残念ですが認めなければならない状態にあります。

1

なお、抑圧民族としての立場を意識してそこから出発する場合に、僕たちが、陥りがちな一つの傾向があります。それは、朝鮮人の手になる現在の歴史の書物から、解放闘争史の部分を書き写して、それをそっくり受け売りしてしまう傾向です。甚しくは英雄的朝鮮人民を賛美しておきさえすれば無難だろう、というイメージをつくる傾向さえなくはなかった、と思う。そういうイメージをつくるのなら簡単だが、少なくともわれわれの求めるべきものは、そうではないわれわれの責任にかかわるイメージでなければならない。口で「受け売りはいけない」ということは、抽象的には簡単にわかると思うんですが、いざ具体的な作業を始める段になると、ともすると何もわからないあまり、受け売りで逃げてしまいがちなことをわれわれは経験してきました。

今日の朝鮮民主主義人民共和国の歴史家による公式の通史として『朝鮮近代革命運動史』（文献2）があります。北の公式の通史は、一九四五年以来およそ三回書き直されてきた経緯もありますが、これが現在、われわれが目にしうる限り一番新しい通史で、これも今絶版になっていますが、まだ入手不可能ではない。そして、これからお話する三〇年代の事柄についても、日本側の官憲が残した文献等からは到底伺い知ることのできない、運動の内実を知ることができるという値打をこの書物はもっていると思います。その意味で、眼光紙背に徹してこの書物を読んで考えてみることを一ぺんやられるようおすすめしたいと思いますが、但しそのさい重要なことはそこに書いてある観点をそのままうのみにし、受け売りすればよいというものでは決してないことです。つまり、この書物は、当然朝鮮人民に向かって〝北〟のたちばに立って歴史を整理している。例えば、日帝の弾圧が朝鮮人の諸階級にどのような形で迫っていったのかは、ある意味で朝鮮人民には自明の前提であり、最小限の簡潔な記述にとどめられている。今日の〝北〟の問題意識の中で、弾圧の暴露がもっとも主要な問題なのではなく、それに抗しての主体の形成過程に圧倒的な比重がかけられている。ところが僕ら日本人は弾圧の暴露にもっともっとこだわらねばならない状況にあるわけです。最初にも言ったように、そういう者としてこれらの通史をも主体的に学習しなければならないと思います。

極端な例を一ついいます。日本人の僕たちの仲間の若い学生が、あるとき二〇年代の朝鮮の運動について報告し「宗派分子の活動は何ものをももたらさなかった」ということばでしめくくった。これは、北の『革命運動史』の表現そのままなのですが、それを何のためらいもなく自分の表現として、口先だけで語っていて、僕はすごく不愉快に感じた。ちがうと思った。「二〇年代の宗派分子は何ものをももたらさなかった」と朝鮮人がいいきるばあい、そこには複雑な気持がともなっています。『朝鮮近代革命運動史』は、その複雑な感情を今日の北朝鮮の観点から、とにかく考えた末にあえて切っているのです。もちろん、今日の観点に立っても、「あえて切ること」の当否、また「宗派分子」（セクト分子）という語を使う場合の姿勢自体に、大きな問題がはらまれている。それに加えて、日本人であるわれわれは、二〇年代の朝鮮の運動から自分が学ぶべきものは何かを、独自に考えてみなければならないはずだ。それは、恐ろしく困難な弾圧の条件の中で、たしかに一定の不毛な対立などを含んでいるが、それは日本が強要した運動の客観条件と深く関係しており、また、そういう状況の中での苦闘を続けるまさにその中から次の段階の運動の展開が生まれてきている。朝鮮人の歴史家が条件の困難さに運動の屈折の原因のすべてを求めるような姿勢をとらないのは、まさに彼らの自主性のゆえに当然です。だがわれわれは、朝鮮人が書かないことの意味をあえて問題にしなければならない。これらのことを一つ一つ考えつめた上で、僕らなりのイメージが作れるのであって、それが朝鮮人の歴史像と重なるところがないではないとしても、少なくとも、二〇年代の運動を安直に全否定することには決してならないでしょう。ましていわゆる〝宗派分子〟という朝鮮の言葉を自分の意識を何らゆさぶられることなしに、そのまま振り回すなどということは、ともするととんでもないことじゃないかと僕は思うのです。いくら器用に口まねや図式化をしても、何の役にも立つまいと思います。

2

一方また、受け売りを拒否しようとする中から、朝鮮の民族解放闘争史に対して逆の誤りをおかすもう一つの危険があります。それは、官憲が残した史料を利用せざるを得ない中で意識せずにそのイメージにひきずられてしまう危険です。統治者が解放闘争、反帝闘争の展開をそれとしての危機感をもってとらえようとしたかぎりで生まれたのが官憲史料というもので、解放運動の側が分断されている場合、運動の全体像が官憲の側にしか見渡せないことがあって、危険を承知で使わないわけにはいかない。しかし、当然の事ながら、官憲史料は全体をそれなりに記述しつつも、意識的・無意識的に大きな歪曲が加えられている。例えば大衆意識の貴重なしかし地味な展開は、彼らにとってはどうでもよくて、誰と誰がどう結びつき、セクトがどう対立していたか、といったような、きわめて表面的なことの機械的記述が官憲史料の大部分を占めています。また、例えば三・一運動を記述する場合、「何もわからない連中が万歳と旗を振ってさわいだ」といった式に、矮小化してとらえる、あるいはその意義を根本的に抹殺する意図が整理のしかたにつらぬいています。今日の〝南〟の中央情報部筋が、〝北〟を中傷するために解放前の闘争史を描くばあいに、例えば個人の性格などをひどく歪曲しているのも、その点では同じことですが、そういう大量に出回っている戦前、ならびに戦後の官製資料の発想法が、よほど注意していても、量が多いしまた一見それと分らぬ姿をとって公平をよそおっていたりするから、いつのまにかわれわれのイメージを規定してしまうことがある。そういう観点の制約のために、実際に貴重なものを見失い、矮小化したイメージをもってしまうという可能性が、いわゆる金日成論などの領域では現実としても大いにあったと思うのです。

3

以上二つの誤った観点とは異なる仕方で僕ら自身のイメージをつくり出さなければならない、というのが現在の課題です。そしてそれは、①日本帝国主義の侵略の歴史、日本人民の大部分がそれに巻き込まれてしまった歴史、それを追及する観点、またそれと闘ったものとしての民族解放闘争史の中から学ぶという問題意識と、②今日の世界的な共産主義運動の状況に対するわれわれの問題意識と、その両者の、われわれ自身の中での内的な統一に基づくイメージでなければならない。これは言葉でいうことは簡単であるわりに、具体的には実にむずかしい作業であろうと思います。ある場所では、民族的責任の追及というテーマで非常に徹底して自己完結的にそれを論じ、そして別のところで〝北〟のいわゆる社会主義体制内部の問題性を論ずるときには、全く別個独立に民族的責任の問題意識がかけらほどもないようなイメージを展開してしまう、というように、一方だけはそれぞれにとてもすっきりしているが両者がどう内的に統一されているのか心もとない形に陥りがちであることを、僕らはいつも自戒しています。(1) それならどこで両者を統一させるかという問いの答えは、抽象的には明らかだと思います。朝鮮人民の長期にわたって帝国主義支配の下にあって生活しながら闘ってきた大衆運動、特に国内の運動が、どのように日帝支配を受けとめながら自分たちのものを創り出してきたか、というところに焦点を絞ること、つまり、朝鮮史の主人公は朝鮮人民であり、朝鮮人民がどのような客観条件の中で生き、闘ってきたかを全面的に明らかにしていく観点をつらぬくことにつきると思います。帝国主義も、ソ連のコミットのしかたも、すべて判断の基準は朝鮮人民にすえるということだと思うのです。今回は、そういう観点からの私なりのイメージをできるかぎり展開してみたい。従って、その意味で朝鮮人民の大衆運動としての一貫した流れを追求していくしかたでお話してみたいと思います。

4

ところで、朝鮮の民族解放闘争史を基本的にどの角度からとらえるかということに関連して、もう一つ結局今までのことと重なることではありますが、一応別の論点がある。それは、この前も若干討論になりかかったことですが、近代朝鮮史を、人民の闘争を中心としてイメージすべきか、それともいわゆる社会経済的展開、階級関係の変動を軸にイメージすべきか、という形に整理される論点です。「アカデミック」な世界で、このように抽象化、図式化された「論争」があるわけです。これについて僕の考えは、現実には論争みたいな形であるわけですが、二者択一ではなく、朝鮮近代史なら、朝鮮人民の闘争をあくまで中心に据えながら、その客観的条件としての社会経済史的要因がどのように人民の闘争を条件付けたのかにもつねに大きな注意を払う形で、両者を統一させなければならないと思います。解放闘争史の頂点をなす、非常に目立った事柄だけを、つなぎあわせていけば、それだけで完全なイメージができるのではない。運動が、どのような生活状況の中から生まれてきたのか、その生活は日帝がどのように条件づけたのか、また、それと関連しての朝鮮の国内の諸階級の力関係はどうだったか、こういう社会経済的展開をぬきにして、それに対して闘った運動の全面的な意味はつかめない。社会経済関係は変化していき、それがまた人民の闘争のありよう、どの部分がいかに闘うか、どのように主体的なものが生まれてくるか、に反映しているわけです。このことを抜きにしたら安易な英雄史観の方向へ行ってしまうだけだ。そういうことも意識しながら、話を進めていきたいと思います。

一方、一見逆のことのようですが、近代の朝鮮人民が封建制と闘いながら世界資本主義に触れ、かつその侵略の下で闘い続けてきたその歴史は、基本的なところでそれとしての一貫性をもっている。それを支える大衆意識の一貫性、歴史的継承性というものが、階級関係の変動にかかわらず、今日の朝鮮人民の意識を強く条件づけている。このことを無視しての段階論なら百害あって一利なしといえましょう。例えば一八九四年の農民の闘争の中で生まれた感覚が、今日に至るまで、〝南〟の大衆意識の中に歴史的経験の蓄積としてひきつがれて現に生きている。甲午農民戦争があり、そして三・一運動があり、そして三〇年代の闘争があり、それら具体的な反帝闘争の体験が蓄積されて残っている。それは、在日朝鮮人の中にも同様にある。また在日朝鮮人がその感覚を取り戻そうとして甲午農民戦争にまで遡って、そこに発想の歴史的伝統を強く求めようとする、ということの中に、そういう一貫性が厳然として流れているのです。ですからこの段階がこうで、この段階がどうでということを物理的機械的にだけ展開し、それを精密化してことたれりとする傾向がアカデミックな世界の一般的状況としてあるわけですけれど、社会経済的分析をし深めながらも、一方もっと素朴に、近代初頭以来の朝鮮人の一貫した価値が何であるのかという、より重要な問題意識をわれわれは見失わないようにする必要があると思います。

一　朝鮮革命運動の前史

1　朝鮮近代史の基本的発展段階

そういうことを前提として朝鮮近代史の全体的理解のために、最初に僕なりに整理した段階区分を示しておきます。

①一八六〇年代〜一八九四　農民を主体とする反封建・反侵略闘争の段階

②一八九五〜一九一九　ブルジョア的価値の実現をめざすブルジョア民族主義運動の段階
③一九一九〜一九四五　労働者、農民を主体とする社会主義反帝闘争の段階
④一九四五〜　南朝鮮における反帝闘争が持続される段階

今回は、時間の制約上、三番目の段階を中心に話を進めます。一、二番目の段階については、系統的に展開することができないので、どうしてもふれなければならないと思う事柄にのみ若干はじめにふれておくにとどめます。

その前に、ごくざっと説明しておきます。朝鮮の封建社会に対する世界資本主義の威嚇は、とりわけ一八六〇年代に至って露骨に始まるのですが、その時期には既にはっきりと朝鮮封建社会の内部に、封建制を乗り越えようとするさまざまな動き、農民の闘争等が内在的に展開していたわけです。一八六〇年はその不可逆的展開が、政治過程をも、画期的にかえるにいたったという意味で近代の始点になる時期なのです。そして、農民の反封建闘争は、開国（一八七六年）後の過程の中で、封建制を支え、かつ朝鮮の王朝権力を次第に従属させていく侵略者、列強帝国主義勢力と対決していかざるをえなかった。この段階は大衆運動の主体的力量が、封建権力に支配されてきた農民一般、資本家と労働者に分化する以前の存在としての農民であった段階としてあるわけです。次に一八九四、五年以降、植民化の危機が一段と深化し、反封建以上に、反帝の課題の方が、きわめて表面にでてこざるをえない客観状況の変化がある。その中で、第二の固有のブルジョア民族主義運動つまり西欧古典的な市民社会のイメージ、日本で言えば自由民権運動期に

現われた価値観を目指す運動が、ある程度の資本蓄積などを踏まえて展開される。しかし日本帝国主義の侵略のいっそう露骨化する中では、ブルジョアジーが経済面で順調に成長していくことははばまれる。しかし、可能性として、ブルジョア国家体制を目指す部分が、それをはばまれているゆえにこそ、反帝闘争の指導性をにぎる。一つの党派としてまとまった形であったわけではないけれども、民族解放闘争の指導性は、そういう意味でのブルジョアジーにあった。彼らが、大衆を惹きつけて独立闘争の指導を担ってきた段階、そういうブルジョア民族運動の段階が第二番目の時期としてあるわけです。そして、三番目の段階への移行がどのようになされるかは、これから具体的にお話していくわけですが、それぞれの段階のきわめて大まかな区分の意味を一応頭に入れておいてもらった方が、あとの説明がしやすいので、お話したわけです。

2　反封建闘争の諸形態

そこで一番目の段階ですが、この時期に朝鮮の封建体制に反対する国内の諸階級の動きがさまざまな政治形態をとって登場しています。例えば、明治維新型の上からの改革を図ろうとした金玉均、ならびに開化派の人びと、かなりの家柄の両班官僚を中心とする宮廷内党派が生まれており、それとは別に、東学を一つの媒介としながら急激に全面化していく農民の反封建闘争があります。また、表面封建イデオロギーに完全に忠実で、そこからとことん侵略に反対していこうとする、いわゆる衛正斥邪論者、わかりやすくいえば攘夷派も登場する。このようにさまざまな形で状況に対応していこうとする諸グループの中で、どこにポイントをおいてわれわれは歴史をとらえるべきかという問題があるわけです。乱暴に言ってしまうと金玉均か、全琫準《チョンボンジュン》かという問題です。金玉均はご承知のように、一八八四年に先程言った様な上からの改革を目指して宮廷内のクーデターを行なったが、日清両国との関連で挫折していく。挫折していくにしろ、とにかく明治維新型の近代国家を上からつくっていくことを構想したその歴史的意味は大きいとして、特に北朝鮮の歴史家によって最近大きく再評価されて近代史の最初の部分の記述の中心に据えられている。全琫準の方は、一八九四年の甲午農民戦争の際の東学上層指導者とちがって、宗教的な目的よりも社会改革そのものを目指した農民闘争の指導者です。いずれも細かい文献などについては省略しますが、金玉均並びに開化派貴族の流れを中心に歴史を見ていくか、全琫準並びにその指導の下の農民の闘いを中心に据えていくかで、歴史のイメージがかなりちがってくる。私は、基本的に全琫準並びに甲午農民戦争を戦った農民を中心とした歴史の流れを考えており、そういう形で整理したわけです。その場合、ロジックにおいて開化派はきわめてスッキリしたものをうちだしているが、農民の方は必ずしもそうでないという点に議論の難しさがあります。

呉知泳の『東学史』

私は最近、この観点にたって、農民の運動の中にいた呉知泳《オジヨン》という人の書物である『東学史』という本を翻訳してみました。横道にそれますが、『東学史』を翻訳する前に、実は呉知泳という人自体、図式的に分けると近代主義的な傾向、あるいは宗教そのものを純化していく傾向と全く無縁な存在ではないことを既成の歴史学の知識として知っていたものですから、その意味で翻訳して紹介する値打ちがあるのかどうか正直いって最初は若干危惧していたくらいでした。それが訳し進めていくうちに、私自身、呉知泳の手で表現されるその運動の中の生き生きとした農民一人ひとりにすっかりひきつけられていくようになりました。例えば、初期の非合法活動をしていた段階の東学に対して、無名の民衆がいかに機智や勇気によって支援し包みえてきたかを語るエピソードであるとか、また、反封建闘争を展開していく過程でのさまざまな内部の矛盾をどのように苦心惨憺してまとめていったかというような象徴的エピソードの積み重ねによって、一冊の本がそのまま一つの農民の世界をイメージさせている。翻訳するにしたがって、公式的な通史からはこぼれ落ちてしまう大事なものがそこにある、という訳す意味についての確信を、私自身もったわけです。また同時に、書物に残されたのは氷山の一角で民衆の底流としてずっと後々まで反帝闘争を支える感覚・感性が受け継がれているんだなあ、という実感を深めているしだいです。

金玉均の再評価によせて

ただ基本的に以上のように考えながら、今までさっぱりわからなかった、なぜ北朝鮮の歴史家があれほど金玉均の評価に固執するのかということが、最近ようやくだんだんわかりかけてきたように思います。上流貴族の出身で上からの改革派である金玉均には、その欠点を探せばいくらでも欠点はあるわけです。国内の大衆運動をほとんど無視している。むしろ特に日本に対する幻想というものがかなりあって「親日派」というにふさわしい行動をしている。福沢諭吉やなんかが介入して運動そのものが駄目になってしまう。金玉均の甲申政変の失敗には、日本に対して、問題意識、警戒心がないという欠陥がかなり決定的に反映していることは明らかだ。だから、従来、朝鮮でも日本でも、特に左翼的な歴史家は、そういった欠陥を重視せざるをえず、金玉均をあまり高くは評価しないのが普通だったんです。ところが、とりわけ最近に至って金玉均の再評価ということが南よりむしろ北で非常に強調されるようになってきた。僕は正直いって北からそういう書物が出た時にも「要するに全琫準の方が主流じゃないか、なんか偉い指導者を賞めたたえるというような傾向じゃないか」というような受け取り方をしていたし、今でも疑問点を依然として残している。かつて『思想』という雑誌に書いた「朝鮮近代史と金玉均の評価」という論文には、かなりそういう感覚が表われています。そして、その後考えてみながら、基本的には依然やはり農民大衆の運動を中心に据えなきゃならないと思いながらも、なぜ、北の人たちばかりでなく、南の人たちが金玉均の評価に固執するのか、という問題をもう少しちゃんと考えてみなくてはいけないんじゃないかと最近思い始めています。

　どういうことかというと、金玉均を評価するということの中には、多分、指導者によって近代化の革命、ブルジョア革命、更には革命一般を考えることの問題性もあるかもしれないが、それと同時に、どこの国にも封建社会から近代への移行の過程にあったのと同じような、いわば非常にすっきりと近代的な普遍的な、価値基準を体現しているものの存在を朝鮮史の中に証明しておきたい要求がある。実は、金玉均を初めとするそのすっきりとした近代主義は、そうであるがゆえに、帝国主義に利用され、さらにまきこまれて自主性を否定されてしまっている。現実には日本帝国主義のために金玉均の構想は実現されなかった。されなかっただけ、金玉均個人の意図した、またその可能性すら否定する帝国主義の朝鮮史観がおしつけられてきただけ、ブルジョア市民社会のイメージの可能性をまず確かめておこうとするのだと思います。われわれが近代社会の真只中にいてその行詰まり、矛盾に直面している中で感じるのとは違った感性で、近代の出発点が見えている。疎外が極端であった分だけ、歪曲されたものをまずとりかえし、その過程で次に、金玉均などが意図したものを乗り越えていく課題が出てくる、ということがあるのではないでしょうか？　われわれはことばとしてはごく簡単に、近代的価値観の限界を言い、実際ロジックとしてそのような限界の認識を抜きにしては、朝鮮の運動のその後の展開もわからないわけですが、それにもかかわらず、帝国主義的支配そのものが、いわば、金玉均に対する積極的評価を朝鮮人に押しつけていることを意識せざるを得ない。その感覚に気づかずに、金玉均の行動はナンセンスだという結論だけをわれわれは展開してきたので、有効でなかったのだと思うのです。

大変まわりくどい言い方をしましたけれども、ともするとわれわれは、アジア・アフリカ一般に対して、特に近代史、民族解放闘争史について、一種のエキゾチシズムみたいな見方で接してはいないかということを、議論の過程の中で僕は気づかされたわけです。東洋的停滞論をうらがえすと、社会的な発展の普遍的な法則とは非常に違う、とてつもないロマンチックなものがそこにはあるという感覚になり、地道さにたえ得ぬそういう幻想によってアジア・アフリカに接近していこうとする弱さがあって、現在の日本の脱亜体制がその甘さのために迫力を失なっている面があると思う。朝鮮史にもどってその現われを捜すと、衛正斥邪論派を日本人が妙に高く評価する場合がある。純封建的なこのイデオロギーの影響はたしかに客観条件の中で一民族解放闘争の側にあとをひいていく。侵略の露骨さのために民族解放闘争の外ではなくて、中にあるわけです。従ってそれを内部的に克服していくことは、朝鮮の運動の課題の一環として常にあった。だからわれわれがともすると無責任に讃美するような仕方で、朝鮮人の歴史家は衛正斥邪論者に対してはいないのです。たしかに日本人のわれわれからみて、そういう封建的なイデオロギーにとらわれている衛正斥邪論者すら「日韓併合」の時点で日本人よりはずっとよく日本帝国主義の本質並びにやがては崩壊するであろう展望を示していることはおどろくべきことでしょう。そういうことは、われわれを非常にうつ面があるわけだけれども、一方、朝鮮の運動の内的な展開の中でいえば、封建イデオロギーの残りかすが民族運動の内部にもちこまれる弊害を手放しで肯定するわけにはいかない。ところが僕たちは、「アジア」というとエキゾチシズムから、遅れてドロドロしているがゆえにかえっていいんだといったような評価をしてしまう。あまりすっきりとした近代主義的な理論などは、「アジア」にはふさわしくないとし、屈折したものを屈折しているゆえに好むような勝手な見方が、日本人であるわれわれには何かあるような気がします。そういう帝国主義的認識が一方にあるから、逆に金玉均のような普遍的基準にそった人物の評価に、朝鮮人歴史家が固執せざるをえないわけでもあると思うのです。ちょっとわかりにくい話になってしまいましたが、現在のわれわれの意識状況を点検していく素材になる問題としてふれたわけです。

3　甲午農民戦争から三・一独立運動への流れ

次に第二の段階に話を進めていきますが、一八九四年の甲午農民戦争は、長期にわたる農民の反封建闘争の総決算という意味をもっていたといえます。封建権力にとって替わる権力が、農民の中から直接生まれるということではなかったにしても、生まれねばやまぬ状況が成熟していた。外側からの干渉さえなければ、大きな社会的変化をもたらさずにはすまなかったでしょう。絶対主義的な過渡的な政権をとりあえず生み出し、その下でまた矛盾が展開するということだったかもしれないけれど、とにかくそういう朝鮮の封建王朝と農民との最終的な対決点が一八九四年にあった。ところがその内的な歴史発展を妨げることに利害をもつ日本・清国が外から介入して運動をまさに物理的に鎮圧する。さらに朝鮮を場としての両国の矛盾を爆発させて日清戦争を展開する。自主的な政治や経済を踏みつぶしていきながら、しかも日本はその戦争自体を経済侵略を深めていくきっかけにもする。具体的には商人なんかは、軍隊のあとから入っていきながら、経済的な従属を深めていくさまざまな手がかりをつくっていく。カイライ政権をつくる。こうして朝鮮近代史の第一の段階の内的展開は外側からの介入によって挫折せざるをえなかった。日本が挫折させてしまったのです。それ以降当然のことながら、朝鮮の権力の内部にまで日本のさまざまな介入が一貫してある半植民地の状況です。一時期ロシアとのからみなどもあったけれども、それは省略します。

とにかく個別経済的次元でも、日本の商人や地主・資本家の朝鮮内部への侵入は、日清戦争以後格段にふえていく。世界資本主義とそういう形で深く結びつけられた中で、その状況に対抗するためにもブルジョア民族主義運動、言葉の厳密な意味でそう言い得るものが生まれてきて、三・一運動の時期まで続くわけです。封建末期の朝鮮では、外側の侵略に対応しようとする自主的な下からの資本の蓄積などが一定の展開を示してきたわけですが、それが外からの力と権力の保護もなしに決定的にせめぎあっていたのがこの時期であり、右の運動展開もその政治面での反映ということができるでしょう。そういう状況を反映した、ブルジョアあるいは可能性的ブルジョアジーを代表する政治的な思想並びに運動を、朝鮮の歴史家は、「愛国啓蒙運動」とよんでいます。それは金玉均の段階から一定の思想的な遺産を継承しているけれど、担い手が金玉均の段階のような官僚貴族ではなくてサンノム（平民）出身者に変っていく点は決定的にちがっている。運動形態もせまい宮廷政治の枠をはなれて本格的に大衆運動化している。「愛国啓蒙運動」ということばは、要するに反侵略というところに政治課題の焦点をおきながら、それを可能にする国内の改革を追求していく、封建制を止揚していく運動、ということを意味しています。それとさまざまな関係を持ちながら、一方、同時期にむしろより突出して直接に武器をとって侵略と闘った義兵闘争、活貧党の運動などがありました。活貧党＝貧しい者を活かす党、ということばのイメージはきわめて鮮烈ですが、そのわりにその具体的な内容はまだわかっていないんですが、甲午農民闘争に参加した農民たちが、指導部が壊滅してしまったのち、散発的、パルチザン的に個々の闘争を続けたものといえましょう。また義兵闘争がその初期には両班衛正斥邪論者の指導するものであったこともつけ加えておきます。そのような闘争の総体が「日韓合併」、植民地化にもめげずに三・一運動まで一貫して続いていく。その間、はっきりした一つの党派にまとまるわけではないけれども、運動を主導していく人間ないし理念はブルジョア的なものに収束し、それを中心に独立運動のイメージがつくられ農民大衆もその指導の下で闘っていく形をとります。その段階の「国権回復運動」の具体的な内容については、例えば、全部を読みこなすこと自体にもかなりのエネルギーを要する大きな書物ですが、姜在彦《カンジェオン》さんが最近まとめられた、『朝鮮近代史研究』に学ばれるとよいと思います。日本人には書けないものということだけ言っておきます。また、朴慶植《パクキョンシク》さんの、参考文献6に記した『思想』に書かれた三・一運動についての論文がありますが、朴慶植さんの在日朝鮮人研究者としての問題意識を、そのまま僕たちが受け売りすればよいものではないけれど、三・一運動に集中するこの時期の運動を僕たちがいかにイメージすべきかということについて非常に示唆的なものを含んでいます。日本人研究者がブルジョア的指導者を安易に切り捨てることについての批判など、厳しいものだと思います。

日帝の暴力支配と独立運動のせめぎあい

この段階についても、筋を一つひとつ追っていくのは止めて、特に気になることだけお話しておきます。われわれが普通に知らされているイメージとしては、この段階の独立運動あるいはその社会経済的背景についても、この前もさんざん言いましたような停滞論的なイメージ・色づけを与えられています。それによると朝鮮には、ブルジョア的発展にうらづけられた運動の展開はほとんど認められず、いわば「遅れた絶望的」な抵抗があったにすぎないというイメージにどうしてもなってしまう。しかし、詳しく調べていくと、現実には決してそうでない。社会経済的な背景をみても、またそれを反映しながらの大衆的価値観の変化をみても、例えば日本の自由民権運動期に現われたと同じような、西欧市民社会が実現した価値観を一つの基準にすえながら、運動がこの段階は非常に大衆化した形であるわけです。その上、日本の自由民権期とも違っているのはヨーロッパの小国や例えばベトナムなどアジアの植民地人民の苦悩への鋭い感受性が示されていることとです。それの含んでいる固有の矛盾の展開をたどると同時に、そういう真の運動が存在したということ自体を確認することが先ず私たちには必要だと思います。そういう社会的な力を支えながらの義兵闘争の層の厚みに直面してうろたえたゆえに、日本帝国主義は植民地支配体制をつくり上げるまでにやみくもに暴力的な弾圧、義兵闘争に対する軍隊を動員しての弾圧をくり返してしまったといえましょう。別の言い方をしますと、日本の朝鮮支配は、日本と朝鮮の当該段階の社会経済関係のあり方が全然違っていて落差が大きかったがゆえにああいう乱暴なやり方になったのではなく、その落差が非常に小さかったがゆえに、より陰湿に、かつものすごく表面的に露骨な形を帯びていったと言えましょう。他の国、例えばインド支配なんかを美化するわけじゃありませんが、とりわけ日本の朝鮮支配に見られる朝鮮人の精神・思想の内部にまで介入していく、おそろしく神経質な「憲兵政治」以来の弾圧のありようは、日本帝国主義の強さではなく、弱さの証明といえましょう。弾圧をいくらくり返しても次から次へと出てくる政治運動としての独立運動、あるいはそれを支える大衆の意識を神経質に気にせざるをえない関係であったことを意味するのではないかと思います。

それから、それと同時に先程もちょっと衛正斥邪派のことにふれてお話しましたが、日本の支配がそのようなものであるだけに、逆に朝鮮民族解放闘争を主体においてみれば、それ以前の段階とちがって極端には封建王朝そのものまで含めた諸階級が、完全に帝国主義に敵対せざるをえないという特徴が表れる。このことは、民族解放闘争の中にさまざまな階級のイデオロギーがそのまま入ってくることを免れがたくする。反帝（編者注1）の立場からすれば当然克服されていくべき封建イデオロギーが、民族解放闘争の中でかえって一つの価値の要素として残っていくというようなことが、そういう露骨な弾圧政策の結果として出てきます。具体的に言えば、例えば李承晩《イスンマン》がこのことを体現しているのです。この段階の運動の中で一定の経験を積み、その後ずっとアメリカにいた彼は、その時に形作られた家父長的発想を持ち続け、運動の中でそれを厳しくもむゆとりもないまま、解放後の南での政治権力を握っていくわけです。その時の李承晩が示した家父長的発想は、それ程厳しい状況の中で運動が展開されているのでなければ、当然克服されていたはずのものが、そのままもちこされていることを示している。つまり、日帝支配のありようが、一九四五年以後にまで、こういう面でも影響を与えているのです。そういう状況の厳しさの中でのさまざまな矛盾を、全て内に包み込みながら朝鮮民族解放闘争はそれだけ拡がり、厚みの深いものとして、ずっと一貫して続いているわけです。

天皇制イデオロギーと朝鮮植民地化

いま、植民地化前後の日本帝国主義について、弱いがゆえにより暴力的であったという表現をしましたが、それをもう少し敷衍しておきます。弱いといった場合、後進帝国主義としての経済的蓄積の浅さとか、また、植民地統治技術についてイギリスが植民地民族の上層部をだき込んでやったような手のこんだ統治の仕方を持たないことなどを念頭においています。朝鮮人ブルジョアジーをだき込むことを考えようにもそうする資本の蓄積のゆとりはなかった。その弱さが何が何でも強引に朝鮮人の自主的なものの全てを潰していく姿をとらせたということです。極端には「日韓併合」を朝鮮人の側から推進するかの如き働きをして、日本のいわゆるアジア主義者と結びついていた一進会という団体すらが、「日韓併合」と同時に解散されていく。その時、欺しうちにあったと一進会の指導部は怒るわけですけど、後の祭りだった。そういうふうに、一進会のように例えば忠誠を誓っていても朝鮮人の団体である以上安心ができないという民族的エネルギーへの一種の恐怖感が日本の権力者にはあった。それは朝鮮民族の力量に対しての、日本帝国主義の自信のなさのあらわれともいえるのではないか、ということなんです。それと同時に、日本の大衆、自由民権期なんかにあったような一定の大衆の批判に対しても自信のなさをもっている。日本人民を統合するのに、一定のおこぼれを分け、労働貴族をつくり出してそれで分割統治をしていくといったことは当時の条件では全く不可能でしたし、ひどい低賃金水準にしばらざるをえなかった。そういう弱さをそれだけよけい日本人民に対してカバーするためには、天皇制というイデオロギー装置が強力につくり出された。明治の初めにはほとんど庶民意識の眼中になかった天皇が、教育勅語ができ、義務教育制度が整い、青年団組織が整い、そして実際に侵略行動に入り、大量の大衆が兵士として動員されていく中で定着していく。そして自分が加担してしまった行動を合理化したいという衝動を逆手にとって、天皇制イデオロギーにからめとられていく経過をとるわけです。そういう天皇制イデオロギーの神がかった部分についてはしかし、例えば幸徳秋水なんかの批判がぼつぼつ出てきたりする中でそれだけではもたなくなるかもしれないと思われた。それほどの危機感はなかったかもしれないが、とにかく天皇制をさらに補強する必要が感じられた時期が、ちょうど朝鮮を植民地化した段階であり、大衆が朝鮮にいろんな形で動員されてかかわり、弾圧する機構の中に組み込まれていくという具体的な実績を通じて、さらに完璧に排外主義の側に組織されていく。その際の日本の植民地支配の露骨な暴力的なやり方が日本人民に対してはどういう意味をもったかというと、朝鮮人の力量に対する一種の共感と、それが日本人民に対して与える影響の両方に対する恐れから、日本人民を朝鮮人民と切り離して排外主義の側にとりこむために植民地支配そのものを利用し、ほとんど全大衆をその支配の中に実際巻きこんでいったということです。ここではじめて天皇制は日本人の間では安泰となり、絶対的な権威をもちつづけるということになってしまった。いわば天皇制と植民地支配そして「アジア主義」が一体になって、日本人を体制のイデオロギーに組みこむ役割を果した。植民地支配あるいは侵略戦争の行為・行動そのものの中に人を巻き込むことが、イデオロギー政策の面でも欠かせない要素をなしていることを強調しておきたい。

三・一運動の特質

そのたくわえられたエネルギーは一九一九年三・一運動に示された。よくいわれるように、それはロシア革命の影響をも受けながら、というよりも、正確には、ウィルソンのいわゆる民族自決の方針の影響なども含めて、第一次大戦後の有利な国際条件の総体にいち早く反応して、ロシア革命の影響は、むしろ三・一以後の運動に強く現われるといった方がいいんですが、とにかくアジアでもいち早く、第一次大戦後の状況の中で、三・一運動が爆発し、反帝闘争の新たな昂まりのきっかけをつくり、他のアジア諸国の民族解放闘争に対して烽火をあげるような役割を果した意義は大きい。

ところで、三・一運動と、日本における同時期の米騒動、そして中国の五・四運動の三つは、普通よくロシア革命の影響の下での、東アジアにおける運動の新たな昂まりとして一括してとらえられます。この三つはしかし、第一次大戦後の大状況の中で一致するものでありつつも、三つの国それぞれがおかれていた固有の条件、違いに応じた特徴をよく示してもいる。その点をもっと精密に見ていくことが、僕らにとって必要なんじゃないでしょうか。三・一運動を米騒動と比較した場合の、最もはっきりした違いは、その運動にかかわった人間の多さ、運動の層の厚さだと思います。その理念や言葉で表わされた宣言の内容よりも何よりも、つまり米騒動は、日本の人民の中に一定の形で盛り上り、下層労働者の尖鋭な形態の行動として展開したけれども、上層の労働者あるいはインテリ層にとっては無縁な事柄だった。感覚的に自分を闘う側においていたとはほとんどいえない。つまり米騒動の歴史を自分の歴史と結びつけて実感している部分はごく少ない。一方、朝鮮人、例えば在日朝鮮人の年輩の方に話を聞いてみると、三・一運動への何らかの参加の思い出がまず残されてあり、血肉となって生きている。多くのその後の活動家にとって、三・一運動へのかかわりが原点となっているといえます。この歴史体験の蓄積の差は、大きな問題を僕らになげかけていると思います。それから、中国の五・四運動は、すぐれて「文化革命」という質をもって出発した。それは人民のエネルギーを解き放つのに最大の妨げとなっていたのが、旧社会からひきつがれた人間の精神をしばる「文化」の重圧だったからだ。これを解体することが、あらゆる面での人民のエネルギーをひき出す前提であったといえる。魯迅を引き合いに出すまでもなく、反帝闘争を裏づける文化革命に民衆が立ちあがった。この形はまた、日・朝いずれとも違う特徴をもっているといえましょう。

ところで先程もいいましたが、朝鮮の民衆の三・一運動体験は、例えばキム・サンの『アリランの歌』をみても何をみても、必ずそれが語り出しの部分に来ていることでわかるように、大衆の心を広くゆり動かし、その中で特に若い年代の中から大勢の新たな活動家が生まれ、それ以後の運動を担っていく契機になっている。そうした次の段階への出発点として三・一運動はあるわけです。

4　労働者農民の歴史的擡頭と共産主義思想

三・一運動から後、一九二〇年代に至って、民族解放闘争の主体が明らかに変っていきます。

その変化は一言にしていえば、ブルジョアジーから労働者農民へ、あるいはブルジョア民族主義から社会主義へということですが、その背景には、民族ブルジョアジーといえるような朝鮮人資本が、それまでは運動を何らかの形で支えていたものが、一九二〇年代以降帝国主義体制の枠組みの中に次第にくみこまれていき、その目標において非妥協的な独立闘争から改良主義的な方向に変っていく、ということがあります。それは、日本帝国主義が、この三・一運動の経験を帝国主義的に総括した結果、全人民的蜂起を防ぐために、かなり意識的に、民族解放闘争の中に分断のくさびを打ち込んだためでもあります。「文化政治」といわれる三・一運動以後の段階の植民地統治の一定の表面的な転換がありますが、その本質は、トップクラスのブルジョアジーあるいはブルジョア民族運動の指導者に対して体制側にひきつけるべく懐柔し、いわゆる「安全弁」を開き、大衆との間を分断することでした。そのことに、朝鮮人資本が資本として植民地体制の中で生き残っていこうとすると妥協的にならざるをえないという内的な契機とが加わって、改良・妥協の方向が濃くなっていく。そのため大衆の感覚とは次第にへだたっていき、次第に民族解放闘争のイニシアティブを担いうる力をブルジョア民族主義者は失っていくわけです。独立のために非妥協的闘争をきりひらいていく以外に、われわれの生きる道はない、という確かな問題意識を、三・一運動以前から依然として農民・労働者大衆は持ち続けている。それを当面政治的に担っていくものとしての一定の信頼をブルジョア民族主義指導部にこの時期まではおいてこれたが、改良主義的なことが公然と言われたりする中で、われわれとは違うということを大衆が気づかざるをえないような状況が生まれてくる。そして民族解放闘争を貫いていくための新たな理念ないし方法論を、大衆が非常に求めているまさにその時、ロシア革命の影響を受けながらマルクス主義が朝鮮に入ってくる、ということであったわけです。こうして民族解放闘争それ自体は、理屈でいえば、ブルジョアジーの課題であるものを、ブルジョアジーではなく、かえって労働者・農民大衆が引き継いで担い貫徹していかねばならなくなる。こうして、それ以後の運動の特徴が生まれてくるわけです。

朝鮮民衆の共産主義との出会い方

一般に教科書ではあまり図式的に描きすぎているきらいがある。その結果、それ以前の段階の運動あるいはそこからひき出されてきた感覚などを十把一からげに切ってしまう傾向が生まれます。「あれは所詮ブルジョア民族主義運動なんだ」というふうに。それではいけないと僕は思うので、そのことについて二言三言費したい。早くに大衆意識とそれを反映して個々の独立闘争を実際に国内国外でやっている人びとのなまの問題意識とは、ブルジョア民族主義という概念の枠に必ずしもきれいに収まるもんじゃないと思う。もちろんいわゆる経済的な範疇としての資本をみてみれば、国内で存立していた朝鮮人資本の場合、やはり資本に他ならない妥協・協力の軌跡を歩み、独立の問題についても不徹底な対応しかしていない部分がある。しかし、全体として、マルクス主義に導かれていないという意味で、われわれがブルジョア民族主義という言葉でくくる運動全体の中には決してその「資本」の枠に収まりきれないものがいっぱいある。甲午農民戦争の中に生まれ育った意識、それが引き継がれて三・一運動まで至ったものなど。帝国主義本国における、特にインテリである僕らの問題意識は、一定の現実を踏まえた理論から入っていって、国家権力の性格はこう、従ってその国家権力の本質的な性格はこう、従ってその理論から導き出される実践はこうでなければならない、といった形でありがちです。ところが植民地という状況におかれた朝鮮人の中では、いわば実践がすでに先にある。全てを否定し、破壊する植民地体制の悪さに対して、物質的にはもとより、精神的にも我慢がならないという問題意識自体がまず疑いないものとして最初にあって、それでは植民地支配を倒すためにどうしたらよいかを解く理論がそこで求められるという逆の順序です。そうした意味で、一人の活動家個人は試行錯誤をくりかえしていく。キリスト教にそれを求めもし、あるいはウィルソンの言うブルジョア民族主義にそれを求めもした。しかし過渡的にふれたそれらの「思想」が武器として不十分であり、幻想であることに気づくというさまざまな思想的遍歴を重ねながら、大衆的にはいわゆるマルクス主義者になっていく、という過程が一九二〇年代の時期に大量的にある。個人として主体的にその状況に取り組もうとした朝鮮人にとっては、自分のもっている既成のイデオロギーを固守し、回復すればいいという問題ではなく、自分自身を、朝鮮の運動をやっている主体を内面からつくり変えていくための理論的武器として有効なものは何か、という形で問題があった。そのために絶えず世界中のあらゆる「思想」が検討の対象にされていたといえます。その過程の中で三・一運動以後の段階では当然、マルクス主義が、少くとも破産したウィルソンの民族自決論に代わるべきものとして自然に受け入れられていく。またそのもっている国際主義的な内容によって、自分たちの既成のブルジョア民族主義の限界をも乗り越えていけるものと思われたから、「待ち望んでいたものがやっと見つかった」というような感覚でこれにふれていく。それが複雑なひだを含みつつ二〇年代いっぱい続いたといえましょう。

柳麟錫と李東輝の場合

個人をとってみても、そういう歴史とともに歩んだ遍歴のあとがよくあらわれている。例えば、かつては義兵闘争を衛正斥邪論者として闘ってきた柳麟錫《ユインソク》という人が、やがてブルジョア愛国啓蒙運動のイデオロギーの下に自己を転化させ、あるいはさらにキリスト教に興味をもちもし、やがてシベリアに亡命してロシア革命にふれていくようになる（編者注2）。ついでですが、「日韓合併」以後の状況は、公然と活動を続けてきた人間が朝鮮内にいつづけることは全く不可能な状況でした。従って亡命してシベリアあるいは中国東北に活動の場を移した。だからそこに民族解放闘争の一つの拠点があるという状況が日帝時代を通じてずっとあるわけです。柳麟錫については、最終的にマルクス主義者になったところまでは確かめられないけれども、もう一人李東輝《イドンヒ》という人があります。彼も、かつては一八九五年以後の運動の中で学校教師なんかしながら運動に専念するようになった人ですが、ブルジョア民族主義の理念に立ち、あるいは衛正斥邪的なものの影響も受けながら、ある時はキリスト教にも新たな朝鮮解放の理念を見出そうとし、それも駄目であるということを見抜いてきた。非常に早く一九一九年、ロシア革命（シベリアにいたんですが）を身をもって体験しながら、最初のいわゆる高麗共産党の創立者の一人になる（編者注3）。この李東輝を何年まではブルジョア民族主義者で、何年から社会主義だというように形式的に区分しても何の意味もないわけです。一貫した行動の契機が内側にあったのだから。ともかくそれ以後の李東輝はコミンテルンとも密接したところにあるわけですが、問題がいろいろありました。コミンテルンの側からは、理論から入っていったタイプの人びととはまるで違い、大まかさというか、楽天性、それと心情ラジカルというべきようなものを併せもった、とにかく型破りな行動、それに人的結合などについては古い発想も濃厚に残しているといった彼を包みこみかねていたように思えます。朝鮮の状況の中から彼が生まれてきたのだということがおそらくコミンテルンにはわからなかったと思われます。ともかく異色の人物、マルクス主義からは少しはずれる人物という位置づけであったようです。しかし少なくとも李東輝自身としては古いものをもちこしながらも大真面目にやはり朝鮮の革命はマルクス主義でやっていくしかないと考えている。形式的に分類すれば、まだブルジョア的要素、さらには封建的な意識さえ残している人物であり、冷たくつき放していうならば、「理論的に遅れている」わけだけれど、そうであるにもかかわらず、マルクス主義者として生きていこうという気持がより強くある。そういう意識状況から出発した多くの人びとが自己変革を通して最初に朝鮮共産党を作っていくわけです。そういうことを言いたかったのです。

マルクス主義への移行の過渡期

つまり、待ち望んでいたものがやっと見つかったというマルクス主義への確信が非常に広汎に、まず国外にいた人びとに生まれ、そうして非常に弾圧が厳しくてなかなか文書としては国内に持ち込めなかった位ですが、その理論などが口頭で、ある不正確さなども伴いながら苦心惨憺して国内大衆のところにもたらされるようになる。そして朝鮮の主として若いインテリなどの間に受け入れられ、二〇年代の初めころから非常に「流行って」いく。例えば日本や中国におけるマルクス主義の普及などに比べ、その拡がりぶりはおそらく非常に「流行る」という表現に当るような姿であったといわれます。もちろん弾圧との関係でいえば、朝鮮ではいちばん難しかったにもかかわらずです。中間的な社会民主主義などには目もくれず、マルクス主義が一直線に若い人たちの胸の中にしみとおっていったのです。

ただお断わりしておかなければならないことは、だからといって二〇年代初めから直ちにマルクス主義者が民族解放闘争の全体を指導する形になっていけたわけではないことです。むしろ二〇年代いっぱいが移行の過渡期でした。ブルジョア民族主義者の闘争も相対的には二〇年代前半にはむしろもっとも活発でした。特に国外の、ブルジョア民族主義者たちは、ロシア革命に触れ、武装する条件が有利になってきたなかで、正規の軍官学校を満州の官憲の目の届かない所で組織し、日帝に対して以前にもまして強力な打撃を与えるような実力闘争を展開していました。あまり知られていないけれど、例えば一九二〇年の彼らによる青山里の戦争などは、その規模、日帝に与えた直接の打撃という点では、三〇年代の金日成の指導したパルチザンによる普天堡の戦争などに優るとも劣らない規模のものだったといえましょう。国内でも全体的な反帝闘争、政治闘争は二〇年代前半にはまだいわゆるブルジョア民族主義者が中心になって展開しており、その下でマルクス主義者たちが新しい理念に基づく個別の労働運動・農民運動を通じて力を蓄えていっていた。また、従来の「ブルジョア民族主義者」が、あるいはその影響下の大衆が、マルクス主義者に変っていく複雑な過程が大量的に展開していったのです。

なおこの過程は決して単にストレートなものではない。複雑な歴史のひだをあらわしている。その過程のほんのちょっとした事柄がいかに大きく人をそらしていったかを示す一つの例として、あまり知られていない黒河事件について紹介しておきたい。ロシア革命直後、シベリアに亡命していた朝鮮のブルジョア民族主義者たちは、一定のパルチザン部隊を編成してロシア革命を支持して闘った事実があります。シベリア干渉戦争などと対決する中で、かなりピンチに立たされている極東地方の赤軍、ソヴィエト政権を守ることによって日帝に打撃を与える、という極めてまっとうな問題意識から、共闘を志したのです。ところが、そのような意図から地域を移動していこうとした一部隊が何のまちがいか、ある町で敵と疑われ赤軍から武装解除され、一時は軟禁されてしまった。まだソヴィエト政権も固まっていず、なぜそうなったのか赤軍側の事情は明らかでないのですが、あるいは意図が逆にとられてしまったのか、日本国籍にしばられている朝鮮人への警戒心からか、ともかく欺しうちのような形で武装解除されてしまう。そういった経験をした人たちは、その段階では、イデオロギー的には確かにブルジョア民族主義者ですが、やがて変っていく過程にあったかもしれない人びとです。ところがこの経験が逆に働いて、そこからやがて脱け出した人たちは日本帝国主義・シベリア干渉軍とは相変らず闘い続けながらも、経験にこりた強固でしかも行動的な反共産主義者になってしまう。「われわれの意図を裏切った赤軍もやはり信用できないのだ」と。彼等の活動の場はその後中国の東北に移り、一貫してそういうイデオロギーを持ち越したまま、解放後は南に帰って行動右翼勢力の先端に立ち、反共主義の実践者になってしまっている。この人たちの心のひだをよくみすえておくことは必要だと思います。

申采浩の闘い

次に、別の角度から問題を出している申采浩（文献8）について触れてみます。彼は普通歴史学者として知られています。といっても、日本人はほとんど知っていないのですが。彼は常に民族解放闘争の側にあって、つまり日帝あるいは日本人民が触れうるような領域ではないところでずっと活動を続けていたがゆえに、例えば崔南善みたいな人とは違って、ホンモノの歴史学者なのに日本人は全然注目しなかった。もちろん彼は単なる学者ではなくて、もともと愛国啓蒙運動の中で、主に新聞人として活動してきた人で、そこで達した問題意識によって亡命後「歴史」にたちむかい大きな成果を残した人です。日帝支配下の朝鮮の土を踏むことは潔しとしないと、「併合」以前に朝鮮を離れ、実際その通りに新聞人としての活動を亡命したシベリア、中国で続けた末、最後は大連刑務所で獄死させられてしまいます。申采浩がなぜ必死で歴史に取り組むようになったかというと、朝鮮民族が独立解放を回復しなきゃならないということは、誰しも朝鮮人として全く異存のないことなのだが、そういう状況が逆に運動内部に克服すべきものを克服せずに残していく安易さや、さらには自分自身の朝鮮民族の主体的力量に対するニヒリズムを浸透させ、青年層が自分の確信をもってがんばっていくことを困難にしている。運動を支える個人が、独立の回復という課題を自分のものとして感じうる主体として強くなっていくこと、朝鮮人の青年の中に自己変革の過程をよび起すこと、そのために歴史を取り戻すことが必要だと考えたのです。だから彼の歴史の研究は、文字通り民族主義の歴史学であり、日帝支配者が作った御用学問とは全く違うものとなったのです。特に彼は古代史のイメージを完全につくりかえた。しかもそれは実証的にもすきのないものとして展開するという作業を、恐ろしく研究条件が劣悪な中でやっていったのでした。ところで、そういう申采浩の二〇年代のマルクス主義への乗り移りがいとも簡単に進んでいく状況の中での姿勢は、大変ユニークなものでした。彼は、マルクス主義の「理論」が余りにも異口同音という形で簡単に流行してしまうことに批判をもちつづける。外側から持ち込まれたマルクス主義の労働者の国際連帯の理念を教条として、「日本のプロレタリアートはわれわれ朝鮮の労働者の味方である、共に闘っていくべきだ」という朝鮮の初期マルキストの言葉を鋭く反論している。今まで自分たちが持ち続けてきた実感を、一たん全てカッコに入れてしまって、新しい理論によって強引に実感の方をねじ伏せていく傾向さえ現れたものだから、「決してそんなものではない」といいはり続ける。彼は正当にもこういっています。「朝鮮に住んでいる日本の労働者は、経済的にはたしかに労働者かもしれないけれども、それでも政治的・文化的生活などさまざまな面で植民地支配というものの恩恵を大いに受けている。それは、朝鮮人の生活意識との落差というものをはっきりと生んでいるというのが現実である。だから日本の労働者との連帯を平易に幻想してはならない」と。このように、マルクス主義が「流行」といえるような状態で受け入れられたために、かえって、申采浩のような秀れた問題意識をもつ人が、それとは別の所に立つ、といったような状況もあったのです。

申采浩については、これ以上立ち入りませんが、ただ彼がそうかといって単純な排外主義者としてマルクス主義に対立したのではないことだけつけ加えておきます。民族主義を徹底的につきつめていった彼は、亡命地での実践活動にかかわりながら、ちょっと考えると不思議なんですけれども、中国人のアナーキストなどと接触をもちながら、当時のアナキズム運動にかかわっていき、そのために投獄されていくのです。民族主義を徹底してつきつめていった結果として、それを克服する論理を何らかの形で見出すべきところまで自分を推し進めていった。そして到達したのが図式的マルクス主義ではなくて、心情的アナキズムであったことに注目しておく必要があると思います。複雑なひだの方が詳しくなりすぎたかもしれませんが、そういう個々人のさまざまな姿勢をともないながら、二〇年代前半期に次第にマルクス主義は国内に定着していったのです。

二　朝鮮民族解放運動の国際的試練

以上の時期をへて、次の第三の段階にはいりますが、ここでは主として国内の大衆運動がどういう問題にぶつかりながら、どのような展開の軌跡をたどってきたかを事実にややくわしくふれながら僕なりのイメージで整理していきたいと思います。最初に形式的な区分をしておきます。

①マルクス主義の普及・啓蒙期　一九二〇年代前半
②朝鮮共産党の創立から解散まで　一九二五〜一九二八
③新幹会運動の時期　一九二七〜一九三一
④赤色労・農組運動〜国外での赤色遊撃隊・解放区運動の成長　一九三〇年代前半
⑤金日成の祖国光復会の闘争　一九三六〜一九四〇
⑥指導なき大衆の反戦の闘争　一九四〇〜一九四五

国内大衆が具体的に運動に参加し、そして自分自身を変えていく契機となったという点で質的にも非常に大きなものを残していたのは、中でもこの③および特に④の時期だと私は思うので、そこに重点をおきながらあとづけをしたいと思います。

1　朝鮮共産党の創設をめぐる苦闘

先程お話したように、二〇年代初めからロシア革命の影響の下で、朝鮮の、とりわけインテリ学生層・青年に、つまり直接生活次元からの問題というよりも政治的なレベルの問題をストレートに問題意識とする部分にマルクス主義が圧倒的な魅力をもってうけとめられる状況が生まれてきました。しかし、二〇年代初めの頃でもやはり弾圧が激しいから、マルクスの著作やなんかが朝鮮に入ってくることはかなり困難だった。何とかこの困難を突破して理論をまず深めようとする志向が生まれたのは当然でしょう。例えば日本の方が、まだしもそういう文献を見る機会があるので、日本がよい所だったからでは決してなく、日本でそういった勉強をするために留学という形でかなりの青年が渡ってくるという状況もありました。ともかく国外からさまざまなルートで苦心惨憺してもたらされたものが、しだいに蓄積されていく。そしてそれらの学習は、当然のことながら、理論のための理論であってはならないということがそれ自体の中から出てくるものであり、個々の小さな青年運動や農民運動などの運動体の組織を同時多発的にもたらしていく。あるいは、既存のブルジョア民族主義組織の中に、そのような理論による新たな運動の方向づけを与えるべく入っていく活動も展開し、そうした機運の末に一九二五年に至って朝鮮共産党が創立されます。

なお、一九二五年という党創設の時点は、ちょっと考えると中国や日本に比べて二、三年遅いわけで、そのことは、先程来の話と矛盾しないかと思われるかもしれませんが、決してそうではない。公式の組織の発足が、機運の早くからの昂揚にもかかわらず遅れたのは、一つにはすぐわかるように国内で組織活動を始める条件が非常に悪かったこと、またコミンテルン側に、東アジアの状況を、基本的には先進国である日本の、やがてそれに加えて中国の運動を軸にして見ていくような見方があって組織支援の力点もそこに置かれていたことによると思われます。なおこの見方は、朝鮮の運動に対するコミンテルンの対応の仕方の問題点としてずっと尾を引いていくように思います。実際、例えば「極東民族大会」には朝鮮人の、主として在外活動家が非常に大量に参加しており、日本よりも中国よりも格段に多勢なのです。その中にはラジカルな心情をもってはいても別にマルクス主義の理念について特に考えてもいないような部分も含まれていたといわれますが、とにかくそれだけの人間がやっていくというエネルギーがあったわけです。彼らはいち早く高麗共産党という組織を在外活動家を中心にして一九一九年に創っていたわけで、これの組織年次はといえば、日・中両国よりも早いのですが、コミンテルンの公式承認をうるには至らなかったのです。このエネルギーは、先程言ったような状況の中で、必ずしもコミンテルンにそのまま受け入れられるものになりえなかったということなのです。要するに、日本の官憲の朝鮮国内での弾圧とそういったこととの二つが重なって、二〇年代前半の朝鮮国内では、サークル的な活動の時期がずっと続いていく。しかし少なくとも「従来のブルジョア民族主義者のような考え方、とりわけ改良主義的な方向に傾いていく、あれでやっていくわけにはいかない。理論的思想的にも、実践的にも、もっと別のものでなければ、大衆とともに闘っていくわけにはいかない」という問題意識がそれだけ強くあった。二〇年代前半は、そういったような暗中模索がさまざまな複雑な流れを生んでもいた時期でした。例えばこの時期に特に理論よりも激烈な行動によって知られた義烈団の影響がとりわけ在外活動家の中で強力であった、そういう時期なのです。ご承知のように『アリランの歌』には、この時期の在外朝鮮人青年の姿が、非常に生き生きと描き出されています。

こうして国内での運動は、しだいに理論研究する段階から、実際に行動を組織する段階、二〇年代後半に入っていくわけです。しかし、そのころでもなおブルジョア民族主義者が独立という政治課題を担い、マルクス主義者はその下で個々の労働者・農民の個別の経済闘争などを担っていく、というような感覚がまだありました。それは、いわゆる二段階革命論の極端なもの、つまり、「まだ植民地における状況では封建制克服が課題であるから、独立運動はブルジョアジーが主人公にならねばならぬ」というような機械的な解釈もあったくらいです。コミンテルンなどにもそれに近い傾向があって、最終的には一九二七年の蔣介石クーデターのショックに遭うまで続いたといわなければならない。またもちろん、実際に、理論を身につければ、直ちに実践のイニシアティブがとれるというものでもない。いわゆるブルジョア民族主義者が長年の間に培ってきた経験はそれなりに受け継がれなければならないものとして彼らの前にあったのです。しかし、そういう中でも、当然にブルジョアジーが政治課題の戦線でしだいに後の方にしりぞいていくのと反比例して、否応なしに経験を引き継ぎ、一貫した民族解放闘争の目標を引き継ぎながらマルクス主義者がこれを担っていくようになっていく。この過渡的な過程が二〇年代のなかばにあるわけです。

朝鮮共産党の解散

一九二五年に朝鮮共産党が組織されたということは当然に、個別の労働運動などだけではなくて、民族解放という政治課題をも自ら担っていこうという決意の表われでもあります。朝鮮共産党は、実際その翌年、ものすごい弾圧にあいながら、「六・一〇運動」を組織した。大衆的示威運動を、共産主義者が単独で政治課題を正面に掲げて組織したのは、この二六年に始まったわけです。そういう試みを積み重ねつつ、ブルジョアジーから経験を引き継ぎつつ、大衆的な闘争が展開されていく場として大きな役割を果しているのが、次の新幹会運動だと思います。新幹会については、参考文献9に、ある程度細かく実証的に整理してみたことがあります。

なお、そこに移っていく前に、朝鮮共産党が、ご存知のように一九二五年から二八年までしか存在していないことを考えておかねばなりません。これは、非常に短い期間です。そして解散後は、四五年まで回復していないのです。他の多くの植民地化された国でさえ、そういうことはあまりない。随分不思議に思われるんじゃないかと思います。一九二八年にコミンテルンは朝鮮共産党を解散させてしまう。それはなぜか？（なお当時のコミンテルンの組織形態として、各国の共産党はコミンテルン中央に対する支部という関係であったわけです。建て前としても、実質形式としてもそうだったのです。そういう関係の中でコミンテルンは、一九二八年に朝鮮共産党の支部としての承認を取り消すのです。正式の朝鮮共産党とは認めない、といういい方で解散を指示し、支部の再建を指示するのです）。コミンテルン側で発表した二八年一二月テーゼというのが、そのことをめぐるコミンテルン側の意見を集約した文献としてあります。

とにかく、なぜそういうことになったのかという問題、そこに実は、これからお話する重要な問題があると思う。が、話の順序の関係で、その問題は後回しにして、先に新幹会運動から赤色労・農組運動への展開をあとづけておくことにします。

2　新幹会運動の意義

今もいったように、二〇年代いっぱいを通じて、マルクス主義者が国内における活動の場を拡げながら、闘争の経験を蓄積しつつあったのですが、それを受けてかなり明確な活動スタイルの転換を強調するセクトが現れ、そのイニシアティブのもとに新幹会運動がつくり出されていきます。このいわゆる「方向転換」は、外から、具体的には日本の同時期の「方向転換」論から直接に発想の影響を受けつつもたらされたと思われます。のちに、ML派と呼ばれるセクトが、日本に留学していた人たちによって一九二六年に生まれますが、彼らは精力的に朝鮮の社会主義運動の方向転換を提唱していき、その結果として、新幹会という新たな大衆組織が生み出されている。またこの理論が認められた結果、朝鮮共産党のイニシアティブもこの時期に朝鮮ML派がとることになりました。

そこで彼らが掲げた理論、「方向転換」論の内容ですが、「今まで共産主義者が個別経済闘争に重点をおき、それだけをやってきたので不十分であったから、政治闘争そのものを課題として自覚的に追求しなければならない、意識的に対権力の政治闘争の組織をマルクス主義者が担っていかなくてはならないんだ」ということの強調でした。たしかに客観的にそれが強調されるべき状況が熟していたといえましょう。一方にはブルジョアジーが次第に指導性を失っていくという状況があり、しかしブルジョアジーの左派はなお政治闘争における一定の経験と大衆の信望をもち、独立の姿勢を崩してはいなかった。そういう状況の中で彼らの主張は、具体的には、マルクス主義者がイニシアティブをとりつつ、ブルジョア左派と手を結んだ幅の広い大衆的政治運動体の形式に主力を注ぐべきだという主張となった。「方向転換」を抽象的にみると福本イズムからの発想のようですが、その実際の方針はこのようにむしろ山川イズムに似た形をとったのでした。ともかく、新幹会という組織が、そういうものとしてつくられる。新幹会はだからいわゆる「統一戦線」というのと必ずしもいっしょにならないわけですが、ブルジョア左派を指導部に多く含めて、プチブル層なども結集した政治運動体であり、その中での実践を通じてマルクス主義者はしだいに大衆的な影響をもつようになり、新幹会運動の後半には、多分にその指導性をとっていくようになっていくのです。

なお、新幹会は、あくまで建て前として、合法公然組織として出発しています。もちろん、合法組織を名乗っていても何でも自由自在にできるというものではなかったのが当時の朝鮮の状況です。新幹会の名前自体、〝新韓会〟という朝鮮民族の独立の目的を端的に表現するようなことが原案だったのだが、介入干渉があるために、そういう文字を使えなかった位です。合法的組織だから公然と大会を開こうとするのですが、官憲側は実質的にそれを危険視すると、何らかの口実を作って全然開かせないのです。そういう状況の中でしかし、合法の建て前を一応とったということはどういうことかを説明しておく必要があります。例えば朝鮮共産党などの場合、建て前ももちろん非合法組織であったし、したがって現実的に活動はものすごく制約され、大衆と接点をもつ活動が本当に困難だった。間接の間接にでもかかわりをもてば、引っぱられるというような状況、大衆の中で組織活動をノーマルに展開していくことが不可能な厳しい状況があった。朝鮮共産党に対しては実際、一年に一回の割で根こそぎの組織弾圧がくりかえされ、中執が一人も残らなくなるというような目にあってはまた再建していくわけです。そういう状態から、朝鮮共産党の運動は、多くの大衆にとっては、何かいいことをやり始めているかもしれないけれども自分たちからはるかに遠い所で闘われているもの、という感覚がぬぐいがたくあった。政治課題の独立という目標を追求したいという意志は大いにある生活者大衆が、気安くその中に入っていく場というものではなかった。労働組合、農民組合はかなり組織されていたけれど、公然とは政治闘争をやっていく場は大衆にはなかった。それに対し、この新幹会は、とにもかくにも合法という形で組織されたから、日帝時代の運動体としては最も大衆化することができた。四万を超える会員を持ち、全国の三分の二くらいの郡には支部があり、眠っている支部というのはあまりなくて、とにかく何らかの地方レベルでの民族問題をとりあげて活動を絶えずやっている。行動の場がそこではかなり大衆的に開かれていた。そして指導部にはブルジョア左派が実質的に活動している所もあったけれど、その下でマルクス主義者が実務面を担い、マルクス主義者と大衆の接点ができていくことが、多かったといえます。そのようなものとして新幹会がある以上、官憲の側は非常に危険視したのも当然で、絶えず弾圧にさらされつつきたえられていく。合法団体であるということは、このように、のほほんと存在していたということではなかったわけです。

そして重要なことは新幹会の建て前が、大衆がその中に入っていきやすい条件を作り、実際に新幹会の組織方針にしたがってそこに参加しながら問題意識を深めていく人が多勢、下部に生まれている。当時おかれていた認識の条件の中では出発の段階では、独立という漠然たる心情をもっているにすぎない人でも簡単に入っていけるような場として、新幹会というものはあった。そういう形で、合法的な大衆運動がこの時期に展開されたことが、その後の地域レベルでの活動する人びとを大量に生んでいった。その証拠には、長いその後の戦争期の中断をもちながら、解放後にほかでもなく新幹会のイメージが、国内大衆の中で再生していくのです。これは大衆の意識の中に新幹会の経験が最も大きな比重を占めてあったということを示しているといえましょう。具体的には、新幹会の当時の活動家が後に南労党（南朝鮮労働党）の委員長になる許憲《ホホン》をはじめ第一線に出て活動したし、人民政権を地域レベルで下から創り出していく場合、明らかに新幹会の経験が一つのモデルとされています。おのずから新幹会のイメージから出発する形になったといえるでしょう。そういう大衆運動としての意味から言って、この新幹会の活動は大きな意味をもっていた。

分裂と解体へ

ただ、方向転換論には理論上、ブルジョアジーとの妥協、そのイニシアティブを認めるという問題点が一方にあった。その限界性はしかし新幹会の初期、つまりブルジョアジーが従来政治闘争を担ってきたということがある中では、それほど問題ではなかった。やむをえざる、過渡的な段階にあったわけです。しかしこの当初からあった矛盾が必然的に深まってゆき、新幹会内部での内部分裂が生まれることで新幹会は自己の使命を終えていったといえましょう。当時ブルジョア右派はもう反共主義者として権力と手を結ぶ形で、新幹会に敵対していた。しかし独立を望むブルジョア左派は新幹会に結集しており、圧倒的な大衆は新幹会を支持していたのですが、その新幹会内のブルジョア左派に対してブルジョア右派からさまざまな働きかけが加えられ、その影響を受けた人びとが右寄り路線をとるか、新幹会に不熱心になるという経過があった。そして新幹会解体の直接的きっかけはコミンテルン六回大会以降の時期のコミンテルンの指示でした。「ファシズム戦争を前にして、ソ同盟を守れ」という言葉が盛んに言われたようなそういう状況の中で、コミンテルンは各々の共産主義者に、ドラスティックにブルジョアジーとの連携を断つことを指示した。これは朝鮮ML派の従来の路線の正面からの否定を意味した。民族改良主義あるいは社会改良主義との手を断つというようなことが外からの権威を背景に強調されたために、新幹会解体論争は一定のマイナスを残したといえた。しかし朝鮮自体の状況に照らしても、新幹会によるプロとブルの過渡的な連合は早晩終らざるをえない時にきていたといえる。その運動再編の波を経ながらドラスティックな外側からのひきまわしが一定のマイナスを生みながらも、とにかく新幹会段階の一定の大衆化の成果を踏まえて、次の大衆的でかつ最も強力な闘争の段階が展開される。それが一九三〇年代前半の赤色労働組合・農民組合運動の段階なのです。

3　赤色労・農組運動、解放区運動の展開

この時期に至ると、ブルジョアジーは完全に運動の枠外にあって、労働者農民の自発的力が反帝闘争の主力になっている。特に朝鮮共産党が存在しない状況下、個別に地方毎に彼らが組織した赤色労働組合・農民組合は、政治課題そのものを追求する高度の闘争を展開していきます。赤色労働組合運動の方は、都市が密集していて権力の弾圧にさらされやすいという悪条件のために、

比較的芽のうちにほとんど摘み取られてしまったのに対し、その条件の有利な農村の赤色農民組合運動は、特に国内の前後のどの運動よりはるかに高度の質をもつことになっていきました。特に北の咸鏡道地方がこの運動の中心でした。

赤色農民組合運動は、三〇年代前半に部落ごとの単位で組織されるんですが、農民大衆の行動により、一時的には地方の末端行政機構、あるいは駐在警官等をすっかり放逐して、一時的には解放地区化するまでのひろがりをもつに至ったところがあります。そうなるとすぐに増援警察隊やら軍隊が動員されてきて集中的に弾圧が加えられ、何百人という逮捕者を出すので、解放地区が長くもったわけにはいかなかったが、ともかく、何百人という逮捕者を出しながら、一年も経つとまた同じスケールの運動が組めている。そしてまた同じ弾圧がくり返されるが、またすぐ運動は再組織されている。この運動の大衆的ひろがりに驚かされます。逮捕される人間の大部分は前と違う新しい人びとなのです。つまり、次から次へと運動に加わる人間が生まれてくる。だから完全に官憲の力を放逐していたことはそう多くはないけれども、二重権力といっていい状況は常時ありました。もちろん軍隊を動員してくると、それに武力によって全面対決する力は一つの郡の農民組合ではもてない。だけど常時、村に駐在している日本の巡査など拳銃くらいもっていても昼間でも村の中を一人で歩けない。また何人かの部隊が逮捕者の目星をつけて部落に入っていくと、子供たちによる見張り・連絡の組織がきちんとあってちゃんと知らせ、警官の到着する前にゆうゆうと逃がしてしまう。地下壕を掘って安全なアジトができていて、長期間全然発見されずに活動できた例もある。要するに、表面的には官憲の支配下にあるようだけれども、決してそのいうがままになっていない。農民組合が地主から常時食糧を自発的に出させていた例もあります。租税の名目こそ使っていませんでしたけど、それに近い形で徴集されていた。ある記録では、実施には至らなかったが、農業生産の協同化を企図した例もあります。ソ連のコルホーズなどの具体例は盛んに学習の対象になっている中でのことです。

文化・教育の主体的回復の闘い

しかし、この時期の運動の内実として最も重要なことは、農民夜学とかを対象とする講習会などが非常に活発に組織されていることでしょう。日本の植民地教育制度、皇民化教育が一方にあるわけだけれど、それよりはるかに質素な場所で、小中学生もおとなも、随分理論的な社会主義文献まで学習するようになっている。長年の植民地支配の下でいわゆる文化から完全に疎外され続けてきた人びとが、ここではじめて真の文化・教育を手にしている一方、皇民化教育の方は制度としてみるからにひからびている。よく日本の官憲資料をみると、「朝鮮人の農民は怠惰である、何の向上心もなくその日暮らしだ」などと書かれています。だが、日本官憲の前で、日本の官憲が強いた労働作業などに一生懸命になれるわけがない。それを日本官憲がかってに「朝鮮人の本質」ときめてしまったのであって、もちろん本質的に無気力なわけでは全然ない。官憲の支配下である限り、朝鮮人農民の自発性・主体性は、ひきだされうべくもなかった。それがいったん自分たちの手で農民組合をつくり出すと、その中では運動を支えるためにも文化を獲得し、自分を変えなければならないという強い要求が自然に生まれ、自主的な労働夜学・農民夜学がどんどん設けられる。一つの郡の中に数十の農民夜学を維持しているという状態が長期的に持続される。いわゆる文盲退治運動、初歩的にはそこから始めた人たちが、やがてすぐ、協同化の問題について高度の知識・学習を身につけていく。そして身につけた知識はすぐ実践に移そうとする。消費協同組合運動は、他の面からも組織されたそれだけでなく、さらには生産協同組合運動までやってみようということに極めて自然に進んでいったようです。しかも形の上では「単なる大衆団体」である農民組合が植民地権力に対する政治闘争の課題を直接担うと同時に、担うことを可能にする農民大衆の自己変革がその内部にあったこと、これが三〇年代初期赤色農民組合運動の意味だと思います。意識的に反帝闘争を闘ったことが単に理論的に評価されるだけではなく、この時期の運動は、朝鮮国内の大衆にとって前後を通じて最も意味あるものを主体的に生み出したと思います。

間島パルチザンの大衆的激化

ところで、この時期の運動の国際的背景についていえば、これはやはり大枠としてはコミンテルンの指導、六回大会以降の路線の枠の中に位置づけられる。だから中国でこの時期に、蔣介石クーデターを乗りこえて解放区が作られていくに至る動きと、その意味でもいわばパラレルで、その理論ないし方向性、あるいはそれを担った農民のありようなど若干の条件の違いはあるけれども大筋において非常によく似ているといえます。つまりこの、特に咸鏡道一帯の赤色農民組合運動は、もし中国等と同じような程度にスキのある、つまり、例えば軍閥割拠というような権力体系の条件の下だったら、おそらく同じ方向に運動が進み、解放区運動を生み出すところまで進んでいったにちがいない。そういう可能性を確実に内部に含んでいたといえるでしょう。それが実際そこまでいかなかったのは、主体的条件の差というより、やはり完全に植民地化されており、いつでも集中的に大量の軍隊を日本側が動員できるような体制、そういう体制の差によると考えます。つまり三〇年代前半までの中国と朝鮮の反帝運動は、おのずから基本的に同じ歩みを進めていたといえましょう。

その証拠の一つとして、同じ時期の、国境を越えた中国東北側の朝鮮に接する間島地方で展開された朝鮮人農民の運動を位置づけてみるとはっきりすると思います。この地域は朝鮮人農民が土地を拓き、しかし中国人地主の下で小作人として生きていた土地だった。日本帝国主義の被害を最もひどく受け、土地を失って流浪のすえ、国境を越えた人たち、そういう条件からいっても当然先にお話しした古い時期からずっと、この間島地方は朝鮮人民のたたかいの強力な基盤でしたが、特に、この時期は、国内で赤色労・農組運動の昂揚といわば並行して、間島五・三〇事件（一九三〇年）を出発点とする大衆運動が昂揚している。のちにこの地域を中心に赤色遊撃隊が組織され、朝・中人民共同の、抗日パルチザン闘争が展開していくわけですが、一九三〇年の大衆的な農民闘争はその実質的な出発点をなしていた。この間島での運動は当時三〇年代後半までその点は基本的に同様ですが、コミンテルンの方針に従って中国共産党の指導の下におかれていたので、形式的に朝鮮国内の闘争と別個のものとみなされがちだけれども、実はそうではない。朝鮮国内の赤色農民組合もこの間島の運動に対する中国共産党中央の指導も、コミンテルン、プロフィンテルンの指示を大枠では受け入れながら展開されたものですから、その点でも関連が出てくるのは当然でしょう。その上、朝鮮国内の農民も間島に移住した農民も考えていることは一つだ。ただ、国内と客観条件は少し違っていた。つまり一九三二年位の時期では、日本帝国主義の支配・弾圧の密度や厳しさが、朝鮮国内に比べればまだまだ多少スキがあったわけです。いわゆる「満州国」ができる前は、東北国民党政権の存在のもと、日本の官憲も完全に傍若無人に出兵できたわけではない。「満州国」がこさえられると、日本軍警の行動は自由自在になっていくがそれでもまだ当初は、相対的にはスキがあったわけです。その条件の違いが、国内では実現しえなかった赤色遊撃隊・パルチザンの創出にまですすみました。そしてこのパルチザンはもちろん、大衆運動の基盤抜きに成り立ったものではない。五・三〇事件以降一、二年の間、連続的に対地主闘争・対権力闘争が国内の赤色農民運動と同じく大衆的に展開され、その中から最も突出して闘う遊撃隊が生まれてきたのだし、のちの抗日パルチザンの隊員たちも、そういう闘いの中から育ってきたのです。

こうして、国内では実現されなかった公然たる反帝武装闘争とそれを支える根拠地がこの国境を越えた満州で実現されることになりました。だから、朝鮮国内の大衆からみれば、自分たちが目指していて、かつ全く物理的に抑えられているものが、間島の天地に現実に展開されえていた、間島こそはあこがれの地としてイメージされていたわけです。在外朝鮮人運動ということばは国内の運動と分離した、小さなものに考えられがちですが、実際、朝鮮のおかれていた条件ではそうではない。国内で抑えられたエネルギーが、矛盾の裂目をついて国外であらわれ出したのです。

特に直接国境を接する間島には、実際、国内ではできないことをそこでやるために朝鮮から渡っていった青年たちがいるのですから、その意味でも少なくとも国内の運動と全然別のものではないわけです。そういう意味で、三〇年代の前半、国内と中国東北で同時に展開された運動の全体を合わせて、朝鮮民族解放闘争史のこの段階のイメージをつくらなければならないと思います。

日帝の「満州国」建設との激突

三〇年代前半の間島地方には、小規模ながら八つの解放区が成立していました。中国共産党満州省委員会の指導下にあったわけですが、そこでの活動家は、ほとんど全て朝鮮人でした。ところで当時の状況、中国東北の共産主義運動の状況を全体としてみた場合、運動の最先進地域は、少なくとも三〇年代前半までは、明らかに間島地方でした。当時、中国全体の中での東北は、運動の後進地域とみなされていた。中国本土では瑞全ソヴィエトや井崗山やそういうものが既に生まれてきている時期なのですが、東北ではまだ中国人側の、例えば労働運動などもずっと弱い中で、ひとり中国共産党に加入した朝鮮人によって担われた間島の闘争が、突出した闘いをくりひろげ、そのために「満州国」というものをつくりあげつつあった日帝の集中攻撃にさらされもしたのでした。(2)

4　朝鮮人民の国際主義観とコミンテルンの朝鮮観

ところが八つの解放区をもち、それを次第に拡大していくことが目指されていた段階の三四、五年に至って非常に重大な事態が運動の内部に生じてきてしまった。その一つは、婉曲には北朝鮮の『朝鮮近代革命運動史』等にも書いてあるんですが、「中央」から解放区を解散して、朝鮮国境から離れた地域に結集するようにという指示が出たことなのです。朝鮮人としては当然国境から離れずにいて国内の大衆と接点を持ち、朝鮮革命を目指したいと考える。しかし、当時彼らが属していた中国共産党の全体の運動は彼らに、中国革命の全体の観点から、それを放棄することを求めた。深刻な体験ですが、多くの朝鮮人は国際主義のために、指示に従っていくのです。(3)それよりさらに深刻だったのが「民生団」問題です。この問題をつくり出した張本人はもちろん日本帝国主義だが、同時に社会主義内部の大きな問題をはらんでいた。『金日成伝』という最近の書物には、いろいろな読み方があるでしょうが、この問題については、具体的に犠牲となった朝鮮人コミュニストの名前も挙げながら、今までの文献ではわからなかった深刻な体験を具体的に出している点を注目したいと思います。「民生団」問題とはあとで詳しく触れますが、当時日帝側が「民生団」という朝鮮人団体を運動の内部に送りこんで分裂を策し、それ自体はたいして成功しなかったのだが、それが運動内部に疑心暗鬼を生じ、朝鮮人活動家が朝鮮人であるために「民生団」=スパイと疑われ、査問にかけられたりして、朝鮮人活動家をひどくつらい目に遭わせたという問題でした。この段階まで非常に昂揚していた朝鮮人運動、その忠実な担い手であればあったほど、その内面的なショックは大きかったことでしょう。

国際主義の理念と現実の落差

二〇年代以来の経緯の中で、いわゆるプロレタリア国際主義をいかに実体としていくかということを、最も真剣に考えつめていた。小国であるがゆえに、国際的な条件抜きにして自国の朝鮮革命の課題は展望しえない、だから他国の革命運動を切実に自分たちとかかわってくる課題として受けとめねばならないということを、他の国のプロレタリア以上に最も深刻に考えていた。彼らはコミンテルンの指示に従い、中国共産党に加入し、中国革命を闘うことこそ、自分たちが国際主義に最も忠実であることの試金石だと受けとめて、それに生命をかけてきた。また逆に、そういう問題意識に立てることこそ、従来の民族主義をのりこえさせるマルクス主義のすぐれた点だと考えることが、彼らの大きな原動力だったと思います。

ところが「プロレタリアートには国境はない」という理念と現実との格差を彼らは思いもかけない形で体験したのでした。実際、当時の在満朝鮮人は、プロレタリア国際主義の実践について最も高い思想性、進んだ意識を獲得していたといえると私は思うのです。ところが、全体として、外側からの、特に上部（コミンテルン）の朝鮮人運動の評価はそうではなかった。むしろひどく遅れているもののようにみなしていた。「民生団」問題も、大きくそうしたコミンテルンの認識の誤りの中でのことだと思います。近代工業はそれほど展開してはいないから、農民が闘争の主力であった。農民といっても植民地的な状況の下での農民たちであって、いわゆる先進資本主義国の農民一般と同一視されるような生活状態ではなく、帝国主義の支配のしわよせを最も集中的に押し付けられ、土地を失い地主制の重圧が帝国主義の支配そのものに加わった形でふりかかってきているそういう農民たちですから、彼らが中心となって運動が展開されることは必然でしょう。彼らは帝国主義世界における植民地農民なのです。同じ状況の中国の農民について「資本のための隷農」という概念が生まれたのも、この必然性を説き明すためだと思います。ところがコミンテルンの側には、遅れた植民地、遅れた農民で、工業プロレタリアの成熟がないから、そこでの運動も遅れたプチブル的要素の濃厚で、外側からの指導を要するというような「理論」を機械的に適用した固定観念が終始あったようです。

この発想と、よく知られているように戦略的に、日本と中国が極東問題の要であるというような判断がコミンテルンに常にあったことは決して無関係ではないでしょう。その中で朝鮮の問題は付随的に解決されるのだからそう問題としては重要でないという感じさえあったのではないかと思われます。逆にそういう観点から、コミンテルンは、遅れた朝鮮の運動に対してはかなり高飛車な指導を平気でしたわけです。深刻なことは朝鮮人の側にもこの外側の自分自身についての誤ったイメージが国際主義への信頼を通して浸透してしまったことです。コミンテルンの判断・指示は絶対的に正しい、いかに忠実に自分たちがこれに従いうるかによって自分たちの国際主義が試される、というような「教条主義」の発想が朝鮮人の中に自ずから生じてしまう、そういう関係がコミンテルンと朝鮮の運動との間につくり出されていたのです。ですから、コミンテルンが新しい路線を決定すれば、それが朝鮮の国内に届くには弾圧の関係で、随分時間がかかったわけですが、苦労して伝えられたその新しい国際的路線というものは、その時々の朝鮮の運動に決定的な影響を与えてきたというのは事実です。新幹会ができ、あるいは解体された直接のきっかけもそれでした。ただし、もちろん、外から入ってきた方針の全てが状況に見合わなかったとはいえず、たまたまぴったりである場合もなかったわけではない。それにどっちみち抽象的な方針をいかに創造的に適用するかはあくまで朝鮮人の主体的な判断にかかっており、実際一見「教条主義」のようにみえても結局は独創的に解決されていっているのです。しかし、とにかく表面にせよ、コミンテルンの影響が大きくあったことは否定できない。つまり、当時の朝鮮人活動家の問題意識からいうと、国際主義とはコミンテルンの指示に従うことにほかならないという言い方さえ、あながち実感とかけはなれたものではなかった。より正確にいえば、コミンテルンは朝鮮のマルクス主義者にとって、絶大な権威のよりどころ（その点は日本もほぼ同じですが）であり、その信頼感は全く疑われていなかったのです。「コミンテルンの指示するところを忠実に実行することによって、自分たちは国際主義を貫いていける、そしてそれは同時に朝鮮革命のためでもある」と心から信じていたのは、当時としては当然ともいえましょう。

コミンテルンによる朝鮮共産党解散の指令

ところが、そういう朝鮮のマルクス主義者、国内外それぞれの場で活動していた人びとにとって、全くショッキングな事柄が、連続的にこの時期に起っていくのです。

その第一が少し話が前後することになりますが先程ちょっとふれた一九二八年、俗に朝鮮共産党が解散を指示されたといわれること、より正確には支部としての承認をコミンテルンからとり消されたことです。それはあまり他に例すらないことであり、当然非常なショックだった。その段階の朝鮮国内の党組織は弾圧でかなり壊滅的な打撃を受けていた事情があります。また党内外に相当の分派闘争があったことも事実です。しかし、それらは克服すべきではあっても、だからといっていったん党を解散させた方がよいという結論に飛躍すべき絶対条件とはいえないでしょう。国内組織が打撃をうけたといってもそれと密接な連携をもちながら、例えば間島の朝鮮共産党満州総局はなお健在だったのです。また在日朝鮮人の日本総局もあった。それらを基盤にしての再組織は、十分考えられたはずなのにコミンテルンはいとも簡単に解散を命じてしまうのです。しかも命ぜられたことへの疑問を朝鮮人はストレートに発しえない。これを恥辱と内に受けとめ、みずからを責め、そのゆえにいっそうコミンテルンの信頼を回復しようと必死であったのです。なお、コミンテルン側の文書によると、この決定に当って、分派闘争が激しいことが理由づけの中でかなりの比重を占めている。

朝鮮共産党内のセクト闘争は当時確かにあった。コミンテルンの側でも、どのセクトが一番中心的なものとして考えていいのか迷う場面などもないわけではなかった。そこで一般的に解散問題を論ずる場合、必ずそのことのみを理由として説明している。官憲側資料がそうで「朝鮮人は伝統的に派閥争いが好きだ」などという。そういうセクト問題だけでは説明はつかないことをここで強調しておく必要があると思います。もしセクト問題だけが理由であったら、解散指示のあとコミンテルンの側にも朝鮮の大衆運動全体を掌握しうるような組織をつくり出そうとする問題意識がなければならないはずだ。それが、非常に希薄なのです。セクト闘争は確かにあったがそれだけではない、さらにいえばそれが主なる理由であるとは考えられないといいたいのです。つまり、分派闘争が激しかったのは事実だが、だからといって決定がそのために正しかったということにならない。コミンテルンとしては、分派闘争が一段落したら、そう遠くない時期に承認を復活するのが当初のつもりだったかもしれない。しかし現実にはそうしてはいず、四五年まで「朝鮮支部」はついに復活していない。

その間、しかし朝鮮内では、大小十指に余る党再建の試みが弾圧されても弾圧されても、後を絶たずに続けられた。朝鮮人マルキストたちは汚名の返上に必死であった。また特に三〇年代前半の、赤色労・農組合運動の時期は、党が最も必要な時期であった。地域単位の運動が散発的に行なわれたことへのマイナスは現実に大きくあった。だから彼らの試みの全てが、単なる分派的意図であったとは到底いえない。それなのにコミンテルンが、終始これらの試みに冷然としていたことは、先に触れた朝鮮問題軽視の固定観念によるものとしか説明できない事実である。

一国一党の原則

なお、このことに付随しては、ある意味ではもっと大きな問題があります。それは承認取消が国内に伝えられた際、どこか途中で間違った理由づけのもとに伝えられたこと、つまり「コミンテルンが一国一党の原則によって朝鮮共産党に解散を命じた」という風に伝えられたことです。事実を確かめてみますと、コミンテルンの方もまさかそういう決定まではしていないようなんですけど、とにかく、四五年まで国内のコミュニストはそれを事実として信じていた人が多いくらいです。彼らは誤って一生懸命考えた。「一国一党」とはどういうことなのか？　日本帝国主義の支配下の朝鮮は、日本のうちだから日本共産党に入れば良いとでもいうのだろうか？　要するにプロレタリアートに国境はないのだから、民族問題などの問題ではないと考えるべきなのだろうか？　つまり朝鮮民族の固有の独立という課題を追求していくことに対する否定じゃないだろうか？　などと。それは想像するだに深刻な悩みだったろうと思います。もっとも、コミンテルンにそういう意図はなかった。植民地民族の党は本国の党と一緒になれというような一般方針があったわけではない。その証拠にその後日本共産党が朝鮮に組織をおくことを試みている形跡はありません。そこには単純な間違いがあったのです。ただそういう誤解が生じたのは決して全くいわれのないことではない。当時のコミンテルンには、各国の党は支部にすぎないのだから、個人がどこの党に所属するかは問題でない、何人でも現に住んでいる国の党に入って活動すればいいのだという発想は確かにあったのです。

現に、国外にいた朝鮮人に対してはコミンテルンは、「一国一党の原則」によって現住国党に加入して闘うように、これははっきり指示しているわけです（このことが、誤報の原因と思われます）[4]。一八年以降、「中国東北にいた人たちは中国共産党に入り、また日本にいる朝鮮人は日本共産党に加入してそれぞれ現住国のために闘って国際主義を貫くこと、それが朝鮮人の任務である、朝鮮国内の活動家は別として、在外活動家は、現住国の党に加入せよ」という強力な上からの指示があったことはまちがいない事実です。ただ、この一見「国際主義」的に見える指示も、実は朝鮮革命のおかれていた特殊条件を全く軽視しているといわなければなりません。国内で展開すべき運動が、国内では不可能だから、しかたなく国境を越えた彼らは、あくまで朝鮮革命のために闘いたいと思って国外に出たのです。ごく小人数がたまたま外国に住んでいたという場合だったら、このような指示は何も決定的な問題にはならなかったでしょう。在満朝鮮人運動、あるいは在日朝鮮人運動が、国内の運動に対してもつ比重は、帝国主義弾圧が朝鮮本土に対してあまりにも厳しいこととの関係上、一般論では処理できない比重を実際にもっていた。いわば、国内の大衆運動が展開していくための根拠地として国境地帯の運動がある、そういう位置付けだったともいえましょう。そういう意図でいた人びとのところへ、中国革命のために中国共産党中央の指示に従って闘え、日本共産党中央の指示に従って日本革命を闘え、という方針が持ち込まれたことになるわけです。

朝鮮人にとってコミンテルンの指示は、依然として絶対であるとはいえ、やはりこの指示には違和感が伴わないわけにはいかなかった。だから二八年以降一、二年の間、これを受け容れるか否かが内部で激しく議論されたすえ、結局帝国主義戦争前夜の一九三〇年に至って、中国でも日本でも相前後して指導的な人を先頭に多くの活動家が現住国の党に加入していきます。それは当然、朝鮮革命固有の課題を追求することは、少なくとも当面直接にはできないということだ。在満朝鮮人にも在日朝鮮人にも、朝鮮人独自の問題、特に民族差別の問題があったのだけれど、そういう大衆的な要求を直接には満たしていく活動には主力をさけない組織形態にならざるをえない。それでよいのかという真面目な疑問は当然大いにあって、このことに納得できないまま入党にふみきれず、結局、これをきっかけに活動を離れてしまう人も決して少なくなかった。例えば在日朝鮮人労働総同盟が、かつて組織していた人数と、これ以後日本の全協に加入していった朝鮮人の数とを比べてみると、やはり後者の方が全然少ない。労働組合の大衆レベルでは特に、この「国際主義」への違和感はよりストレートに表われたといえましょう。

在満朝鮮人活動家の苦闘

三〇年代前半の運動は、確かに帝国主義戦争を阻止するために、非常に戦闘的に闘うことが要求されていた。状況の緊迫感は、現実に大衆のものとなって最も尖鋭な形で運動は展開された。しかし、朝鮮人にとって最も重要な場所としてあった中国の東北では、朝鮮革命のためということではなくして、それが中国革命の体系の中に位置づけられたのです。これは常識に属することですけれども、例えば金日成にしても、一九三二年に入党したのは、中国共産党へであって朝鮮共産党ではない。つまり特に東北で活動していた人びとは、もろに外国の党に参加してそういう形で闘うしかないという、まさにそれ自体最も国際的な経験をせざるをえなかったのです。そのことの思想的困難さを考えれば、実に多くの朝鮮人コミュニストがそのように闘う方向を選んでいることに驚くべきでしょう。彼らの心情はどうだったのか？　大部分の活動家はその時に、迷いつつもとにかくコミンテルンの指示に従った。「労働者に国境はないという理念のために、われわれは闘っているのだ。そうである以上、どこで闘うとしても究極的にはそれが自分たちの解放につながるのだ。外国の党であるから熱心に闘えないという泣言などはいわずに、むしろ少数民族であるがゆえに国際連帯の行動を最も忠実に果しうることを示し、まさにそういう朝鮮人の長所を充分に発揮しなければ」。そういう心情からむしろ最も先頭に立って活動に入っていった。「間島五・三〇」にはそういう心情が極めてよく表われていると思います。また、少し前のことになるが『アリランの歌』なんかに書かれている広東コミューンに参加した朝鮮人活動家の多くのエピソードも、そういう心情をよく示しています。間島五・三〇は、李立三《リリーサン》路線を最も忠実に実践し、尖鋭に帝国主義と闘う運動を全力を尽して盛り上げようと掛け値なしに動いたのが、間島の朝鮮人共産主義者だった。このように自らの主体性を、コミンテルン指導下、国際主義にとにかくかけていくということが、加入した活動家たちの共通の問題意識であったし、その周辺にいた在満朝鮮人農民たちも直接間接にそういった雰囲気を身につけたし、また、自分たちのおかれている状況の中で中国人農民と連帯して闘う気持をもって、活動家たちを支持していったわけです。

5　民生団と朝中国際連帯の試練

そこまでとにかくそういう形で進んできた朝鮮人の運動に、最もダメージを与えたのが、先程ちょっとふれた「民生団」問題でしょう。それについてもう一度詳しく述べたいと思います。日本帝国主義は、朝・中の国際連帯にくさびを打ち込み、民族分断をもたらそうとしてかなり意識的に動いたことに加えて、運動の側が必ずしも正しく対応しきれなかったということのために、朝鮮人の「国際主義」への信頼感がここで大きく大衆的に崩れてしまったという容易ならぬ歴史的経験がここにあるわけです。この問題は、理論的にも大変に重要な問題であり、日本帝国主義史という点ではなおさらだと思うんですが、わりあい知られていない。事実については文献10ではかなり具体的にあとづけておりますので省略します。

日本は、「満州国」をこさえて、東北を掌握し、さらに中国本土へ侵略を向けていこうとするに当って、中・朝人民からなる東北の抗日勢力をいかにして潰していき、後顧の憂いをなくするかということに集中していた。まさにその時期に、解放区も設定されており、朝鮮人農民の闘争は最高潮でしたから、日本帝国主義は、これをつぶすためにあらゆる汚い手を使った。

民族分断の歴史的縮図たる「満州国」

その一つとして、文献10（文末）に細かく書いておきましたが、今日のベトナム戦略村の元祖であるといっていいような、「集団部落」をこさえたことがあります。朝鮮人農民は広い地域に自然に散在していた。そしてパルチザンと農民の関係はまさに魚と水の関係だった。そういう農民たちを日本軍は強制的に一個小隊位が常駐する城壁の中、つまり「集団部落」に囲い込んでしまって、外へ耕作に出る時も監視付きでなければ出られないようにしたのです。「集団部落」をこさえる時には、まず「一定期間内にその集団部落に入らない人間が、その指定された地域にいたならば、有無をいわさず、敵とみなす。なんであれ、うっかり知らないでいたとしても、容赦なく確かめる前に敵として射殺する」という布告を出すのです。朝鮮人農民は、やむなく集団部落の中に入る。このようにして、パルチザンの活動に絶対必要な後方補給のルートを断ち切ってしまおうとしたのです。もちろんこの集団部落にしてからが必ずしも日本軍の意図通りに機能したとは限りません。集団部落の中でまた、運動というか、反乱がおこって、一時的には日常の武器を自分たちのものにしてしまうというようなことすら、大きくは発展しなかったけれども、あったくらいです。集団部落に入った農民たちが、精神的にまで日本帝国主義に捕えられてしまったわけでは決してない。しかし、このような「物理的隔離」がパルチザンに対して一定の物理的打撃を与えたことは否定できません。

しかし、もっと重要なことは、朝鮮人に対して日本帝国主義が単に物理的に圧迫しただけでなく、その主体性まで利用すべく系統的な追求をしていることです。とりわけ朝鮮人ブルジョアジーに対して「満州国」への従属的進出を五族協和の名のもとにあおりたてています。「五族協和といっても実際は日本人が一番上であり、その次は日本に一番早く従った朝鮮人である。その下に中国人あるいは蒙古人がくるのだ」という階層秩序を設け、配給の量なんかにも細かく差をつけるようなことを実行しています。そういう言葉で、朝鮮人のエネルギーを逆に侵略の側にとりこもうとしたのです。恐慌下の当時、朝鮮本土では、朝鮮人インテリにはつくべき職はなく、朝鮮人ブルジョアジーも成長の頭を完全に抑えられているという「出口なし」の状況でした。そこで、日本自体がつくり出したこの朝鮮人の抑圧されたエネルギーを日帝は再度利用するために、「満州国はまだまだ広い。広大な領域があり、官僚機構やなんか人材が不足している。だから本国ではうだつのあがらない朝鮮人も満州でなら自由にふるまえるようにしよう。下級官僚機構の中に登用し、満州国軍にも朝鮮人を登用しよう」と大キャンペーンを「満州事変」のころからはっています。実際、「満州事変」の発端の一つにされる万宝山事件についてはご存知かと思いますが、朝鮮人農民がもっとも残酷に利用された一例です。日帝に追われて満州に来た農民がそこでまた再び中国人農民をおしのけて日本が侵入していくための尖兵の位置付けを与えられてしまった。無意識のうちにそうされてしまった。主観的には中国人と対決する意図は全くないのに、中国人農民の目から見ると、日帝が自分たちの土地を裂きとって、そこに朝鮮人農民を入りこませていると受け取らざるをえない状況を農民たちの知らぬまにつくり出してしまう。また日帝に反対する闘争を継続しようとする民族主義者でさえ、そういうものとして利用されている。彼らが日本国籍の下にある以上、日本国籍をもつ朝鮮人を取締まるのは日本の領事館の当然の義務だという論理を、中国の内部に軍隊を侵入させる口実に使っている。(5)「五族協和の満州国」は、このように、民族分断政策の最も深刻な歴史的縮図であり、この問題は実証的なレベルでも、もっときちんと暴露しなければいけない。そういうテーマだと思います。

この宣伝が、朝鮮のブルジョアジーやインテリの一部をたくみにとりこんでしまった。例えば今日、韓国の大統領である朴正煕がその典型です。朴正煕は「満州国」士官学校から日本の陸士まで出て、「満州国」の軍隊の中にいて朝鮮人パルチザンや民族主義者と敵対していたのですが、その演説などをよむと、日本帝国主義がさまざまな形で注入したイデオロギーが今日に至るまでもちこされているという、まさにそんな感じの人物です。つまり、当時の日本帝国主義の教育が、今日の南朝鮮人民にまで間接的な被害を与えているということになります。

民生団による大謀略

それはさておき、そういう投降した朝鮮人ブルジョアジーを使って民生団はつくられたのでした。民生団は、そういう間島地方の朝鮮人が集中して住んでいる所で活動し、「日本帝国主義の支配・指導に服するならば、それを条件として朝鮮人には一定の特権的な地位を与えられるであろう。例えば、延辺自治政府といったようなものを朝鮮人を中心として構成することも可能だろう。そのために朝鮮人の内部から運動していこうじゃないか」というキャンペーンを従来パルチザン運動の激しかったようなところに集中して行った。もちろん日帝側の指示に従ってのことです。つまり明らかに朝鮮人の運動を中国人の運動から切り離すことを狙った意識的な謀略団体です。資金も豊富なものだから民生団の活動はくり返ししつこく展開されています。ただパルチザンは民生団活動そのものによってはそう大きな打撃は受けていません。上層の農民たちには宣伝に欺された人もなかったわけではないが、下層の貧農小作農は、そう大きくはゆらいでいない。

そこで民生団は朝鮮人団員を解放区の中に潜り込ませたり、あるいは謀略文書を流したり、むしろかく乱工作に重点をおいたらしい。もちろん、日本の諜報機関のさしがねでしょうが、日本人はとても入っていけないから朝鮮人を危険を承知で送り込んだわけです。ところが、度重なる討伐やら「集団部落」の包囲で解放区の内部もかなり追いつめられた気持になっていた時なので、こういう「民生団」の影が実際以上に大きく映ってしまい、日帝側のこの意図はかなり図に当ってしまったのです。スパイ・民生団員への疑心暗鬼から朝鮮人活動家が、朝鮮人であるという理由だけで査問される。党機関が冷静な判断力を失ってしまった時期が三四年から五年にかけて約一年間続きます。朝鮮人活動家にとっては本当に厳しい時期だったと思います。敵に激しく攻められたような場合はこちらもやり返せばいいわけだが、信頼していた同志から覚えのない疑いをかけられるほどつらいことはないでしょう。査問によってごく一部は本当のスパイが摘発されたが、それよりもずっと多かったのが、忠実な朝鮮人活動家に全く身に覚えのない烙印を押し、耐えかねて、白色区へ逃げ出さねばならないようにまで追いこんだ例です。間島地方では朝鮮人の住民が大部分で、朝鮮人を中心とする部隊が編成され、中国共産党の機関も自ずから朝鮮人が占めていたのだが、「朝鮮人は信頼できないし、民族主義にかたよるおそれがあるから」という理由で、そういう地域でも党、軍の幹部は中国人でなければならないとされたことさえ、ごく一時ですけどあったようです。これは中国共産党の全体の革命運動史の中ではごく一時的な現象でしょうが、現在中国で進んでいる三〇年代の歴史の検討の中で、具体的な責任なども明らかにされると思います。とにかく、「少数民族幹部否定」ということばさえ生まれる状況は、とりわけほとんど完全に朝鮮人が担ってきた従来の先進地域間島の運動の内部に非常な消耗を生んだことは否めない。三〇年代前半まであれほど活発だった間島地方の大衆運動が、これ以後他の東北諸地域とは対照的にすっかり沈静してしまうのです(6)。

固有の民族的要求の閉塞化

もう一つ言わねばならないことがあります。東北のそれは、朝鮮人農民には、固有の生活問題が一貫してあったことです。それは、「満州国」以前に非常にはっきりしていたのですが、土地所有権が朝鮮人には認められていなかった関係もあって、おおまかにいうと中国人地主と朝鮮人小作人という階級関係が民族関係に重なる形で存在した。もちろん朝鮮人の中にも、帰化して地主になったり、あるいは中国人地主の下で権勢をもったものもあるにはあったけれども、それはごくわずかでした。五・三〇段階の朝鮮人運動が激しく盛り上ったのは一つには、そういう農民の土地への要求が、正面にかかげられていたためもありましょう。三〇年代後半になって地主との統一戦線もありうるような路線になると、朝鮮人にはかえって違和感もあったかと思います。そこに日帝がつけこんで、朝鮮人農民の味方であるようなふりをして、「満州国」侵略をしていったわけなのです。農民大衆にとって、全体の反帝の課題に異存はないが、その中で固有の民族的要求が同時に解決されてほしかった。長年の満州での辛い体験の中から生まれてきたさまざまな民族差別、あるいは経済的な小作農としての地位の問題。それらはプチブル民族主義ということばで切り捨てることはできない問題だったと思います。

一方、活動家のレベルではさらに、やはり朝鮮人は、朝鮮革命の固有の課題のために国内の大衆と接近できる活動形態を維持するべきじゃないか、という疑問が当然あったと思います。そういった疑問をも、三四、五年の一時期には小ブル民族主義とさえ極論して否定していったのでした。そのことがむしろ物理的弾圧よりも大きく、今まで信じてきた「国際主義」に対する内面からの疑いをきざさせたのではないでしょうか？　そのことが零下何十度にもなる冬を過ごす白頭山の麓でのパルチザン活動を続けていく彼らの気持の支えを動揺に直面させたでしょう。活動家レベルよりも大衆的には振幅はもっと大きかったでしょう。そういう運動の側のスキを、最も悪らつな日本帝国主義が最大限に利用したのです。実際三〇年代後半、状況が一層深刻になっていながら、運動の大衆化の規模が、どうしても前半の段階を越えられない状態が現れます。朝鮮人の国際的な共産主義運動への素朴な共感が、全体からいえば些細ともみえる事柄の中で崩されてゆき、あとあとまで影響をひいたことを、歴史の教訓として学ばねばならないと思うのです。

三　在日朝鮮人運動と日本人民の堕落

ところで、今まで朝鮮の運動の中で占めた比重がより大きかったために、もっぱら中国東北での状況を話してきたのですが、私たちがもっと重視しなければならないことは、むしろ同じような形が他ならぬ日本の三〇年代にあったことです。在日朝鮮人運動について、鈴木秀子さんが、初歩的ではあるけれども極めて率直に日本人の持つべき問題意識を出した論文を文献11にあげておきましたのでぜひ参照して下さい。

そこにも触れられているように、遠い満州ではなくて、他ならぬ日本に同じ問題があることを私たちは、満州のこと以上に知らないできた。おそらくやはりコミンテルンの指示によるのでしょうが、在日朝鮮人運動でも、従来の独自の組織を日本共産党の中に解消していく転換が、間島より一年遅れて一九三一年に、なされているのです。当時その転換を指導した金斗鎔《キムドゥヨン》の論文は、市販の資料でも収録しているものがあるので、ぜひ読んで意味を考えてみてほしいと思います。この転換の可否についても、在日朝鮮人活動家の内部で数年にわたって激論がたたかわされたようです。そして活動家の幾人かはこの時やはり運動から身をひいたりしています。また、路線転換には従った部分の中にも、例えば金天海《キムチョネ》のように非転向のままがんばって、敗戦直後、日本共産党の中央委員になった人もいるわけですが、一方、朝鮮人独自の民族差別にかかわるような闘争に充分取り組めない違和感を持ちながら活動を続けた人たちがむしろ多い。もちろんそれなりの国際主義意識は、この状況を迎えた日本人側にも全然なかったわけじゃないでしょうが、国際主義という言葉は通じても心が通じない、はなはだしくは運動の中に民族差別意識がもちこまれる、朝鮮人の独自の問題を提起するとプチブル民族主義路線と批判されるという、そういうことが実際にあった。当時そういう経験をくぐり抜けた在日朝鮮人活動家の心の中に刻みこまれているそうしたことがらは、聞き書きなどの形でごく少ないですが文字にされてもいます。例えば、関西地域での在日朝鮮人の運動を扱った岩村登志夫さんの一連の論文（『日本史研究』『歴史評論』など）には、聞き書きなども含めて、具体的なあとづけがあります。われわれはこれからこの点はもっと掘りさげて調べなければならないと思います。

1　全協と反帝同盟における朝鮮人の闘い

しかし間島の場合と同じような気持から、日本でも、従来朝鮮共産党日本総局によっていた主な在日朝鮮人活動家は、金斗鎔論文を認めて日本共産党に入っていき、大衆団体レベルでも合体が進みます。例えば在日本朝鮮労働総同盟翼下の朝鮮人労働者は、「全協」に入っていった。当時の「全協」というと、プロフィンテルンの方針に従い、総同盟〔日本労働総同盟〕と対立して、戦闘的な方針を貫徹していった日本組合というイメージが、われわれの頭の中に浮かびます。ところが、実はこの全協という組織を仔細に見ると、指導部は日本人だが、実際のその大衆的基礎は、日本人ではなくて在日朝鮮人に支えられてはじめて成り立っていたといっていいくらいなのです。当時指導部だけで大衆動員力のない組合が多い中で、全協の方針に従って大衆行動が組めたのは、大阪地域の化学労組など、従来の在日本朝鮮労働総同盟に属していた人びとが全協に加入してできたものがほとんど唯一であったといわれています。上の方の指導部には日本人がいたわけだが、日本人労働者大衆が、そうした指導部を支持している形がない。総同盟は、一定の日本人労働者をつかんでいる。そしてこの欠落を、在日朝鮮人労働者がまさに担っていたわけなのです。

同じように朝鮮人によって実質的に支えられていた大衆団体としては、反帝同盟があげられます。「満州事変」以後、日本で組織されたもので、これは朝鮮にも組織を拡げようとしているのですが、この組織もほとんど在日朝鮮人活動家によって担われていたのです。谷川巌さんの回想記などに具体的にはそのことが触れられています。ところが、日本の労働運動史家が描く反帝同盟はあたかも完全に日本人の組織であるというイメージを与えます。実際は、日本の大衆が全協、反帝同盟の運動を支えることができなかった分だけ、在日朝鮮人大衆がそれを担ってきたというのが事実であり、たとえ主観的な利用主義がなくても少なくとも結果的にはなっていたことをわれわれは直視しなければならないと思います。朝鮮人に幻滅を与えたのは、日本人の国際主義からの分離であり、われわれにとってのマイナスの歴史的遺産として、そのことはひきつがれているのです。

在日朝鮮人が日本共産党に合流する時点までどういう運動をやっていたかをもう少しくわしくお話しします。在日本朝鮮労働総同盟があり、新幹会の日本支部など大衆団体があり、それらと不即不離の関係で朝鮮共産党日本総局があったわけです。そのもとでは借家人組合等、日本の貸間もみつからないという状況の中で朝鮮人同士で生活を扶け合っていくためにぜひ必要な活動が展開されていた。労働組合についていえば職場での差別賃金体制との日常的闘いがあったわけです。そもそも在日朝鮮人労働運動の出発点となったのは、一九二三年〔正しくは一九二二年〕の信濃川水電事件ですが、これは山奥の現場で朝鮮人労働者が私刑を受けて殺され、しかも川に流されたことが明らかになって、これの真相究明・糾弾闘争ということからはじまっているのです。そういう個別の朝鮮人労働者に対する迫害の問題を取り上げていく運動体として組合はあったわけです。ところが全協の中では、全協全体としての直接的な政治的な課題の追求が中心なので、今までのような多様な活動は組織的には取り組めないことになってしまった。そういうことから、生活協同組合をやっていた人などは全協の運動にはいかないで個人に還元し、また体制側に近づいたりしてしまうことがあったわけです。ただ反帝同盟という組織だけは、それ自体植民地問題を取り上げる目的のものでしたから、ともかく朝鮮の問題を取り上げることができるというので、朝鮮人活動家の中でとりわけ反帝同盟に活動の場を移していった人は多かったわけです。そういう形でしか組織的に朝鮮民族としての固有の権利を追求することはできなかった。

なお、在日朝鮮人運動が「一国一党」の原則によって、日本共産党の指導下にあった時期は、ご存知のようにこの三一年にはじまって敗戦後にまで続き、五〇年代半ば、いまの在日本朝鮮人総連合会ができて「朝鮮民主主義人民共和国公民」と自己規定するときまで続くのです。とりわけ、戦後在日朝鮮人運動は、いっそうわれわれに身近な問題なのですが、それを説明することがただちに日本人の責任を問うことになるがゆえに、とりわけ正面から取り組むことが避けられ、タブーみたいに扱われてきた。玉城《たまき》素《もとい》氏の『民族的責任の思想』の一章は、あえてこのタブーを破って、はじめて正面から論じており、読まれている方も多いと思いますが、それはとにかく、在日本朝鮮人総連合会が生まれてまだ二〇年もたっていないということは、その「総連」の中心をなす人たち、あるいはそれを地方で支えている人たちは、少なくとも戦後の日本人の下での運動にこりた体験を骨身にしみてもっているということなのです。この「総連」への路線転換の時に、また国際主義を単に清算することに反対して運動から離れていった人もいるが「総連」に加わっている人の多くはそういう経験を否定して、今日いるわけです。だからわれわれが「国際主義」を言葉としてだけ語る時に、そういう人びとの耳には、やはり自分たちの一九五〇年代前半のひきまわされた経験が頭に浮かぶのは自然なことでしょう。そういうことがあるんだということを重く心にとめておかなければならないと思います。

2　日本プロレタリア運動の根本的反省にむけて

ここでちょっと、今の日本人の問題とかかわらせて、日本の運動史をみる場合の注意すべき点についてふれておきたいと思います。それは、前回もちょっとふれたかと思いますが、特に日本の運動の側の「連帯の伝統」を日本人はいつも余りに甘く、手前勝手に評価してきたのではないかということです。前回は大井憲太郎の例をひいてそのことを批判しましたが、実は同じことは、もっと近い時期についてより厳しく批判されなければならないと思うのです。

レジメでも若干ふれておきましたが、特に社会主義運動の段階について、何か日本の運動が先進的で、朝鮮に大きな影響を与えているように思いこみ、そのことを妙に強調するような研究のスタイルが、研究者の暗黙の常識のようになっている。これはとんでもないまちがい、ないし表面的理解だということをぜひ言っておきたい。例えば、米騒動と朝鮮の三・一運動との関係に触れて、何人もの立場の違う人が異口同音に米騒動の先進的な影響が、朝鮮の運動に非常に大きな影響を与えたと論じています。これは、われわれには耳ざわりのいい話ですが、それだけ危険が大きいということではないでしょうか。事実の証明もうすいまま、極端には、日本人の「民族的誇り」を回復するために、強調されたりする場合があるのです。そういうことによって、われわれが朝鮮の運動から学ぶべきことがらをこぼれ落としてしまってはならない。

さらに別の例を挙げれば、先程の新幹会結成に至る経緯の問題があります。二〇年代半ばの日本には、福本和夫の方向転換論、それからそれに先立ってちょっとニュアンスが違うが山川均《ひとし》の方向転換論があって、運動史上かなり大きな問題を投げかけていた。その影響によって朝鮮でも「方向転換」がとなえられ、新幹会が生まれたと説明してしまう。これもやはり日本本位主義だと思います。この場合、言葉の上では、また表面的には福本や山川の「方向転換」という言葉がたしかに朝鮮にもちこまれていた。福本の政治主義とはある意味では見合って、朝鮮の運動の中でも、「個別経済闘争から政治運動の領域へ進出せねばならぬ」ということが言われている。よく考えてみますとしかし、福本・山川の方向転換論と新幹会の方向転換論とは具体的な運動の展開の内容において全然違う。しかも、その違いがわれわれにとって大事なものなのです。たしかに日本の言葉が発想のきっかけにはなってはいるが、言葉は朝鮮の運動の内的発展を単に媒介にしただけなのだということを見失うと、本質を見失い独善主義におちいってしまうと思うのです。

圧倒的少数の体験のなかから

そのように考えていくと、むしろ逆に日本の運動と朝鮮の運動が密接なわりには日本からプラスの影響を与えているような例が、ほとんどないことが気になってきます。例えば、今日の北朝鮮につらなる金日成の三〇年代後半の運動にしろ、あるいは解放直後の南朝鮮での運動を支えた朴憲永《パクホニョン》にしろ、具体的に朝鮮の運動の中に大きく生かされてきたものはいずれも、どうも日本の運動とは全く関連のない所で育っているものばかりだということに気がつくのです。日本の影響がマイナスを及ぼしてしまった例は先程の例のようにあるのですが。日本ではなく、中国あるいはシベリアあたりに、朝鮮の運動に大きな影響を与えるものは出てきている。日本の運動は、在日朝鮮人の存在を通して朝鮮の運動と密接に関連しているべきでありながら、終始ストレートにはつながっていなかったのではないかという気がします。そのことはいったい何を意味するのか、日本自体の問題点を象徴しているのではないか、そういう風に考えなおしてみなければならないと思うのです。

そのことと関連して日本のなかで朝鮮人民との連帯をともかく志向した人びと、それは圧倒的に少数であったことを確認しながらも、その具体的なありようと限界とを個々に綿密に検討することも、むしろ必要だと私は最近考えています。表面的な日本と朝鮮の運動のかかわりは、幸徳秋水の時代から決して少なくはない。そういう中で、日本の側で連帯の行動をともかく、意識的に追求した人が果たしてどの位いるのだろうか、またどこまでやりきれたのか？　もし一人でもやりぬいた人がいるとすればその独立した行動がどのようにして可能であったかということをわれわれは一生懸命学んでいかなければならないでしょう。その意味でこれも重要な研究課題です。とにかく、まず感じることは、総体として帝国主義イデオロギーの壁がいかに厚いかということです。連帯を考えた人間がいなかったわけではないけれども、それを貫くにはそういう壁、無言の批判をつきぬけねばならなかった。無名の個人が、必ずしも全体としての朝鮮人の運動を理解して、という形ではなく、時には人情論的・道徳主義的な観点からそういう接触をもった少数の例をわれわれは知っています。少し意識的な活動をした人が、特に三〇年前後の赤色労・農組運動の非常に国際主義が強調された段階には、若干知られています。その個人の活動を内面的にまでさぐることは、みんな無名の人であるだけ、資料的にはむずかしいことですが、何とかして、その試行錯誤のあとをきちんと検討しておくことが必要だと思うのです。そういう掘りおこしはあまり進んでいないのですが、マイナス面、限界まで含めて上甲米太郎さんの体験の記録に残されてあります。上甲さんは、今でも東京に労働者としておられますが、朝鮮人と一緒に教育労働組合を作ろうとして、治安維持法に問われた方で、その記録を参考文献の最後にあげておきました。その記録をみても、彼が当時日本人から親兄弟からいかに気狂い《ママ》扱いまで受けたかが読みとれるのですが、それをつきぬけるに上甲さんに必要だったのは、知識や理論よりもむしろ強烈な個性と倫理感だったことが分ります。彼は、はっきりしたマルクス主義者でさえなく、むしろモラリストとして行動しながら、やがて朝鮮人とのふれあいを通してだんだんマルクス主義者になっていっている。

全体として、しかし上甲さんはあくまで例外であって、日本の労働者階級が朝鮮人民との連帯を組織的に追求したことはない。そのことにもう一度立ちもどりたいと思います。その場合、特に一九三〇年代以降の工業化により、朝鮮にかなりの数の日本人労働者が住むようになっていたのだが、彼らはどうしていたのか、朝鮮人労働者と一緒に闘ったのかということが問題となるわけですが、ほとんど闘っていない、むしろ敵対してさえいるというのが残念ながら事実であることを確認しておかねばなりません。なぜかというと、労働者の中に非常にはっきりと民族差別があって日本人労働者はそこに安住していたのです。興南《フンナム》の肥料工場といえばあの水俣工場をもつ新日本窒素〔一九六五年に「チッソ株式会社」に改称〕の前身、朝鮮窒素の経営でしたが、三〇年代軍需工業化の波にのってつくられたその興南の肥料工場には、大勢の日本人労働者が日本から渡っていったのだが、そのほとんどすべてがある程度の常雇い技術工として格付けされ、職制的な位置付けを与えられ、高賃金の上に社宅なんかも与えられて朝鮮人労働者とはまるでちがう特権的生活を保障されていた。そしてその下の単純労働や、あるいは直接の雇用関係ではなく下請けを介した建設労働などの重労働のみが、朝鮮人に開かれていた場だった。雇用形態も全然ちがう、日給制でひどく不安定だった。同じ労働者といいながら、賃金水準を形式的にだけ比べても、一対二以上の開きがありました。これは何も興南肥料工場だけのことではなく普遍的な例でした。そうした特権に安住していた日本人労働者は当然のように体制側に立った。少なくとも組織的に朝鮮人の側に立とうとする試みはまったくなかったのです。例えば、三〇年代前半の緊迫した姿があり、そして、日本国内では一定の運動があった時でも、朝鮮ではごく何人かの個人が朝鮮人の赤労運動にかかわったことしかなかった。それ位ほとんど動けない、というより動かなかったのです。

在日朝鮮人との連帯のために

次に、こうした日本人労働者の排外主義に基づいた、いわれのない民族差別に対する朝鮮人の姿勢について、ごく簡単につけ加えておきます。さかのぼれば、「日韓併合」を黙過した日本人、憲兵政治に加担した日本人、植民者として、また日本において数々の差別行為を犯した日本人に対する累積してきた不信感は関東大震災を通してさらに決定的になっていったと思います。ただ、それにもかかわらず、関東大震災以後といえども、朝鮮人の側から、日本人のいかなる努力も受けつけないというように閉じてしまう姿勢がとられたのではないということをあえていっておきたいと思います。日本社会全体に対して不信感・警戒心を片時も失なわない中でも、朝鮮人は日本人の中からそういう排外主義を克服しようとする動きがあらわれてくることを、たえず希望し続けてきた、いや希望せざるをえなかった。特に、関東大震災の時、同時に虐殺されている社会主義者に対しては、そのことによっても一種の連帯感がもたれていた。そのような朝鮮人との心の交流が成り立たなかったのは、むしろ日本人側が関東大震災の罪の上塗りをするような形で、これを断ち続けてきたことに主な原因があるのです。

日本人労働者にとっては、直接の圧力よりも、帝国主義イデオロギーとそれを支える物質的な壁が、よほどの勇気をもたないと越えがたいものとしてあったんです。そのまさに排外主義を、越えがたかった精神構造を分析しつくし、のりこえることこそ中心的に取り組まねばならない、日本人の課題だと思うのです。

反対側からいうと、日本の天皇制イデオロギーや民族排外主義について、僕があえて権力の側がつくったものという面を強調してきたのは、日本人の太閤以来変らぬ民族性といったようないい方は問題の本質をかえってムードでぼかしてしまうと思うからです。人がつくったものだから、われわれはこれをこわしていくことができるのです。自然現象のような「民族性」ということばは絶望に通じていきかねない。紀元節にしても天皇制にしても明治の、日本の資本主義が発生していく過程で明らかに意図的につくられたものなのです。今のわれわれの実感ではそうは到底思えないくらい血肉化しちゃっているけれども、元をただせば権力の側からつくり出されたものが、われわれが自分の責任において自分の生活をその中に埋没させたことによって、一つの既成事実となったのです。「帝国主義下の臣民は帝国主義権力以上に横暴である」といわれるようなふるまいを自発的にするまでにおちいったのだと確認したいわけです。

四　金日成の抗日パルチザン闘争と八・一五への若干の諸問題

最後に、もとへ戻って、三〇年代半ばの試練をくぐり抜けた後できた三〇年代後半の段階へ移ります。この時期は金日成の指導する抗日パルチザンが、たしかに、国内・国外を通じて朝鮮民族解放闘争全体の最尖端を担っていたといえる時期です。という言い方は、普通の言い方と少しちがっているので、いろいろ疑問を持たれる方があるでしょう。

つまり、普通たしかにもっと前から金日成が指導者だった、三〇年代初めからの抗日パルチザン闘争は、そもそも金日成がつくり出し、はじめから指導性をとっていたものだと説明されている。しかし事実問題として明らかにそうではない。意識的にそう強調されているけれども事実ではない。私は金日成二代目説は逆の側からのうそだと思うのですが、ともかく、「満州事変」の始まった頃の金日成の年齢はわずか一八歳です。そして共産青年同盟の活動を開始したばかりだった。赤色遊撃隊ができた三二年には、中国共産党に入党したばかりだった。いくら何でもその位の活動歴で、赤色遊撃隊全体の指導を担う役割を課されるわけがないことは、誰にだって分ります。とにかく、私は、金日成路線というものがあるとすれば、それは、三四、五年の民生団問題を克服する運動再編過程の中で生まれたものと考えます。

1 コミンテルン七回大会路線の意味するもの

北朝鮮の通史によれば、実際この時期の混乱の収拾に彼が奔走し、それ以後彼のイニシアティブが在満朝鮮人運動の中に貫徹するようになったことが具体的に述べられていて、それは事実だろうと僕は考えています。それと同時に、コミンテルンの側でも六回大会の方針と顕著に違う七回大会の方針——いわゆる反ファシズム統一戦線、アジアでは抗日民族統一戦線の路線に切り換えられ、その下で彼のイニシアティブはかなり確立したのだといえましょう。ご承知のように、抗日のために階級矛盾よりも民族矛盾を重視したことが、この段階の運動の前とは異なる特徴です。その大きな枠の中で、金日成が指導して一九三六年につくり出したのが、祖国光復会という大衆団体です。北朝鮮の通史でも、一時解放区を解散した時期に、金日成らは北満州に遠征に出て、その時、ソ連国境でコミンテルン七回大会の決定内容を受け取り、それに即して祖国光復会の組織というものに着手していったとされています。つまり三〇年代抗日武装闘争期といっても、その前半と後半とは非常に違うんですけど、その後半の方が金日成の指導した時期とみられます。この後半の段階の抗日パルチザンの根拠地は、間島地方の隣りで国境に最も近い長白県にすえられています。つまり、間島地方じゃないということ、これは些細なことのようですけど、注意しておく必要があります。コミンテルン七回大会の全体としての転換はそれ以前のソ連、スターリン、コミンテルンの引き廻しが、各自で容易ならぬ問題になってきたために、それぞれの国の党が独自のやり方でやっていくことをソ連が承認するという形ですましたもの、その延長線上にコミンテルンの解散、さらに、戦後の過程が続き、「自主独立」の盛行する現在の源をなしているとみられています。つまり、非常に権威主義的に展開された「国際主義」のゆきづまりが、総括なしの国際主義の清算という形で処理されてしまったものといえましょう。(7) そういう転機として七回大会があったとすると、朝鮮の金日成の運動もその枠組の中に確かに位置づけられるものだということです。

つまり、この段階では再び朝鮮民族固有の問題を運動が正面から取り上げていくようになります。朝鮮人だけの朝鮮革命のための組織として祖国光復会を独自につくる。というと当り前のようだが、それが今まではなかったわけです。党といわず大衆団体といわず、中国人と一緒の組織しかなかったのです。運動方針は何よりも朝鮮革命の課題にそってたてられ、また場所的にも、朝鮮国内に最も近い地域に根拠地をおく。この時期の朝鮮人パルチザンは、全体的な大枠からいうと、非常にデリケートですけど、最後までコミンテルン、中国共産党の指導下から出てしまったわけではないけれども、実質上はほとんど独自の課題を追求する独自の組織であったといえます。そして、それはコミンテルンの側からも承認されうることであったわけです。

そして実際、三七年ですが、日中戦争の直前の普天堡の戦争は、小部隊ながら朝鮮国内へ部隊を派遣して駐在所を破壊するなど一定の打撃を与えた。これは物理的には日帝にとってさほどの打撃ではないけれども、心理的には「あれほど緻密な弾圧網を張りめぐらしたのにまだ健在だったか」とひどく神経質にさせる効果をもった。それよりも、朝鮮の大衆が、「とうとうパルチザンも駄目にはなってしまったかなあ」と思っていたまさにそういう時に、ひょっこりと、しかも大胆不敵にも国内へ進出してきたというのだから、勇気づけとして大きな意味をもったことは確かだ。国内の人民との結合を制約なしに目指すことができるこの時期の条件が、こういう作戦を可能にしたわけなのです。同時にしかし、この作戦は日中戦争をまさに始めようとしていた日本軍のその背後からの牽制という国際的役割りをも立派に果していたことに注意する必要があります。おそらくそういう狙いも含められていたのじゃないかと思います[8]。いわゆる金日成路線というのは、とにかくこういう三〇年代後半の状況の中で生まれたものとして限定してとらえてみるとよく分るでしょう。なお金日成路線といっても、その段階の理論的文献が残されているわけではなく、それは、図式的な理論というより、活動のスタイル、つまりまさに「金日成精神」という言葉がぴったりくるような、困難な状況の中で大衆に広く目を配りながら行動をまとめあげていく実践のスタイルというべきものとしてしか解釈できない。おそらくその継承が論じられていながら、なかなか継承できないのも、理論とか主義とかいう質のものじゃなくて、体験的な知恵みたいなものだからでしょう。一見およそ無内容というか空疎にみえる「金日成精神」が今日の北朝鮮であれほど強調されるのも、あの段階の、最後まで頑張った大衆のガンバリ精神のようなものに感ずるところがあるからという面が一つはあってのことでしょう。

2　祖国光復会の直面した課題

それはともかくとして、以上の経緯の中から生まれてきた金日成らの祖国光復会の運動は、独立という即自的な大衆意識の方に、理論とか階級問題とかをある意味では抜きにして、運動の方から歩みよっていく意図をもっていたといえましょう。その点、これ以前のたいへん理論的な国際主義の観念を、運動の側から大衆に注入してまとめてきた運動とはスタイルもちがったはずです。民族独立の課題も今までストレートに出すことができなかったのに、今度はそれをうたって農民や小ブル層に対し訴えていくこともできる。つまり、俗にいう入りやすい路線だったはずです。ただちょっと逆の要因として、七回大会以降の民族統一戦線の論理の下で、土地革命の課題が、それ以前に比べて後景に退く点はあった。そのことが大部分小作人である在満朝鮮人農民に今まで闘ってきた地主と手をつなぐことへの一定の違和感を生んだことが想像されるが、それにしても、「独立の課題のため朝鮮人は団結しよう」という言い方が、非常に大衆受けする質を含んでいたことは確かだと思います。

ところがそうであるのに、この段階の運動は、事実としては三〇年代前半に比べて、特に三〇年代前半の運動の中心地だった間島地方などで意外に大衆化しえていないのです。また、祖国光復会が朝鮮国内にも組織を拡げようとしてかなり大胆に工作し、実際、天道教の一地方責任者が組織をあげてこれに参加してきた例もあり、中国東北で最後まで頑張っていたブルジョア民族主義者の武装部隊が根気よい工作の結果、この時期にきて抗日パルチザンに合流するような例もあるにはあるのだが、どうしてもそう大衆的運動になっていっていない。祖国光復会の大衆への浸透度は弱い。やはり新幹会の方がずっと大衆に知られていたから、解放直後にもよみがえったのは祖国光復会ではなくて、新幹会のイメージの方だったのです。意識的に国内に接近しようとしたにもかかわらず、どうしてそうなのだろう。

ここでもう一回そのことが問題になってきます。僕も十分には分析しきれませんが、まず一つには、「満州国」ができて治安網が一層強化され活動が物理的に困難であったことがやはりあるでしょう。しかし、どうもそれだけでは説明しきれない。日帝側からの朝鮮人を戦争にひきこむ政策、皇民化政策が、ますます熾烈になっていたこともかなり大きいでしょう。しかしそれがなぜ朝鮮人大衆の中に一定の影響を与えてしまったのか？　こう問いつめていくと、やはり先程来お話してきた三四、五年の段階の挫折感、幻滅感にゆきついてしまうと思うのです。それが国外さらには国内にも大きく根を張っていて、少数の極めて粘り強い人びとの非合法活動は続けられるとしても、大衆がわっとわき立つような状況をできにくくする沈黙の壁ができてしまっていたことが最大の原因ではないかと思うのです。なお、国内の赤色農民組合運動も、三七、八年を最後に表立ったことはできなくなってしまう、つまりこの時期と一致しています。

朝鮮の大衆意識、即自的に結集した民族主義、反帝の意識を国際主義と結合するまでのイメージは、この段階では少なくとも大衆のものとならなかった。それを妨げたものは何かというと、第一にやはり日帝の謀略活動なんかを含めた動き、そしてその次にコミンテルンですが(9)、ここでこのように設定された課題は、ある意味では今日に至るまで持続している。一ぺん幻滅した「国際主義」とは違う、そして今日の例えば南朝鮮の人びとにとって当然の民族主義を内に含んだ、そういう国際主義を自分たちの中にどうつくり出すか、これが南朝鮮の人たちの今日におけるまさに主要な問題意識であるといっていいんじゃないかと思います。そういう問題意識が、逆に言えば、この三〇年代以降今日まで未解決の宿題として探り続けられてきている。つまり、そういう思想が南朝鮮の運動の中から生まれてくることから新しい国際主義が芽生えていかねばならない、そのように考えます。

3　指導なき大衆の反戦闘争

最後に、一九四〇年をもって結局大衆的に強い根を下ろすことが不幸にしてできないまま、金日成らのパルチザン部隊の大部分は、ソ連領に移っていきます。それでは、その後は朝鮮に残った大衆は何もしなかったのかというと決してそんなことはない。全く指導なしに、したがって形の上では散発的、まさに自然発生的に学徒動員などに対する動員拒否、あるいは脱走というような直接の行動が展開された。戦線が中国に全面的に展開した段階では、これらの行動に対して中国の延安に拠っていたグループの朝鮮人の運動が一定の役割を果たしています。このような外からの働きかけが必ずしもない反軍活動は、学生だけではなく軍需生産のやられている基幹産業労働者の中にも広汎にあった。例えば清津製鉄所あたりの労働者は、とにかく「もしパルチザンがまだいるならそれと合流しよう」というビラを自分たちだけで作ってまいたりした。少なくとも日本人が夢中になって動員されていた時、消極的に屈服・屈従を強いられている朝鮮人といえども、戦争の先行きを正確に見抜き、皇民化イデオロギーに対する抵抗の気持ちを随所で示していました。それらは、もし三〇年代の運動のつまずきがなくて、一定の組織へ保持されていたなら、解放後の状況にいっそう主体的に立ち向えたであろう素地を示しています。あるいはソ連軍が北から入ってくるに先立って、日帝が浮き足だっている段階で、東欧のいくつかの国でみられたように、少なくとも自力がある程度要素となって八・一五を迎える、という局面を現出する可能性が保存されていたことを意味しています。もちろん、間接的には三〇年代の間島パルチザンの闘争が、単にソ連の物理力だけじゃなくて、八・一五をもたらしていった重要な要素であることは否定できない。ただ、にもかかわらず現象的にいえることは、朝鮮の大衆が「俺たちがとにかく闘って、獲得した解放だ」という実感をもてるような形で八・一五が迎えられたわけではなかった。つまり、三〇年代に始まった朝鮮人民の苦しみは解放後の過程にまで、影を落としているわけです。この戦争の五年間に皇民化政策によって日帝はもっとも深く朝鮮人民を傷つけた。それをどう克服していくかという課題を解放後にまで朝鮮人民の中に残した。そのことを踏まえておいて、解放後の運動の軌跡を次回にお話しすることに致します。

注

（1）　朝鮮人民の歴史のどこを考えても日本帝国主義の支配ということをぬきに真空の中にあったわけではな

い。特に日本帝国主義の性格が、朝鮮人の内面にまで入りこんでいくものとしてあっただけ、そのことをぬきにして、つまり民族的責任の観点ぬきに、日本人であるわれわれが単に客観主義的に歴史を語るわけにはいかないということが大前提です。

そして、一方われわれが、そういう帝国主義の現在の表われと対決していく過程では、スターリンによって固定された社会主義のイメージのいびつさを問題にせざるをえなかった。現に、例えば今日の北朝鮮の体制の中に、官僚制や権威主義の弊害が確かにある。それはもしかしたらどこの国よりも強いかも知れないくらいだ。そして、それはソ連で戦前にかけてつくり出された固定したマルクス主義のイメージ、理論に依拠して存在しているものだ。とすると、いわゆるスターリン主義を受けいれられないとすれば、それらに対しても批判がないわけにはいかない。

そういった発想のたて方から歴史を論ずる場合、つまり日本の責任を追及しながら現在の朝鮮を論ずる場合に、スターリン＝金日成とおいて、時には、「主要打撃」の方向を金日成批判にむけるような、日本人という立場をぬきにした論議がされる。そういう両者の分断はおかしいと僕は思うということです。すぐ分るように、現在の北の体制を成り立たしめているのは、戦前の日本帝国主義の歴史と、更に戦後の南を成り立たせている体制、その一環としての日本帝国主義の再進出、といった状況であり、それを強いている責任をぬきにしては北の内部のさまざまな問題を論じえないはずです。ソ連のような大国とちがう朝鮮の国際条件の厳しさは、例えば朝鮮にもし「文化大革命」の必要な状況があったとしても、朝鮮がそれを行うことを不可能にしている。なぜなら日・米帝がすぐつけこむでしょうから。いいかえれば、北が変わるには、まず日本が変わらねばならない。そういう主体的問題意識をぬきにした客観主義的批判はおよそ無意味だと思うのです。排外主義克服の課題と「一国社会主義批判」的視点との矛盾、矛盾ということばが適当かどうかわかりませんが、とにかくその二つを主体的に止揚する問題意識を絶えずもちながら、歴史や現状に対していかねばならないと考えます。

(2) 一九二五年の日ソ条約については充分調べてはいないのですが、シベリア干渉戦争などでソ連に最も敵対していた日本がしぶしぶソ連を追認せざるをえない中で結ばれたもので、これができたからといってすぐにソ連が日本に朝鮮人活動家を引き渡すというような何らかの裏取引きまで想像することは困難だと思います。ただウラジオに領事館を置く等々のことがあって、日本が朝鮮人運動を監視する手がかりを持つようになったということはあるし、大国同士の虚々実々のかけひきが展開する。ただ一九四〇年に至っても、金日成部隊が沿海州に逃げこむことはできたわけです。なお、知っておくべきことは、日本がシベリア出兵に大量の部隊を送って、もっとも後までシベリアにとどまらせたのは、ソビエト政権をつぶしたいという一般的願望もあったけれど、主要には在シベリア・在満朝鮮人運動弾圧に眼目があったことです。

(3) 三四、五年段階の方針の問題ですが、これは実は非常にわからないことが多い。解放区解散の問題をもう少し考えてみましょう。当時、つまり三四年は、まだ遵義会議以前で、その段階の中国共産党中央では王明《ワンミン》が上海に常駐していたコミンテルン派遣員と万事相談しながら方針を決定し、それが満州省委員会、東満州特別委員会という順序を辿っておりてきたはずです。解放区解散は、実は同じころ中国本土でも同じような方針がでていて、それが毛沢東らの井崗山から延安への長征のきっかけにもなっている。そして、解放区解散の一般方針は、狭い所に閉じこもっていて、白色区の広大な人民と離れてしまうことはまずいという情勢判断が理由づけになっていて、それの中国本土の状況の中での当否の評価は下しかねますが、とにかく、その方針が恐らく機械的画一的に満州省委員会を通って、間島の解放区にも流されてきたのだと思うのです。間島の独自の運動の条件は、その際ほとんど考慮されていなかったと僕は思っています。さらに解放区を解散した遊撃隊は熱河に結集せよということが指示されている。ところが熱河というのは、東北の中では朝鮮から一番遠い蒙古の側、延安に近い方なんです。つまり延安の部隊に合流せよという意味ともとれる指示なのです。この時期は、東北の抗日連軍の最高指導者であった楊靖宇《ヤンチンユー》が単身追いつめられて戦死するといったことがあったくらい、特に東北のパルチザンたちは、一般的にもかなりピンチだった時でもあるので、その方針は中国の運動という面からだけ考えれば中国の紅軍の運動を全体として一つにまとめて力量を集中するという、それなりに妥当なものだったといえるかもしれない。しかし、朝鮮の問題にあくまで固執する観点からみれば、延安に近づくということは、ますます自分たちの課題から遠のくということにならざるをえない。そのジレンマに直面して金日成は結局、朝鮮国境に残る方を選んだと推測されます。

（4）　コミンテルンの指示が、朝鮮は日本のうちだから、朝鮮人は日本の党の中に入って闘えばよいということであるように誤解されたから、混乱が大きかったと申しました。植民地民族は本国の党に入って闘えという意味の「一国一党」原則をコミンテルンがとっていたのではないから、その点では確かに誤解であり、朝鮮人は朝鮮共産党を組織して民族解放のために闘うべきだという抽象的原則に関する限り、当時の状況のなかで朝鮮に住む朝鮮人にとって問題はなかったと私は考えます。ただ、問題は「現住国党に加入して闘え」という意味の「一国一党」原則は確かに当時のコミンテルンにあり、それは在中・在日朝鮮人に「正しく」伝えられ、行動を律したわけだけれども、その機械的な原則が誤りであったために、大きな困難をもたらしたのだと先程申しました。

「現住国党に加入せよ」が正しい原則かどうかを論ずることは、各国党間の真の連帯が成立していない限り不可能であり、当時のコミンテルンの指導はそうした質をうみ出していなかったのだから、そうした意味で誤りですが、かりにそういう関係が成立していたとしても、現住国か母国党かを一般論でどちらかに決めることなどできないと思います。

（5）　シベリア沿海州に亡命していた朝鮮人たちが、太平洋戦争中に、まとめて中央アジアの方に強制移動させられてしまったことが事実としてあります。その人たちが、一つのコルホーズをまとまってつくっていて、そこの農業生産が模範的な成果をあげていることが、最近報ぜられたりしています。ただ、これは太平洋戦争段階のことで、間島の問題と直接の関係はない。この時期には、ノモンハン事件などに表われるように、現実にソ連に対して侵略戦争を拡げる危険はあった。ソ連の側としては朝鮮人が存在すること自体が侵略の口実にされはしないか(万宝山事件のように)、また朝鮮人がいることによってスパイがまぎれこみやすくなるのではないかと恐れたのだと説明しており、そのこと自体には一応理由づけはつくと思います。ただ、その背景として、早くから一貫して一般的なソ連人の朝鮮人に対する不信感のようなものはあって、そこから朝鮮人側の反発をまねくようなことがあった。上層部が関与していたかどうかは分らないが黒河事件にもそのことがあらわれている。それよりも問題は、ソ連党の中央やコミンテルンの朝鮮問題軽視の感覚が、公文書にあらわれる限りでは、ソツなく作文してキレイごとをいっているので、あまりはっきりしないが、具体的な次元ではたえず表現されていた、そのことだと思います。ある意味で朝鮮に限ったことではないが、コミンテルンの机上の作文は、理路整然とはしていても、現場の朝鮮人活動家の指針としてはどれだけ役立ったことか? ただ、そういうソ連側の思い上った姿勢にもかかわらず、朝鮮人側の信頼感はむしろ意外なほど根気よく持続していることを、私は注目すべきだと思うのです。

(6) 民生団を日本側が送り込んだことから、必要以上の警戒心、動揺が中・朝連合の解放区並びにパルチザンの中に生まれてしまった。『金日成伝』では主に朝鮮人相互間の問題のように説明していますが、実際は中国人が朝鮮人に対しての場合と朝鮮人相互の関係の場合と両方あります。中国人が朝鮮人に対して一般的に不信感をもつということと同時に、国際主義(中国共産党中央の指導)により忠実たらんとする朝鮮人の中から、同じ朝鮮人に対して「民生団」の烙印をおすような場合もありました。とにかく朝鮮民族固有の課題にもっと取り組めと常日頃から主張していたような人たちは、それだけで小ブル的偏向だと決めつけられたりした。それは朝鮮人だけでなく中国人を含めた間島の運動全体の危険であり、そういう混乱を続けることは、日帝の思うつぼにはまってしまうという問題意識を心ある人たちが持たざるを得ない状況だった。そういう時に、党として全体の運動方針を決めるいくつかの会議が、三五年初め頃もたれた。その中で無原則的に朝鮮人を組織から排除する作風を否定し、また朝鮮民族固有の課題をとりあげることが全体の運動の中にあってはいけないというのは間違いであると確認させて、そして依然として朝・中連合の組織を崩しはしないが朝鮮人のみによって一部隊を編成して活動を続けるように決めさせ、以後その部隊の指導をするようになったのが金日成であったということです。

（7）　大国主義的な国際主義ならざる「国際主義」の危険をわれわれ自身の問題としてすごく意識しながら、具体的な事柄をいままで述べてきたつもりです。そしてコミンテルンの本質は何かという議論も究極的には必要かもしれないけれども、僕はむしろ具体的な事実の方から入っていって、全体に迫っていく方がなにものかを産み出しうると考えています。その点、民族問題という領域は、マルクスの段階から既に気づかれているように、とりわけ一般論ではいえないようなことが、本当に多いわけです。確固とした民族理論がマルクスあるいはレーニンによって立てられ、それをただ具体化して適用していけばいい領域ではない。民族理論の領域の具体的なことに正しく対処しうるものを、言葉としてじゃなくどう創り出すのかということは、農業問題の領域とともに、できあがりの図式ではだめで、個別の創造性をとりわけ不可欠にしていると僕は思います。一般論だけをいえば、例えばレーニンのいくつかの言葉、初期のコミンテルンの方針なども、民族問題の重要性を抽象的には提起していた。言葉としてぬけおちていないどころか、レーニンなどは「遅れたヨーロッパと進んだアジア」という表現をもってヨーロッパ中心的な体質や、先進国中心的な体質に警告を発しているくらいです。だから理論としてあったかなかったかというよりも、特にソ連のコミンテルン等を実際動かしてきた部分がどうだったのかという具体的指導の質の問題だと思います。

七回大会は、六回大会以来ずっと続いてきた、一つには中間勢力主要打撃論（西欧の社民と植民地従属国の「民族改良主義」）と、とりわけその国境をこえた機械的適用、コミンテルンの抽象的指導のゆきづまりが必然的に生んだそれなりの手直しだったと思います。だがその手直しは、真の国際主義にたって被抑圧民族、植民地の人びとの感性を、完全に一つに集約する形で方針化されたものではなくして、極端にいえばソ連の官僚・役人の作文が、決定的な影響を諸国の運動に与えていくというような仕組み自体の範囲での手直しだった。反ファシズム統一戦線の方針化をめぐってディミトロフなどヨーロッパの小国が今まで問題に思っていた事が一挙にここに噴き出し、イタリアの党あたりも同じ問題を提起した。それによって政権をとっている唯一の国の党であるということでコミンテルンを実際掌握してきたけれども、世界の運動全体を指導するようなイメージを出しえなかったものが、総批判の機会にさらされたわけだが、その問題を徹底してつきつめることはせず、結局各国の自主性を追認するという単なる妥協で終った。中国共産党の場合、自主的な路線を少し前あたりからすでに始めていて、それをやっていくのに対してコミンテルンとしては特に介入しないという消極的な形でピンチを回避した。各国の党がそれぞれ限定された状況の中で構成されている下でたてられる方針を、思い思い進めていけばよろしいということにして、国際組織としてのコミンテルンの分解をしばらくのあいだ防ぐわけですが、結局その帰結として四三年解散していくことになります。第二次大戦の状況に対して当然有効な対応はできないから解散していかざるをえなかったわけです。だから七回大会の修正というのは、いわば〝国際主義〟にこりたあまり、その逆の「自主独立」に道を開いたにすぎなかった。七回大会以降、自主独立路線というこの裏返しの段階は今日もなお続いていると僕は思っています。

（8）　抗日パルチザンに対しての在日朝鮮人の評価について。これは在日朝鮮人はこうであるという風に一律的にいうことは当然できない。日本人なら何かについて全く同じ考えをもつ、ということはありえないのと同じでしょう。まして抗日パルチザンは、直接今日の北朝鮮の政権につながるものだから、その評価は余計はっきりと政治的立場に規定されざるをえない。もちろん、政治的立場によってどう評価が違っているかということが問題の核心ではないわけで、そういったことを抜きにして共通にいえることは、やはりとにもかくにも、厳しい状況の中で日帝と最後まで闘った力量に対する尊敬の念といったものがあることでしょう。これは単に抗日パルチザンに限らず、ブルジョア民族主義者で節を曲げなかった人に対しても同じですが、ただ抗日パルチザンの歴史が、特に若い世代には具体的生活体験とつながって実感できるというには、あまりにかけはなれたものとしてあるということが、大きな悩みとしてあると思います。

（9）　コミンテルンの民族問題に対する対応の全般的なあとづけは僕も十分ではないのですが、ホーチミンなど植民地出身の代表が早い時期から大会などでしばしばヨーロッパ中心で植民地問題を軽視していることを批判している。ということは、そういうかたよりがなかなか直っていないということでしょう。それに加えて、大まかにいうと一九二七年の蔣介石クーデターまでは、一般的に植民地においては民族ブルジョアジーの力を過大評価し、それと先進国のプロレタリアートの同盟を構想していた。ところがコミンテルンが大いに重視して何かと支援してきた蔣介石が反共クーデターを起こしたことで非常にショックを受けて、逆に極端化し、民族ブルジョアジー・「民族改良主義」を主要打撃目標と規定しかねないような、六回大会方針に急転していく。そういうドラスティックな転換が、当時は各国の状況のちがいなど問題にしないような形であらゆる国にもちこまれていったのでした。それからホーチミンの場合、まだベトナムに党がなかった早い段階に、フランス本国にいて、フランス共産党に入っていたのですが、のちにベトナム共産党をホーチミン自身が創っていくわけですね。コミンテルンの文献等をみても、二八年の一二月テーゼ自体が朝鮮の党の再建を一つの目標としては打ち出しています。つまりまだ支部として認めるに足るものができてないから認められないのだ、党よりもまず大衆運動に力を注げという。だから一般的に朝鮮には共産党があってはならないとは、コミンテルンも考えてはいなかったと一応言えると思います。ただ、にもかかわらず、例えば間島にいた朝鮮人の組織は、朝鮮共産党が国内において潰滅的打撃を受け、中央執行委員がほとんど皆捕えられてしまうという状況の中で、再建の母体たるべき力量を充分もっていたのだから、そういう方針をとろうと思えばとれたはずです。そのあたりはやはり、朝鮮の運動を漠然とあまり高く評価していなかったとしか思えない。ですから、七回大会以後の段階では、結局実現できませんでしたけれども、あらためて将来、朝鮮の共産党を再建する任務が祖国光復会に課せられていたのです。

参考文献

1 キム・サン、ニム・ウェールズ『アリランの歌』みすず書房、一九六五年
2 朝鮮科学院歴史研究所編『朝鮮近代革命運動史』新日本出版社、一九六一年
3 梶村秀樹「東アジアと中国」『講座現代中国I』大修館書店、一九六九年
4 姜在彦『朝鮮近代史研究』日本評論社、一九七〇年
5 玉城素『金日成の思想と行動』コリア評論社、一九六八年
6 朴慶植「三・一独立運動研究の諸問題」『思想』一九七〇年一〇月
7 吉永長生「三・一運動を考える」『朝鮮研究』八三、一九六九年
8 梶村秀樹「申采浩の歴史学」『思想』一九六九年三月
9 同「新幹会研究のためのノート」『米騒動五〇年』労働旬報社、一九六八年
10 同「一九三〇年代満州における抗日闘争に対する日本帝国主義の諸策動」『日本史研究』九四、一九六七年

11　鈴木秀子「在日朝鮮人運動と日本人」『朝鮮研究』七九、一九六八年

12　新藤・池上『日本帝国主義の植民地教育と闘った在朝日本人教師の闘いの記録』大牟田人権民族問題研究会、一九六六年

編者注1　ここは、反帝ではなく、反封建というべきところがなんらかの錯誤で反帝となっているのではないかと思われたが、編集委員のなかにはこのままでいいのでは、との異見もあったので初出のままにした。

編者注2　珍しくこの部分は混乱している。柳麟錫が、運動の新しい活路をもとめて一九〇八年に沿海州に入り、そこからまた中国領に移ることは事実であるが、キリスト教に興味を寄せたことは確認できないし、また一九一五年に奉天省で死んだ彼がロシア革命を経験することはありえないことである。

編者注3　上海とイルクーツクで同じく「高麗共産党」の名をもつ二つの組織が結成されるのは、一九一九年ではなく、一九二一年五月のことである。

Ⅲ

八・一五以後の朝鮮人民

［1976年］

序　朝鮮現代史研究の実践的視点

1

解放後の朝鮮人民の闘いの歴史について、われわれが持つべき統一したイメージを、私なりの考えでのべてみたいと思います。ご承知のように七〇年の一一月、ソウル東大門平和市場の労働者、保税加工貿易製品として日本にも大量に輸入されている安い背広などの製造のため、日韓体制下の現実のまさに最底辺で、最低生活もなりたちえないような賃金条件の下で、一日一五時間以上の労働を強いられている南朝鮮の労働者、全泰壱《チョンテイル》氏が、衝撃的な焼身自殺という行動によってその状況をつくり出したすべてを告発した。それを受けとめるなかで、南朝鮮の学生運動は新たな質的な飛躍を遂げている。

そういう南朝鮮人民の闘いが、どのような歴史的規定性を負いながら、その歴史的規定性を止揚しながら、どのように展開していこうとしているのか、私たちは私たちじしんの行動のためにもそれを深く考えなければならない。そして現代の南朝鮮人民の闘いをもっとも直接的に条件づけているのは、解放後二五年の朝鮮人民の歴史であろう。

それは朝鮮近代革命運動史の四番目の段階、すなわち、一八六〇年代から一八九四年までの農民を主体とする反封建・反侵略闘争の段階、つぎに、一八九五〜一九一九年のブルジョア民族主義運動の段階、さらに、一九一九〜一九四五年の労働者、農民を主体とする社会主義反帝闘争の段階を経た、近代革命運動史のさいごの段階としても位置づけられる。解放以前の段階からの歴史的遺産を継承しながら、八・一五解放以後の新たな状況、つまり連合軍が表面的にもたらした日帝の崩壊、それを自分たちの真の解放にもっていくための闘争が始まっていった。だが、これは外側の、また外側と結びついた内部の敵によって、分断国家という新たな条件をおしつけられた。それとの闘いがどのように展開されたか、闘いに対する外側からの力がいかにきびしかったかということをぬきにしては、七〇年代の南朝鮮人民の闘争の質的飛躍の意味をも、真にとらえることはできない。

その意味で、解放後の朝鮮人民の歴史をきちんと認識しておくことは、現在の南朝鮮の大衆運動、さらにそれと関連する在日朝鮮人運動とのかかわりを追究していくためにも非常に重要なことではないか。そうした要求にくらべてわれわれの研究の蓄積はまだまだですが、ともかく私なりに持っているイメージを出しきってみたい。

解放後の朝鮮の歴史は、いまいったような立場から、基本的にどうとらえられるかといいますと、一方に、世界史のおしつけた分断国家という状況をのりこえ、主体的統一をとりもどして、それを真の解放として獲得していこうとする、つまり統一を通じての変革、変革を通じての統一を志向する南北の朝鮮人民の一体となった力量があり、それに対してその志をつぶしてしまおうとしてきた外側からの力があり（もちろん日本帝国主義の再侵略をふくめて）、この両者の矛盾・対立に、人民の側がつねに多様な闘いを挑み、巨大な物理力によって傷つきつつも、また新たな闘いをつづけている、そういう過程であるといえましょう。なかんずく、今日の客観条件のなかで、この統一・変革の問題のカギは、たとえば外側の国際情勢がどう変わるかということであるとか、あるいは北の軍事力が南の軍事力に優越するか否か、というようなことではなくて、やはり基本的には南の大衆意識ならびに大衆運動が、どれだけの内実を、困難な南朝鮮社会の内部で主体的につくり出していくかということにある。だから南朝鮮の依然としてきびしい条件のなかで、新たな闘いをつくり出していこうとする南朝鮮の大衆が、前提としなければならない歴史的に形成された意識のありようはどうであるのか、つまり大戦前、大戦中の日帝、戦後の米帝、さらに戦後の日帝と幾重にも重なった外側からの力が、政治的・経済的な次元から、思想的・文化的にいたるまで志を歪め、あるいは一見それを育てるようなふりをして利用するためにさまざまなワナを仕掛けてきたわけだが、そのワナに一つひとつどのように対処してきたかをはっきりと見ておきたい。それをはっきりとわれわれは直視しなければならない。現代史の基本的矛盾を、南北の朝鮮人民と、日・米の帝国主義との対決という形でひとことでいってしまったわけですが、それを具体的な個々の歴史の事実の複雑なひだのなかをも貫いているものとして、検証していきたい。

2

具体的な話に入る前にひとことといっておきますが、朝鮮戦争論に典型的にみられるように、朝鮮現代史ほど現在の日本でいろんな書物が出ていながら、混迷の状態が大きい分野は他にあまりない。そこで、朝鮮現代史に対する場合に、われわれが陥りがちな誤りを最初に一般的に三つほど指摘しておきたい。

第一は、解放後の朝鮮人民の闘いを支える主体的意識は、戦前の日帝時代（一九四五年八・一五以前の時期）の闘いのなかで培われてきたものと、まったく切れたもののように考えてはならないということです。帝国主義支配の表面的な構造は八・一五を経て若干の変化を示したけれども、それと闘う側の大衆意識は、いうまでもなく、「旧日帝時代」のことはまったく忘れてしまって、新たな米帝との矛盾にぶつかっていくというような形ではけっしてない。反帝意識から、もっと日常的な権力への感覚・生活感覚にいたるまで、「旧日帝時代」のきびしい歴史のなかで培われたものがいきいきと継承されている。当り前のことのようですが、そういう観点を忘れないようにしたい。

おなじことは、特に南朝鮮の現在の社会・経済的な構造などをとらえていく場合にも念頭におく必要がある。八・一五以前と以後とでは、米帝と解放前の日帝の、朝鮮人民を利用するしかたがかなりちがっていることに即応して、例えば、地主制が切り捨てられていることなどずいぶんちがった面がありながらも、人と人との関係としての継続性をもっている。今日、南朝鮮の体制を支える役割を果たしている南朝鮮の資本家の発想のしかたとか、そのような階級構造の上に立つ政治組織として、例えば野党の行動様式をとらえていく場合、やはり「旧日帝時代」のその起源を知ることが必要になってくる。変化しながらも出発点からのものが解放後にまで引き継がれている面もある。なぜこんなことをあえていうかというと、一つは、一般に八・一五以後の「現状分析」とよばれる領域と近代史との分業が固定化しかけていて、八・一五以降のことを論ずる場合に、それ以前のことと無関係にしかとらえないために、わかるべきこともわからなくなってしまうことがよくあったからです。

第二として、より重要なことは、解放後の南朝鮮の歴史と北朝鮮の歴史をまったく別個のものとしてとらえてはならないということです。現実には南は南、北は北とまったく別の視角から議論がなされていて、統一した現代朝鮮人民の像が出てこないことがわりと多くある。北朝鮮の大衆意議、例えば朝鮮戦争以後の経済建設・農業協同化運動への大衆のかかわりをテーマとして掘り下げていく場合、中ソとどうちがっているかという視点からよく論議されます。しかし、これは分断された北朝鮮内部での大衆の動きであっても、深いところで南朝鮮の現実を措定した上での意識・行動としてとらえないと、非常に表面的な理解、ときには間違った理解にいきかねないと思う。逆に南の権力構造を考える場合にも、朴政権はまず北の存在を一つの前提とした「反共軍事国家」その南内部の大衆運動へのたいし方も、分断国家という状況をぬきにしてはとらえられない。つまり、表面分断された南北の歴史が、そのことを通じて相互に深く浸透し、規定しあっているのです。

最近われわれの関心の重点はどちらかというと矛盾の焦点に立つ南の人民にあって、それじたいは当然のことでもあるでしょうが、そのために北の人民をまるきり視野から欠落させてしまう誤りをおかしがちだ。権力とは一応区別した意味での北朝鮮人民の意識は、南朝鮮人民のそれと八・一五の出発点においては基本的におなじであった。それが依然としておなじでありながら、二五年間の分断によってどのようにへだてられてしまっているのか、そこまで考えおよばなければならないと思います。解放後の朝鮮の歴史はあくまで南北で別個のものではなく、統一した一つの朝鮮の歴史の部分としてイメージされなければならない。といっても特に朝鮮戦争後、南は南、北は北でまったく背を向けあって正反対の方向に展開しているではないかといわれるかもしれない。表面的にはそのとおりですが、その正反対ということは、南は北を意識し、北は南を意識したなかでの正反対なのであって、その意味でまさに不可分である。特に一見、正反対の方向に進んでいるようでありながら、大衆の意識、大衆の思考という点では現在でも驚くほど共通なものがあることを強調しておきたい。ある一つのことがら、例えば、「三島事件」について、南と北の人民の受けとり方はおのずから一つであり、それと日本人の反応とがひどくへだったたものとしてあるということを、私たちは強く認識する必要があります。

この一体の朝鮮人民の歴史のなかには、いうまでもなく在日朝鮮人の歴史がふくまれていなければならない。在日朝鮮人の歴史をもふくめて、南北朝鮮人民の歴史を合わせた朝鮮の現代史を一体としてどうつかむか、こう問題は立てられねばならない。その「ねばならない」ということと、具体的にその作業が完全な形でできているということとは残念ながら別ですが、しかしこの「ねばならない」を強く意識しつづけることが必要だと思う。在日朝鮮人民の状況への主体的な対応の歴史は、当然本国の歴史と深くかかわりつつも、南北いずれともさらに異なる条件のなかで当然に独自の体験としてある。それを朝鮮現代史の一つの流れのなかにどう位置づけるかを明らかにしていくことは非常に重要だと思う。

第三点、これはいうまでもないことでありながら、非常に強調しなければならないことでもありますが、解放後の朝鮮の歴史と、日本戦後史、日本人民がどのような戦後を経過してきたかとはまったく不可分だということです。八・一五直後の米軍の日本占領政策と南朝鮮占領政策との関連、あるいは朝鮮戦争におけるアメリカ帝国主義の、日本と朝鮮への政策の関連、また、それらを日本人民が明確に認識しつつ闘ってきたのか否か、さらにいうまでもなく、一九六五年の日韓条約以後否応なしに権力を通じて不可分に結びつけられてしまったそういう構造のなかにいるわれわれ。そういったどの時点をとってみても、日本戦後史と朝鮮現代史との相互規定性がある。また、ある意味では、日本戦後史を真にとらえるには、朝鮮の解放後の歴史を知ることが不可欠だともいえましょう。

もちろん、不可分であるということは、おなじであるということではない。例えば、解放直後のアメリカの占領政策は、日本に対するものと朝鮮に対するものとの使い分けによって一つの全体をなしていた。また逆に大衆運動のありようのちがいを知るなかで、つまり朝鮮の戦後史を鏡にしてはじめて、日本戦後史は何であったのかということをきちんととらえることができるのではないかと思います。日本戦後史との関連のために、またつねに比較の対象として日本戦後史をより深くとらえるために、朝鮮の解放後の歴史を学んでいかなければならないということが第三点です。以上三つの一体性、つまり八・一五以前の歴史と、そして南北の相互間、それから日本戦後史との関連性、この三つをたえず意識しながら、あらゆる個々の事柄を考えていくことが必要だと思う。

3

つぎに、あらかじめおことわりしておかねばならないことがあります。それは文献の立場性ということです。とりわけ現代史は今日に直結するだけに、資料が尨大にありながら、その資料がすべて一定の方向づけをもって整理されている。現在の権力の意図から露骨に一つの歴史像を大衆的におしひろげるためのもの、その立場から否定すべきものはほとんど切り捨ててしまっているものが多いのです。分断がその様相をいっそう深刻にしている。われわれがてっとりばやく朝鮮現代史のイメージをもちたいと思って、本屋の店頭で日本語で書かれたものをみにいくと、そのほとんどが、われわれの求めるところとはちがった立場性によって書かれたものだというのが残念ながら現状だ。だからどのような立場から整理したものかを知らずには、正しく一冊の本を読むこともできないわけです。逆にそのつもりで主体的にみるならば、どんな立場からの本でもそれなりに役に立つところがある。しかし、そのまますのみにしたのではずいぶん真実とはかけ離れたイメージを自分のなかにつくってしまいかねないのです。これはどの分野にもいえることだが、私たちの微力さのためもあって、そういうことがとりわけはなはだしいのです。参考文献をたくさんあげてありますけれど、いずれも何らかの意味で役に立つところがあるものとしてあげておいたわけで、これ一冊でてっとりばやくすべて間に合う、というものは一つもない。それぞれ長所と短所を備えているので、批判的・主体的に学んで下さい。

もっとも、これ以外にじつは長所が一つもないものももちろんたくさんありますから、なお注意して下さい。例えば大森実の『金日成と南朝鮮』。「金日成が第二次朝鮮戦争を起そうとしている。その危険が差し迫っている」ことを論証するために、かなり豊富に資料が使われている。だが、筆者じしんは気がついていないかもしれないが、この本の論理からデータにいたるまで、明らかに南の中央情報部（KCIA）ダネそのままなのです。中央情報部がそう名乗って書いたとしたら、一〇〇パーセント信用する人は少ないだろうが、「公正中立」とみえるジャーナリストに上手にネタを流すくらいのウデはあるのです。南朝鮮へ飛んで、チョコチョコと取材して、たしかめもせずに書きなぐるからこういうキワモノが生まれてしまう。読まされる方として、許せないことです。中央情報部の北朝鮮情報は、何段も間をおいて流れているから、その論法にたえずふれていれば「ああまたか」とわかるけれども、そうでないとなかなかみぬきにくい。しかも、そのなかにまったく事実がふくまれていないのではなくて、若干の事実を意識的にある方向づけをもって整理したものなのですから。大森実のこの本はひかえ目にいってもそれをきわめて素直に真に受けてしまった標本でしょう。種本になったものとつきあわせればピンとくるのです。とにかく、そういう油断ならなさは知っておいてほしい。

つぎに参考文献にあげてある、最近雄山閣から出た『金日成伝』について申します。これは歴史というより、文学のジャンルに入るんですが、北朝鮮で書かれたものの翻訳で、第一部は解放前、第二・三部が解放後を扱っていますが、例えば、解放前の民生団問題などについては意外なほど端的なエピソードが盛られていて、他の書物には求められない面がたしかにあるのです。だからあげておいたのですが、同様に解放後についても、この本にしか出てこないような内容があります。だがしかし、例えば解放後、朝鮮戦争以前の、いわゆる南朝鮮労働党の闘争は今日の北の立場からやはり完全に抹殺してしまっている。南北一体の現代史のなかで、特に南の運動はわれわれの最大の関心事ですけれど、この本ではその全体像はうかがえない。

だから、この本にかぎらず現代の北朝鮮の本だけから完全なイメージに到達しようとしても無理なことです。つまり、北朝鮮の本はその立場に規定された一長一短がある。それを知った上で、しかし読んでみることは意味があると考えています。

なお今後の皆さんの主体的学習の参考のために、あげておいた文献のそれぞれの特徴をいっておきたいと思います。まず、『統一朝鮮年鑑』は、統一朝鮮新聞社という一つの立場からですけれども、比較的、南・北の政権のいずれからも距離をおいて客観主義的なスタイルをとっています（この新聞は一九七六年現在はない。その後身の『統一日報』は質が変っている）。特に六五、六年版には「解放二十年特集」に厖大なページ数がさかれています。ここではいうまでもなく朝鮮語の文献は省いてお話していますが、これはいわばその要約集成という意味をもっており、日本語で読める範囲で初歩的に事実を知るための貴重な資料です。それらの事実をふまえて全体としてどういうイメージを組み立てるかは、読み手であるわれわれにゆだねられているわけです。だから読み手に、問題点に気がつく眼が必要ですけれども、自分の問題意識にひきつけて系統的に事実を求めるとすると、日本語になっている範囲では、やはりこれがいちばんでしょう。「どう見たらいいのか」という結論はそのかわり求められません。

それから、劉浩一《ユホイル》『現代朝鮮の歴史』、金鐘鳴《キムジョンミョン》氏の編集した『朝鮮新民主主義革命史』、この二つは、ほぼおなじ時期に、つまり朝鮮戦争下の在日朝鮮人運動のなかで書かれたもので、その後の路線の転換によって、「南労党の闘争を高く評価しすぎている点に誤りがある」として批判され、もう古いものだといわれたりしている本ですが、しかし私たちにはそういう点でむしろ学ぶべきものが多いと思います。当時の在日朝鮮人の本国の運動についての問題意識を、それを通じて知ることもできるという意味をもふくめて。つまり、われわれが今日、白紙・無から始めなければならないというときに、その考えの骨組みをそのまま受け入れればいいというものではないにしても、一つの考え方の基準を示してくれているからです。二冊のうち、劉浩一『現代朝鮮の歴史』の方は、非常に具体的事実にくわしい特色をもっており（それは当時の運動内外の文献を丹念に整理しているからですが）、『朝鮮新民主主義革命史』の、解放後の部分は、より論理的に一つの観点を展開しながら重要な問題点の所在を教えてくれます。ただいずれも一九五三年に出されたものですから、当然朝鮮戦争前の時期ならびに朝鮮戦争の過程までしか扱っていない。残念ながら、それ以後のことについては、これに相当するものがない。

つぎに高峻石《コジュンソク》氏の『南朝鮮経済史』はごく最近のもので、これまた基本的には朝鮮民主主義人民共和国を支持する立場から整理されたものです。その観点から必要でない側面は捨象している限界は、前の両書と共通ですが、データには非常にくわしく、かつ七〇年代まで分析を進めている、日本語で書かれたそういう材料なわけです。なお別に『南朝鮮政治史』もあります。

つぎにコンデの書物、『解放朝鮮の歴史』『朝鮮戦争の歴史』『分裂朝鮮の歴史』とそれぞれ別個のタイトルをもって二冊ずつ、合せて六冊（現在は三分冊になっている）で解放後の南朝鮮を通観しています。これは全体が「アメリカは朝鮮で何をしたか」（正しくは「アメリカは何をしたか」）というタイトルで統一されているそのタイトルのとおりで、アメリカが朝鮮で何をしたかということについては、そのなかにいた人間でなければ知れないようなことをふくめて具体的な記述があある。しかもジャーナリスティックにかなり鮮やかに浮き彫りにしているといえましょう。ただそういう面にあえて記述を限定しており、朝鮮の民衆がどのように闘ったか、あるいは北朝鮮の政治がどのように展開したかなどは、意識して捨象しているから、そういう意味で現代史の全体像を描いたものと考えるのは誤りです。また六冊のなかにもおのずと出来、不出来があって、いちばんいいのは軍政内部での経験を通じてのべている『解放朝鮮の歴史』です。そのつぎの『朝鮮戦争の歴史』もアメリカの兵士や朝鮮の民衆のイメージがつとめて具体的に神経を使って書かれていて、役に立つ。それにくらべるといちばん最近を扱った『分裂朝鮮の歴史』は、アメリカの朝鮮侵略史にかぎっていってもちょっと手軽に書きとばしたきらいがあります。

それから朝鮮戦争についていえば、アメリカのジャーナリストであるストーンの『秘史朝鮮戦争』は、いまでもやはり一読すべきいい本だと思います。朝鮮戦争にかぎり、そしてアメリカが朝鮮で何をしたかの暴露に問題を限定しているから、それ以外のことを求めても無理ですが、そのかぎりでは非常にはやい時期に書かれたものでありながらたいへんに秀れた本です。日本のジャーナリストが、おなじ意味の、つまり日本は朝鮮戦争で何をしたか、という本を書いているでしょうか。それをくらべてみれば、やはり秀れた姿勢の研究でしょう。

それからわりあい知られていない本で、金熙一《キムヒイル》という朝鮮民主主義人民共和国の近代史家の『アメリカ帝国主義の朝鮮侵略史』（雄山閣版の新版が出ている）は、近代初頭以来のアメリカと朝鮮のかかわり、その侵略の具体相をとことんデータによって展開しています。新書版で、朝鮮語版からの抜粋ですが、コンデなどが扱っているのよりももっときびしく米帝国主義を糾弾している書物として、読むことをすすめます。朝鮮戦争のさいの信川虐殺事件などについての具体的な事実はこの本でしか知ることができません。

つぎに、コリア評論社の『朝鮮戦争史』は、必ずしも何人かの執筆者の観点が一致してはいないけれども、白か黒かという二つの立場しかないような形でのいままでの議論に意識的に対立して、そうでない観点からの朝鮮戦争史像をつくり出してみようという試行錯誤の過程の産物といえましょう。なかには、かなり南からの一面的データをそのまま直輸入したような記述もある限界性をともなっており、すべてに賛成するわけではありませんが、これももちろん朝鮮戦争ならびにその前後の時期に範囲はかぎられます。

以上、比較的系統的なものをまずあげたわけですが、それ以外にやはり文学作品あるいは体験の形のものにもっと端的に歴史を感じさせてくれるものがあります。そういうものはできるかぎりたくさんあげておきましたが、孫性祖《ソンソンジョ》『亡命記』は、四・一九に参加し、民族日報編集部の一員であって、五・一六クーデターによる逮捕の危険を逃れて日本に亡命してきて、いまも日本におられる人の体験記です。なお、それぞれ少しずつニュアンスがちがうけれど朝鮮の大衆運動の側に立つジャーナリスト、野党の側に立つジャーナリストの書いたものはいずれも参考になるものです。それからある意味でもっと学ぶことの多いのが『ユンボギの日記』です。南朝鮮社会を学習するために最初に何を読もうかというんだったら、是非これにしなさいとすすめます。

朝日新聞の記者だった村常男氏の『韓国軍政の系譜』は、わりに地味な本ですが、特に朴軍事政権の構造についてある程度政治学的にまた歴史的起源にさかのぼって光をあてようとしたものです。客観記述ですけれども通りいっぺんのものではない。なお李殷直《リウンジク》さんが編集した記録集『ソウル／四月蜂起』は、南で出された資料集に素材を求めて、参加した学生の詩・文章などを一つにまとめたものですが、これも最近絶版になっているのは残念なことです。

それから北朝鮮内部の経済構造などにふれたもので、『朝鮮における社会主義の基礎建設』をあげておいたのは、これも北朝鮮の経済学者がまとめたものの翻訳ですから、当然そういう立場からのものですが、たんなる演説ではなくて、わりに具体的なデータをあげていてよくわかるからです。記述は一九六〇年の段階までです。なおついでながら、北朝鮮の公式の現代史の通史は、しばらく前の『朝鮮通史』の（下）がくわしいものとしてあるのですが、日本語には訳されてはいません。一九五八年まで扱っています。それ以後は、朝鮮語でも現代史を系統的に整理したものは出ていない。

それから『朝鮮共産主義運動史』は徐大粛《ソデスク》という南朝鮮出身の歴史家がアメリカに渡って、アメリカにある解放以前の日本の官憲資料などを使いながら、しかし必ずしも体制べッタリではなく、いわば実証主義的に書いた本で、北朝鮮についても評価すべき点はある程度評価しています。

解放後の一九四八年の段階の北朝鮮まで筆がおよんでいて、素材として役に立つものをふくんでいます。また、『韓国の思想と行動』（旧題『日本に訴える』）は、南朝鮮の合法的な雑誌に出されたかぎりでの日韓条約反対闘争前後の時期のすぐれた論文を翻訳して一冊にまとめたものです。それから梶村秀樹「南朝鮮の支配構造といわゆる隷属資本」（『朝鮮史研究会会報』八号、一九六四年）は、さきほどいったような方法を意識しながら個々の問題について書いたもので、全体を覆ってはおりませんが、批判にさらす意味でもあげておいたわけです。

4

たいへん長く横道にそれましたが、もとにもどって、最初の観点を別のしかたでもう一度要約しますと、それは解放後の朝鮮の歴史は、南北民衆の真の解放を得ようとする志と、それに対する外部からの抑圧との闘い、矛盾・対立の歴史としてとらえるということです。ここで、外部という場合、それは米・ソ・日をさし、さらにその外部と結びついた隷属政権ならびに資本をふくめており、それらに対する南北民衆の闘いを一貫した流れとしてとらえなければならないわけです。一口に解放後といっても二五年にわたる時期のなかで、矛盾の本質はなお変っていないとしても、その具体的なあり方は変ってきています。その変遷をつかみやすくするために、ここでさらに細かい段階区分を一応示しておきたいと思います。まず第一に、四五年から五〇年まで、つまり朝鮮戦争以前の時期があり、第二に朝鮮戦争そのものの時期、第三に朝鮮戦争以後六〇年の南における四・一九蜂起にいたるまでの時期、第四に六〇年から六一年までの短いけれども南朝鮮の解放後二五年の歴史のなかでももっとも注目すべき時期があります。そして第五に、六一年軍事クーデターによって南朝鮮人民の志向がふたたびさえぎられてしまうなかで、新たな闘いが始まる六一年以後の時期。この六一年以後の朴政権の時期は、その意味ではひとつづきですけれど、そのなかでも、六五年の日韓条約によって日本が直接それにコミットするようになって以後の時期は、われわれにとってはそれ以前と意味の異なる第六の段階として考えなければならないと思います。以下、これら一つひとつの段階において、朝鮮人民はいかに闘い、それがどのような抑圧にぶつかったか、ときにはつぶされてしまうような目に遭いながら、つぎの段階ではまた別の形で闘いがひきつがれていったのかを具体的に跡づけてみることにします。

一　戦後世界分割と朝鮮人民の苦闘

まず最初に、一九四五年から五〇年まで、つまり朝鮮戦争以前の時期ですが、この時期についてあらかじめ注意しておきたいのは、日本人はこの時期の朝鮮人民の歴史についてはとりわけ何も知らないということです。それは外部的な理由としては、GHQが報道統制をしいていたために、ニュースじたいが入ってこなかったためですが、主体的な側面としてそれ以上に重大なのは、日本人が八・一五とともに朝鮮問題をすっかり忘れてしまったという意識のありようです。つまり八・一五以前の日本人は、植民地支配を通じて否応なしに朝鮮に向い合っていた。それは否定的な関心しかもてない限界のなかでですが、ともかく否定的に結びつけられているという意識はあり、若干はそのことに悩んでもいた。ところが、朝鮮人民にとっての解放、日本にとっての敗戦である八・一五以後、植民地でなくなるとともに、日本人の意識から朝鮮問題にかかわるこの悩みは完全に欠落していってしまった。驚くほど関心が払われなかった時期です。なぜそうであったのかという点については多少別のところでふれたこともあるので、ここでは省略します。その後GHQの制約もなくなって、この時期の朝鮮について知ろうと思えば障害がなくなっても、欠落はあまりうめられてはいません。わりあい最近になっていくつかの初歩的な試みがあり、また、在日朝鮮人文学者の作品、例えば『鴉の死』や『遥かなる共和国』をとおしてようやくわれわれの関心に入ってきつつあるのが現状です。いま朝鮮のことを知っていないという場合、とりわけこの時期を知っていない、そして知らねばならないことが非常に多い時期でもある。この時期については比較的比重をかけて丁寧に話を進めていきたい。

1　解放を主体的にむかえた朝鮮人民

最初に抽象的に三つの注意点をあげましたが、解放直後の朝鮮人民の心のあり方、いままでうっ積していたもののすべてを公然と表現し、そして主体的に真の解放にそれをつないでいこうという闘いに進んでいった、この解放直後の時期を理解するには、とりわけさきほどいった三つの注意が重要だと思います。具体的にいって、まず解放前の歴史のまさにそのなかからただちに人民は出発したのです。建国準備委員会、朝鮮人民共和国に結晶するような朝鮮人民の動きは、八・一五のその日から国内の人民を中心にして始まっていくわけですが、それは解放以前からの底流が表面にあらわれたものにほかならなかった。その運動の中心をになったのは、呂運亨《ヨウニョン》ですが、何も彼一人を美化するのではなくて、呂運亨を支えた民衆意識が何を求めていたかをこれからお話したい。

建国準備委員会の活動が八・一五のその日からただちに始まりえたのはなぜかというと、八・一五以前から地下でひそかにその準備が進められていたからです。特にカイロ宣言が一九四三年末に出て以後、早晩日本帝国主義の崩壊は必至であることを、朝鮮人民は確信した。朝鮮人民が自主的にみずからの政権をうちたてるべき解放の日が必ずくる、そのための準備にいまから着手しなければならないと考えて、呂運亨らは細心の注意を払いながら手工業的な地下組織として建国同盟をつくっていった。それは、ソウルを中心に、従来から民族運動に何らかのかかわりをもって合法面での活動をしてきた人びと、弁護士やジャーナリストなどからなる組織でしたが、それがあったから八・一五のその日から活動は開始されえたのでした。

解放後の民衆運動の中心がどう形成されたかということに関連して、さかのぼって太平洋戦争下のもっとも強引な同化政策、戦争動員の時期を、国内大衆がどうもちこたえてきたかにふれなければなりません。教育を奪われ、歴史を奪われ、姓名を奪われ、そして最後の段階では徴兵ま

で され、すべてが日本帝国主義戦争への動員に向けられていた状況の下で、朝鮮人民はけっして それに心身ともにのみこまれてはしまわなかった。

戦争末期、朝鮮で「ポミワンネ」という歌がたいへんはやったそうですが、日本語に訳すと「春が来た」という意味、「春」はもちろん解放の春を暗示していました。直接的な表現ではないけど、そのことが明らかに感じとれるような歌詞でありメロディーだったそうです。これは一つの象徴的な事実ですけれども、具体的な抵抗の行動も一人ひとりの朝鮮人の主体をかけて、たえず行なわれていました。一九四〇年をもって中国東北部でのパルチザン闘争も、基本部隊をソ連に移さざるをえないという形になってしまった。まして朝鮮国内に住む人民は、たよりになる抵抗の指導組織などはまったくもてない状況だった。地下組織としてもぜんぜんそういうものがないような状況のなかで、すべてを自分で判断して抵抗はなお行なわれたのです。工場で公然たるストや数多くのサボ、そしてわざとおシャカを出すような、粘着力のあるそれだけ権力者にとってはいやな闘い。また学生などの場合、学徒動員あるいは学徒徴兵への抵抗。国内での徴兵拒否から、中国戦線まで動員されていった先での脱走（著名な作家金史良《キムサリャン》も脱走して延安に入った）。またコミュニストではなくて、現在南の評論家である申相楚《シンサンチョ》もやはり脱走して延安へ入り、解放後に北を通って南へ帰っていて、その体験記を発表しています。これはたまたま文字になったものですが、重要なのは彼らはちっとも例外的な感性の持主ではないということです。

あらゆる民族的なものを弾圧しつくすということの象徴として、一九四二年の朝鮮語学会事件があります。当時朝鮮語は、まったく軽視されていた。学校では朝鮮語を使ったら罰金をとられるような教育が行なわれていた時期です。したがって正しい美しい朝鮮語、文法や綴り字を子弟に譲り渡していくことじたいが危機にさらされていた。それに、日帝時代のはじめからの朝鮮総督府の朝鮮語軽視のなかで、朝鮮語の統一的な綴り字法さえまだ確立されていなかった。そういう状態をなんとかしたいと思う朝鮮語学者がつくっていた純粋にことばを研究するための団体が朝鮮語学会でした。「朝鮮語を守る」というただそれだけが目標でした。それがおのずから民族意識とつながっていたとしても、とにかく学会以上でも以下でもなかった。その構成メンバーが全員投獄されてしまったのです。その人たちはいまではイデオロギーに応じて南北に別れていて、それぞれの言語政策に大きな役割を果たしています。彼らが投獄前に協力して標準綴り字法を決めていなかったら、いまの北と南の書きことばは、現在のような基本的に大きくはちがわないといえる姿をとれなかったでしょう。そういう言語学者たちすべてが刑務所に投獄されてしまったのです。朝鮮民族の文化にとってこれほど危機的な状態はなかったといってよい。

そういう危機意識は、しかし一方ではますます抵抗の意志をかためさせたといえる。呂運亨だけではなく、一般的な気持ちとしてあった。南朝鮮の専門家ではない歴史家で文定昌《ムンジョンチャン》という人がその時期の具体的な挿話を著書のなかでたくさん集めて紹介しています。もともと朝鮮総督府の役人として日帝時代をすごしてきた文氏が、その前半生の反省をこめながら、日韓闘争の時期に日韓闘争のために出版した歴史の書物のなかで明らかにしているのです。創氏改名をあくまで拒否した例、神社参拝を拒否しとおした具体的な話。おそらくそういう勇敢な個人の行為は、当時民衆のなかで口から口へと伝えられていたものでしょう。そういうなかで培われた意識は、当然、日本人がまだ天皇制イデオロギーに酔っていて戦争に必ず勝つというような状況認識をもっていたかなりはやい段階から、日本帝国主義の崩壊必至ということを感じとることを可能にした。口から口へ「日本はもう敗ける」こと、カイロ宣言という名前は知らなくてもとにかくそういう内容のものが出ていること、大本営発表なんてのは全部ウソだということが伝えられ、朝鮮の民衆はほとんど知っていたといっていい。知らないのは日本人庶民ばかりだった。このようにしてもちこたえられた抵抗意識と状況認識が、八・一五によって一斉に花開いたのです。

2　自主的な統一政権

それは、八・一五から、やがて米ソ両軍が進駐してくるまでの期間、占領に先立って解放を自分たちのものにしようとする朝鮮人民の動きとして花開いたといえましょう。そのためのソウルの中心的な指導機関として建国準備委員会が発足するわけですが、それと前後して各地方の郡単位にも、ぞくぞくと指導機関が生まれている。それには建国準備委員会が八・一五当日に総督府とかけあって、政治犯の即時釈放をかちとったことも大きくものをいっている。非転向のまま獄中につながれていたコミュニストや民族主義者が一斉に外に出てきた。そのなかには、地方で民衆の信望を受けて活動してきた無名の人びとが非常に多くいた。彼らが一斉に帰って、以前からある程度維持してきた小規模なサークルのつながりを基盤にしながら、下から建国準備委員会を支える自主的な地方政権機関をつくり出していった。これらの地方機関は、経緯上その名のつけ方も当初は「自治委員会」などいろいろでしたが、のちに朝鮮人民共和国との関連を示す意味で、人民委員会という名に統一されていきます。ともかく、どこの地方でも、郡ぐらいの単位では、必ずそれが構成できる力量が蓄えられていたということにわれわれは注目する必要がありましょう。これは明らかに、日帝時代の新幹会の運動、さらにそれ以後の段階のもっと分散的ななかで闘われた諸運動のなかで生まれていた人と人とのつながり、そして持ちこたえあってきた意識によって担われたものであり、そういう意味で解放前の歴史が解放後に生きているわけです。

そういう動きは、その後、北ではその人民委員会がほとんどそのまま公認されていくのに対して、南では米軍につぶされてしまうというようにちがってくるが、すくなくとも八・一五のその日においては南も北も当然生まれてきたものに質のちがいはなかったわけです。当然のことですけれども、日帝の支配下での経験に本質的なちがいはなかったのですから。

それともう一つはっきりさせておく必要があるのは、とりわけ朝鮮戦争以前の時期のいわゆる三八度線は、一九五三年、朝鮮戦争以後の休戦ラインとはちがって、物質的にも精神的にも何ら絶対的・恒常的なへだてではなかったということです。現に人や物の往来はけっこうあったのです。世界の分断国家のなかでもまれにみるほど完全に遮断された現状は一九五三年以後につくり出されたものなのです。つい最近の韓弼花《ハンピルファ》選手とお兄さんとのすれちがいはいかに外から強制された分断がきびしいものかをものがたっていた。なお、韓選手とお兄さんとの電話での対話の録音は南朝鮮の民間放送で放送されたそうです。その日は朝放送されたそうですが、そのために会社なんかでも、放送が終る時間まで遅刻者続出。みんな家でその放送をきいていて、誰も出てこないので仕事にならないほどだったそうです。それでも要求によってお昼にもう一度放送され、それが大反響を呼んで、どうしてもやはり会わせるべきだ、日本にお兄さんを送れという世論が、ものすごく盛り上っていった。政府もそれを無視しえなくなったため、お兄さんをとにかく日本まで行かせないわけにはいかなかった。しかしそこで会わせることを政治的にまずいと判断して強引に会わせなくしてしまった。この経緯からもわかることの一つは、例えば東独と西独の場合のようにおなじ分断国家といっても、朝鮮戦争以後の南北の分断ほど完全に物理的に遮断されているというケースはいまやないということ、そしてそれだけ、南北の民衆の統一への希求は激しいものとしてあるということです。朝鮮戦争のときに最終的に、南と北に生き別れになってしまった家族は何も韓弼花選手だけじゃなくてじつに多い。もう二〇年にもなろうとしているのに音信も不通のまま、何ら消息を知る手段すらないというほど民衆レベルでは完全に三八度線は越え難い線なのです。こんな非人間的なことがあってよいものでしょうか。

話をもとにもどします。こういう現状からみると意外なことかもしれませんが、三八度線というのは朝鮮戦争以前にはけっしてそんな完全なへだてではなかった。人の往き来もありましたし、まして民衆相互の心理的へだたりなどはなかった。南北の経済的一体性は、だんだん失われていきますけれども、朝鮮戦争のすこし前までは電力の交流などもあったのです。だから、八・一五の時点で朝鮮共産党が組織されたとき、当然南と北に別々に組織されるなどということであるはずがない。ブルジョア政党としての民主党にしてもおなじこと、南北一体で相互に連関をもちながら組織されている。だんだん状況はきびしくはなりますけれども、それでも朝鮮戦争前までと後ではその点ずいぶんちがっている。

南北一体ということばは朝鮮戦争後になると、あるべき目標という意味をもってくるけれど、解放直後には文字通り南北一体は自明のことで、むしろ南北が分断されて別々の政権ができてしまうだろうとはだれ一人予想していなかったといえます。

北朝鮮の政権の構成や政策もたえず南のことに気を配って決められていた。例えば、北に過渡的に人民委員会の上に立つ権力機関ができた四六年のはじめころ、土地改革が行なわれる。土地改革こそは、地主制が維持されてきた日本帝国主義の支配下で人口の最大多数を占める農民の、そのまた大多数が小作人である、というなかで、南北人民のもっとも切実な要求でした。解放後、これが南北を通じて、運動の中心課題に位置づけられたのも当然でしょう。そういうなかで、それが実現可能であることを南の人びとにも知らせる意味で北の土地改革は四六年二月あえて実施を決定されたわけです。しかし同時に、南の政治状況へのはねかえりをおそれるがゆえに、その後、ただちに協同化する道はさしひかえられたのです。おそらく北だけですべてを決定するとしたら、土地改革の直後に協同化が始められたでしょうが、現実に協同化が北朝鮮で始められるのは、朝鮮戦争以後です。

その点を中国と比較すると、中国はすぐに協同化へ移行していくのに、朝鮮では土地改革から協同化までにこんなに間があいていてモタモタしてたのはどういうわけだなどという人がいる。中国の社会主義農業かなんかをやっている「専門家」からそんな質問をされて、腹を立てた覚えがあります。それはちがうんです。北についてさまざまな虚偽宣伝が南のなかで流されているようななかで、南に対する戦術的配慮ぬきに協同化を進めるわけにはいかなかった。北だけが順調に土地改革を終えたのは分割占領という条件のなかで生じたことであって、やがて遠からず南と合体して本当の政権ができるのだ、と南の人も北の人も信じて疑わなかった。いずれできる政権は統一朝鮮政権であり、それはおそらく社会主義的な統一朝鮮政権であろう、協同化などはそうなったあかつきに南北一体で本格的に進めるべきで、それ以前に北単独で土地改革以上の段階に進むのは、むしろ統一政権創出へのマイナス要因となるおそれがある、そういう状況判断が何よりも優先されたということなのです。

じっさい、当時北のなかの国内派といわれる人びとは、「いまの問題は北だけで社会主義化をどんどん進めていくなどということではなくて、南の反米闘争を何をおいても支援することだ」とはっきり主張したといわれます。当時、北の中央および地方政権を形成していた人びとの多くは、八・一五直後、国内の牢獄から出てきて、人民委員会をつくった人たちで、南と北との一体感をそれこそ実感的にもっていたのです。おそらくそういう感覚に支えられて、またソウルの朴憲永指導部の影響もあって、南の人民闘争に有利なかぎりのことはすべてやるが、ちょっとでも有利でない面があるようなことは差し控えるという観点で、朝鮮戦争以前の北朝鮮の政策は貫かれていたと感ぜられます。

南北分断というものは、たんに一時的に分割占領ということが連合軍の側の都合で生じただけで、やがて朝鮮人民の自主的な政権をつくるのだということは連合軍もうたっていたことです。政権が南・北別々にできてしまうなんてことは思いもおよばない。統一された一つの政権以外でなんかあるわけがないという受けとめ方は、立場をこえ、階級性をこえて、すべての朝鮮人の気持だった。それだけに、のちに外側からそれが踏みにじられていくということへの怒り、分断を固定化していくものへの怒りはストレートだった。その怒りが今日の自主統一のエネルギーにまでつながっているといえましょう。

それからもう一つ、日本戦後史との関連性・比較をここで考えておきたい。さきほどもいったように八・一五のその日から、日本人の関心は引揚史《ひきあげ》というような局限された問題だけに完全にしぼられてしまう。そして被害者意識だけが浮き上ってくる。たしかに日本帝国主義の罪を一身に背負わせられて引揚者はたいへんな苦労をしたわけですが、その反面、朝鮮人民が、日帝時代抑えられていたものをどのように花開かせているのかということへの関心は、ぜんぜん持てない心理状態ができてしまった。そして、朝鮮人民は、とにかく末端から古い権力機構を崩して、新しい権力機構、人民委員会をつくり、その力の上に朝鮮人民共和国をつくり出した。連合軍の力を借りるまでもなく、自分たちの力でそこまでやってしまった。それにくらべると、日本人の敗戦体験はいかに貧しいものにすぎなかったかが浮かび上ってくる。

日本人にとっての敗戦も、従来の価値体系の崩壊をもたらしたという点はおなじですが、従来の価値体系は日本ではただたんに消え失せたにすぎなかった。従来の価値体系に対する痛切な反省が、例えば新たな政権機構、末端の町内会レベルから始まる政権機構を自分たちでつくっていこうといった形で、日本の民衆の意識にのぼったかといえば、ほとんどそんなことはない。むしろ、上の方の権力機構がつぶれたわりに、末端の町内会ないしは村落といったようなあたりの人的な関係は、ほとんどドラスティックに崩れていかなかったのではないでしょうか。古いボス体制じたいがひっくりかえされずにそのまま母体となって戦後体制への再編がなされ、戦前培われてきた生活意識などがなんとなく戦後にそのままずるずると継承されてしまったのではないでしょうか。戦前の天皇のかわりにマッカーサー、ないし戦後民主主義が据えられたといううちがいはあるけれども、それに対する大衆の姿勢は、戦前とおなじだった。とにかく、朝鮮人民が人民委員会をつくっていたその時期に、われわれはそういったものをつくりえなかったのだということは、まず出発点として確認しておく必要があると思います。

3　朝鮮人民共和国と朝鮮共産党

前置きはこれくらいにして具体的にみてゆきます。まず、八・一五の時点での米・ソ関係をみると、北朝鮮ではソ連軍が八・一五以前からすでに占領を始めているのにたいして、アメリカの側は、ソ連が全朝鮮を占領してしまってはかなわんとあわてた。そして、おそらくかなりにわか仕立ての協定を現地軍の間でとり結ぶことをもちかけて、とりあえず三八度線以南の占領の権利をアメリカは確保したわけです。つまり、分割占領ははやくからきちんと米ソ間で決っていたとは思われない。しかし、急にアメリカが協定をもちかけたときなぜソ連がそれに応じたかは大いに問題だと思います。ともかく、そういう経緯もあって、アメリカ軍が南朝鮮に進駐したのは四五年九月七日にいたってでした。つまりその間、南朝鮮には一カ月弱の空白があったわけです。

そのきわめて短い時期の間に、さきほどいったような人民委員会、建国準備委員会の活動があり、そしてその建国準備委員会としては、米軍の出方を危惧して米軍の占領前に、自主的な権力機構をとにかく形あるものにしてしまうことが必要だという情勢判断をした。あとから考えれば、彼らの危惧は当っていたのですが、ともかくその危惧のためににわかごしらえではあるが、朝鮮人民共和国という主権機関を建国準備委員会を母体として構成していった。われわれは、朝鮮人民共和国というものを、わずか一ヵ月の間にともかくも発足させえたということに素直に驚かざるをえない。今日の多くの通史でこの意義は完全に抹殺されていますが、われわれにとってはやはり非常に重大な問題を提起していると思います。

朝鮮人民共和国をつくり出したエネルギーはさきほどいったように、民衆意識の上に立つ人民委員会の下からの動きであり、それを中央で結集した呂運亨らの建国準備委員会でした。呂運亨という人は、民族左派ないし社会民主主義者などいろいろにいわれていますが、広い意味ではマルキストのなかに入るといっていいかと思います。解放前も共産党員ではなかったし、解放後も自分は共産党員ではないとして身を処していっている。一貫して大衆団体、合法面での活動を担ってきた。ブルジョア右派が彼に容共左派というレッテルを貼っていたのは、当っていないとはいえない。彼を頂点として再建された建国準備委員会は、朝鮮共産党が実質的には手足となって動き始めた。そして、この力がアメリカ軍がやってくる以前に、そのイニシアティブによってはっきり政権機関たることを目指して朝鮮人民共和国をつくったわけです。

朝鮮人民共和国は、成立の経過上たしかにかなりにわかごしらえです。その名簿をみると、大人民共和国のほうは、人民委員会の主席が呂運亨で、副主席が許憲、それから金日成《キムイルソン》の名前が入っている。それからもちろん、統領には李承晩《イスンマン》、それから人民委員の一人として金日成《キムイルソン》の名前が入っている。それからもちろん、呂運亨も入っている。朝鮮共産党の指導者朴憲永《パクホニョン》は、表面は何の役にもついていない。しかし朴憲永の影響下で、朝鮮共産党を動かしていたソウルコムグループの人びとが、実務的に枢要の地位につくことになっている。この構成からみてもわかるように、これは机上プランです。つまり李承晩、金日成の了承をえて任命したというわけじゃなくて、建国準備委員会を母体にしつつ、一つの政権機関を朝鮮人民一体となってつくっていくとすればこのような構成になる、という形を打ち出したものにすぎません。

だから、抹殺論者は、「朝鮮人民共和国というのはたんなる机上プランであって、何ら現実性のないものだ。当然つぶれていくべき運命にあった。じっさいアメリカ軍政がこれを否定してつぶしていくじゃないか。そういう運命にあったのも当然で、しょせんたいして重要なものではないんだ」という。このように全面否定されるのは、じつはのちに権力闘争に敗れていく朴憲永が一枚かんでいるからで、朴憲永が関与しているものがロクなものであるはずがないという結論がさきにあるわけですが、私はそういう全面否定はやはり不当だと思う。なるほど、たしかに朝鮮人民共和国は、にわかごしらえであった。客観情勢に迫られて大急ぎでつくったものです。だが、大急ぎでつくった情勢判断はまちがっていたろうか？　また、にわかごしらえだから重要でないと簡単にきめつけられるものだろうか？　また選挙という形式を踏んでいないこともたしかです。しかし、故意に無視されているけれども、人民委員会の代表がソウルで大会をもって決議、承認するという形式はとられております。それでも形式的な不完全性は多少あるかもしれないけれども、といって人民委員会が当時地方でもっていた影響力からみて、何らの大衆的基礎もないと断定するのはまちがいだ。現に朝鮮人民共和国に対して、米軍占領以前の段階で、異論を唱え、公然と反対を唱える勢力はまったく登場していない。つまり形式的な選挙をやったわけではないけれども、明らかにおのずから実質的な民衆の同意をふまえていたといいうるものとして、朝鮮人民共和国のプランはあった。

もっと別ないい方をすれば、民衆が自分たちの真の解放を担うに足ると考える指導部を構想するとすれば、つまり民衆個々人には当然いろいろな差はあるのだが、全体として、一つのイメージをつくるとすれば、否応なしに朝鮮人民共和国のようなものにならざるをえなかったといえます。だからそれでいいという承認が事実上与えられているわけです。つまり民衆のイメージの結晶が朝鮮人民共和国であり、実現性がどうこうというよりも以前に、理想像として朝鮮人民共和国を求めていたということなのです。後から結果論的にいえば、それは空想であってしょせん成り立ちえなかったものだということも易しいことです。現実性を議論すれば、たしかにそれはなかったといえることでしょう。しかしたとえ現実性がないにしろ民衆の理想とする政権像がそこに素直に反映され、具体的に表出されていたという点に、まさに朝鮮人民共和国の最大の意義があったのです。

では民衆のイメージの結晶が朝鮮人民共和国に反映しているという場合、それは具体的にはどういう基準にもとづくイメージだったのか。じっさいの朝鮮人民共和国はさきほどから説明してきたとおり、呂運亨を頂点とするいわゆる左翼、つまり朝鮮共産党をはじめ諸々のマルキストをふくめた広い意味での左翼がイニシアティブを掌握しつつ、その上で、すくなくとも日帝時代、抵抗の姿勢を貫いた朝鮮の政治指導者のすべてを、イデオロギーを問わずいわば大連合した全民族的な結集体という性格でした。だから、そこには李承晩、金九《キムグ》も当然入り、そしてもちろん共産党も入る。そしてそれこそ、民衆のもつ基準にもっとも合致する政権であった。

民衆がどのような基準でイメージをつくっていったかを知るには、中央の政権レベルではなく、地方の人民委員会の成立過程をみてみるのがよい。その場合も、何も選挙なんかやるわけじゃないのですが、われもわれもと指導者が名乗りでるなかで、結局、真に民衆の信望をかち得ているものが推されたりして、その地位につくことになった。外側の力がまだ働いていないわけですから、民衆の信望が集まるか否かによって、人民委員会の構成は基本的に左右された。その場合、民衆の側におのずから一つの基準があって、それが感覚的にこの人に人民委員会を任せるのがいいというような判断を下させ、その本人もまたすすんでその役割をかってでることになった。具体的な日常的な接触の範囲内でそれがなされたわけです。その場合の民衆の基準はきわめて簡単で、要するに日帝時代あくまで闘いつづけたか否かということでした。つづけ方にもいろいろあって、獄中に非転向のままで闘いつづけた人や地下活動をつづけた少数の人と、それからやや種類がちがって、消極的なスレスレのところで屈服せずに民衆の利益に尽くした人までは一応ふくまれます。誰が徹底的に闘う姿勢をもっていたか、これは民衆がいちばんよく知っていたことです。それでは徹底的に闘った人は誰かというと、ブルジョア民族主義者の場合には、中国に亡命していた金九らや、米国で無傷であった李承晩をのぞき、国内にいた人の場合には、とりわけ資本家の場合には、体制に屈服し、消極的にせよ戦争に協力している場合が多く、やはり左翼のなかにいちばん徹底した姿勢がみられたといえます。だから、おのずから地方の人民委員会のなかで左翼が占める比重は非常に大きかった。そういう意味で、民衆が左翼に対して信頼をよせていた程度は日本の場合とは段ちがいであった。そういう志向は誰の目にも明らかだったから、逆にアメリカは進駐してきたとたんにそういう状況をみて、これはたいへんだとあわてたわけです。つまり非転向で闘ってきた左翼がいちばん信望があり、それからブルジョア民族主義者でも人間的にすぐれた人、節をまげなかった人には同様の信望がよせられる。これが最大公約数だったのです。

一方、すすんで日本帝国主義の支配の末端に連なり、あるいはそれを利用して自分たちの利益をあげようとしたような人びとに対する民衆の評価はじつにきびしかった。そういう部分に対しては、解放後の政治にどんな形でにしろ口をはさむ資格はないとする批判が、これまたすごく徹底的に貫かれた。李光洙《イグァンス》、崔南善《チェナムソン》たち、これは文学者として、きわめて有名な人たちで、早い時期には民族運動に参加していながらやがて転向して積極的に皇民化政策に協力してしまったために、まったく不適当な人物とされた。それで自分の過去を反芻して、自分にとじこもるほかなかった。とにかくこのように、基準は非常にはっきりしていたのです。この基準がおのずから解放後の朝鮮人民共和国のイメージを決めていったという風にいえるでしょう。朝鮮人民共和国は、民衆のそういうイメージを体現していたのです。

米軍進駐以前の状況は以上のとおりですが、そういう状態をやっきになってアメリカはつぶしていこうとする。なお朝鮮人民共和国は、その時点ではもちろんいうまでもないことですが、南・北を通じての権力機構として構想されたものです。しかし、アメリカの視野に入ってきたのは、さしあたり南朝鮮地域の様相としてでした。とにかく進駐してみると、地方には人民委員会が立派に成立しているし、中央には朝鮮人民共和国があって、大いに大衆の信頼を得ている。その上その内部には朝鮮共産党の影響がかなりある。このままストレートに進んでいけば、明らかに社会主義政権に進んでいくにちがいない。朝鮮共産党とソ連との関係からいって、それはソ連を利することになるであろう。そうさせてしまっては、つまり南朝鮮をアメリカの制御のきかないものにしてしまってはたいへんだ、という危機感が占領のその日から働かざるをえなかった。

ところで、「当時のアメリカは朝鮮を比較的軽視していた。朝鮮を失うか失わないかにそんなに決定的な問題意識はなかった。つまり系統的な侵略政策などアメリカにはなかった」のだとみなす傾向が最近目立つようですが、それはやはり私は間違っていると思います。たしかにアメリカは朝鮮についての具体的な知識がなかった。どう統治すべきかのイメージをもつまもなく、もう占領当初から弾圧にのめりこんでいっている。技術的な点でもずいぶん混乱した政策が目につく。知識をカバーすべく旧総督府の役人なんかをしばらく顧問としておいたり、あるいは総督府に協力してきた朝鮮人などを顧問としながら、それらの人物に教わりながら、急速に権力政治をうちたてていく。たしかに、そういう過程で技術的な混乱はあったにせよ、第二次大戦後の世界的な新たな矛盾を根本のところではボンヤリみすごしてはいない。まだ中国では内戦がつづいている段階であるとしても、とにかくソ連と国境を接して、米ソ対立の最先端となる朝鮮では、とにかく南朝鮮を、あわよくば北をふくめた全朝鮮を、自国の支配下におき、軍事橋頭堡《きょうとうほ》とする、そういう基本路線は、一瞬も動揺している形跡がない。軍事的・世界戦略的な国益のために、アメリカ占領軍は占領のその日から、そのために望ましくない朝鮮人民の志向をつぶそうとしてあらゆる手段を用いた。そして米軍の「最初の仕事」は、人民委員会・朝鮮人民共和国をつぶすことだったのです。

一方、北のソ連軍にとっては状況は満足だった。左翼が強いのですからさしあたり問題はない。北に進駐したソ連軍は人民委員会を大いに奨励し、それを基盤として権力機構をつくらせていく政策をとるわけです。米軍は逆に人民委員会を認めるわけにはいかない。直接軍政をしいて、朝鮮人民共和国・人民委員会はなんら合法性がないと宣言する。日本帝国主義を負かしたのは連合軍であり米軍である、ポツダム協定による責任はアメリカ・連合軍に対して果たされるべきものだ、だから朝鮮の今後を決めていくのは、朝鮮人民ではなくて連合軍なのだと高飛車に出た。ここですでに朝鮮人民はくやしさを味わわされた。朝鮮人民の気持ちにおかまいなしに米軍は直接の軍政を物理的に施行し、人民共和国を否定し、左翼の弾圧に着手していく。一方、ソ連は状況有利という認識から、まず占領下の北朝鮮の人民委員会を育て、とりあえず北を確保したことに満足していた。この段階は、まだ米・ソの対立がさほど表に出ない冷戦の前哨戦段階でしたが、その段階ですでにアメリカの朝鮮に対する基本姿勢ははっきりしていた。一方、ソ連の方はどうだったのかというと、どうもよくわからない。「朝鮮人民は左翼的で、その中軸をなす朝鮮共産党は朴憲永指導部をふくめてソ連に対して非常に忠実であるから、朝鮮問題で基本的に心配なことはない」という漠然とした安堵感ではなかったろうかと思えます。ただ国境をソ連と接する北朝鮮地域を確保することには、軍事的な意味で非常な関心があり、その一国防衛的問題には大いに力量をさく用意があったが、それ以上に朝鮮人民の志向を、どのように保障していくかということを積極的に考えた形跡はほとんどない。ソ連が持っていた物理的力量と、政治的なアメリカに対する発言権なんかを行使しながら、朝鮮人民にとって可能な外的条件をつくっていく、という問題意識をほとんどもっていなくて、結局南はアメリカのなすがままにまかせてしまった。解放前のコミンテルンがもっていたとおなじような朝鮮問題への消極性、無視、軽視の姿勢は解放後にもあらわれていると思えます。

例えばアメリカが強引に直接軍政をしき、人民共和国を否定していったとき、もしソ連側に人民共和国をもりたてていく意志があれば、直接にそれを公認するという形ではないにしても何かやれることがあったはずだ。南北統一の人民共和国に結集した力量をアメリカの弾圧から守るために、やろうとすればできたことが政治的にあるはずです。ところが、何一つ積極的にしないでアメリカのなすがままに任せ、結局アメリカが強引に分断の既成事実をつくっていくのに追随し、人民共和国の否定に黙認を与えてしまうのです。これは、東西ドイツの問題ともおなじでしょうが、北を確保することに主たる関心が向いていたからではないか。アメリカとは対応のしかたが構造的にはちがいながらも、朝鮮人民の自主的な解放への志向を阻害する点ではおなじであった。その結果、ソ連が八・一五以後に朝鮮で果たした役割は、アメリカとならんで糾弾されるべきものとなった。ソ連のマイナス性は、特に朝鮮戦争の時期にもう一度はっきりとあらわれるが、それはのちにおきましょう。なお、さらにいえば、人民共和国ではなく北の確保がソ連の関心事だったからこそ、南の朴憲永指導部はのちに忠誠をつくしたソ連から見捨てられてしまうのです。南とは切り離して北だけの権力を構築していくコースを、ソ連は実質的に主要な役割を果たして進めていくのです。それとも関連して、つぎに分断の固定化の過程の一つの決定的な切目になった、いわゆる信託統治問題にふれたいと思います。

4 「信託統治」問題

表面的な経過は略しますが、ポツダム宣言にもとづいて連合軍側の戦後処理方針を討議するために開かれたのが、四五年一二月のモスクワでの米英ソ三国外相会議です。そこでほかの議題とならんで朝鮮問題も議題とされた。日本から解放されることはポツダム宣言で確定しているが、具体的に独立朝鮮の政権をどう構成させていくかを決めるのは占領軍である連合軍の権限だ、その基本コースを討議して決めよう、というのがこのモスクワ会議でした。

そこでの決定の要点をあげると、第一に、やはり「信託統治」です。このくだりについてはいろいろな訳語があてられ、「後見制」というようなイメージをやわらげるようないい方もされましたが、要するに連合軍が五年間、できあがるであろう朝鮮の独立政権に対して、わかりやすくいえば日本の戦後のGHQみたいな役割を果たすということです。とにかく完全な独立は五年さきまで待って、その五年間は最高権力は連合軍（米ソを含めた）が握るぞというわけです。つまり朝鮮人民が自主的に即時つかみとろうとし、じっさいに準備をととのえてもいた独立、夢にまでみた独立を五年さきに延ばす、その間、朝鮮人民が目指すであろうものに対して連合軍が介入し、それは望ましくないとかいいとか文句をつける権利を留保するということです。朝鮮人民からみて信託統治とはそういうものであった。

さらに、その信託統治を前提として、すぐに構成されるべき朝鮮の政権を（これはもちろん南北統一した政権ですけれど）どういう手続きでつくっていくべきかについてもいくつかの可能性が考えられるなかで、これまた朝鮮人民の自主性にまかせるのではなくて、連合軍がイニシアティブをとる、それも相互に顕著に対立しあっていて当然デッド・ロックも予想される米ソ両国で、共同委員会というものを設定してそこで基本的に決めていくとした。これでは朝鮮人民が不満に思うのも当然でしょう。

ともかくこのとりきめに従って、四六年に入ると米ソ共同委員会が開かれるが、そこでアメリカは、素直に討議を進めれば米国に不利な左翼色の濃い政権を認めなければならないと情勢判断して、その共同委員会じたいをぶちこわしにかかった。それにはソ連が到底呑めない無茶な案を出せばいいのだから、こわすのは簡単です。こうして統一朝鮮政権の可能性を連合軍の手前勝手さで引き裂いてしまうのです。

それはのちのち話すとして、まず信託統治問題ですが、最初にその構想を出したのは米ソどっちかというと、じつはアメリカの方であることはたしかなのです。アメリカの発想がどこから出てきたのかよくわかりませんが、「朝鮮人民に自治能力なし」という日本側の八・一五以前からの宣伝のくり返しをかなりまともにうけとっていたのではないかと勘ぐりたくなるくらい第二次大戦中から、朝鮮信託統治構想、それも長期にわたる案を出していたのです。ソ連の方はむしろそれを正面からさからわずになるべく期間を短くするように運ぼうとしたようです。「五年間はせめて我慢しろ、その方が結果がいいんだぞ」というつもりだったのかもしれない。それにしても、朝鮮人民の意志を無視して、いいように運んで保護してやるのだから文句はいうなという大国主義にちがいないし、五年間にせよ、とにかく信託統治を認めたという点ではアメリカに追随したわけです。

ところが、この問題を含む三国外相会議決定の情報が、モスクワで開かれたということもあって、かなりの程度ソ連のイニシアティブによるもののような印象をもって朝鮮に伝えられた。その間にアメリカの情報操作も当然あったでしょう。そしてその決定に対する朝鮮人民の当然の不満は、ソ連への不信感、またソ連につながる朝鮮共産党への不信感にのみしぼられていくことになった。このころ万事ソ連と密接に相談しながらやっていた朝鮮共産党は、とにかく信託統治案に対して態度保留した。というより信託統治反対運動の側にむしろ心情的に共感していた。末端党員の次元では明らかにそうでした。ところが、しばらくしてソ連の「忠告」を受けると、信託統治案に賛成する路線に急角度に切り変えていくのです。そのことで、それまで朝鮮共産党を信頼していた南の大衆は大きな不信感をいだかざるをえなかった。

この信託統治の賛否をめぐって、よく客観主義的に「結果論として考えれば五年間我慢した方がまだしも賢明だったんじゃないか」といわれる。表面的に考えるとたしかに、即時独立にそれほどまで固執しないでもよかったんではないかと考えられるかもしれない。しかし、私はそうではないと思う。というのは、連合軍というのはどっちみちすでに米ソの対立をはらんでいたわけですし、それを前提としての「後見制」なのですから、どちらかの意向が一方的に貫徹するにせよ、両方の意向がぶつかり合うにせよ、そういう形で五年間が経過するならば、その五年間が朝鮮人民の志向を扶ける期間として役立つかどうかということに、朝鮮人民が大きな疑問を感じたのは当然です。つまり朝鮮人民がまったく信託統治に反対せず、おとなしくしていたらそれで分断を免れたかというと、そういう保障は必ずしもないわけです。

　まして従来は大国が植民地ということばの抵抗感をやわらげるかくれみのに使ってきたのが信託統治ということばなのです。大国主義への朝鮮人民の不信には、充分それだけの根拠があります。連合国の側に基本的に決定権が留保されているかぎり、朝鮮人民にとっては望ましくないけれども連合軍側の大国相互にとっては都合がよいようなことがらがあった場合、いつなんどき米ソ間で朝鮮人民を犠牲にした取引きが成立しないとはかぎらない。じっさい第二次大戦後でもヨーロッパとアジアを取引するような外交がたしかに行なわれているのですから。そこまで直感的にみぬいた上での不信感が信託統治への反対としてあらわれたのは、的はずれなこととはけっしていえないでしょう。

　じっさい、信託統治案が朝鮮にもたらされたとき、いままで日帝と闘った人びとによる人民委員会を支持し、朝鮮共産党を信頼してきた一般大衆は、一様にオヤと思い「何だいこれは」という気持で受け取る。このときその気持をとらえて反託運動を先頭切って展開していったのは、のちに李承晩とも別れていく、徹頭徹尾心情ナショナリストの金九です。金九は、解放前中国の重慶に亡命していて非妥協的な闘争をとにかく貫いた人で、その思想の系譜はぜんぜんちがう。その金九らが中心になって、一九四五年末から四六年初頭にかけて信託統治反対運動は急激に盛り上っていく。それは八・一五直後の時点の、左翼がイニシアティブをとった大衆運動に勝るとも劣らない、それをも圧倒しかねないような動員力をもった。といっても別に組織があったからじゃなくて、自然と大衆が参加していったのです。朝鮮共産党ならびにその指導下にあった鉄道労働組合なんか、その運動に最初は参加する意志を表明しておきながら、途中でソ連の意見に従っておりてしまう。「ソ連の手先＝朝鮮共産党」という右翼の宣伝をそのまま大衆の前に実証してみせたような形が現出したわけです。

結局、この民衆の意志じたいは米ソによって黙殺されたわけですが、ただ残った結果は何かというと、アメリカ側がこのソ連側のスキを巧みに利用して責任を転嫁するように情報管理し、民衆にてっきりそうだと思い込ませてしまうような状況をつくり出していったことです。このとき解放後はじめて右翼が大衆の心情をとらえ、大衆の心情が左翼から離れるという局面が出てきた。まったく不人気だった右翼ブルジョアジーがこれで勢いづき、何ほどか大衆的影響力をもつようになる。もっとも、まだこれ以後でも左翼の方が相対的には優勢でしたが、すくなくとも絶対的信頼というものではなくなった。そして、きわめて行動的な右翼反共団体、めちゃくちゃに反左翼・反朝鮮共産党の行動を展開する突撃隊がこの状況を背景にして生まれてきている。

金九はのちに変わっていきますが、この時点ではアメリカの宣伝をそのまま真に受けて、ソ連、朝鮮共産党に対する徹底的な憎悪をむきだしにしてアジっていたが、そこにある程度大衆をひきつけるものがあった。このとき、朝鮮共産党は大衆の心情に背をむけることを知りながらソ連の指導に従ったことが、アメリカにつけいられたのですが、もしこのとき正しく大衆の側に立つ対応をしえていたならば、その後の過程はずいぶんちがってきていたでしょう。その後、左翼の大衆闘争はさらに強まっていくわけですけれども、それに敵対する力もすっかり強まってしまったのです。

ついでにいっておけば、信託統治反対運動に参加した人びとにとってそれは純粋に信託統治反対の問題であって、はじめから反共の手段としての反託ではなかった。たしかにアメリカははじめからこれを手段として反ソ反共運動をやるという意図だったけれども、信託統治反対に立ち上った大衆ならびに金九たちは、むしろそうではない。その証拠には、憎悪の対象はソ連ばかりではなく、逆に親米派で信託統治賛成と目された韓国民主党のリーダーであった宋鎮禹《ソンジヌ》などにもむしろより強くむけられた。

彼は国内ブルジョア右派の政治指導者で、左派が圧倒的に優勢な八・一五直後の段階ではおとなしくせざるをえなかったが、米軍が入ってくると、米軍と結びついて勢力を挽回しようとし、のちにまた分れていきますが、李承晩などと通じて右翼の団結をはかりアメリカにとりいろうとしていた。そのため、すくなくとも大衆からは自主性がないとみられていた。朝鮮共産党はソ連にベッタリだが、同時に、宋鎮禹の韓国民主党はアメリカにベッタリであるとみて、金九を中心とする独立党の一員は、アメリカに国を売り渡そうとしている宋鎮禹に怒りをぶつけ、感情にかられて射殺するにいたるのです。つまり激情的な反託の行動は、左翼に対してだけ向けられたのではなくて、右翼のなかでも親米賛託派と目された部分に対しては、おなじように、あるいはむしろより強く向けられたのです。朴憲永は暗殺されたわけじゃないんですから。なお、李承晩はこの段階では適当に正体を隠し、うまくきりぬけるわけです。

ともかく、このように信託統治に反対した最初の大衆意識の原点はけっしてたんに共産党批判ということだけではなかったのです。ところがそれが、やがてアメリカの巧みな操作が加わって「反共」にすり替えられていく。そのような過程を許してしまうスキがソ連ならびに朝鮮共産党の側にあったのはどういうことかが大きな問題になってきます。

5　朝鮮共産党と朴憲永

そこで問題になってくるのはやはり、朝鮮共産党とはいったい何かということです。話がもどりますが、八・一五直後からコミュニストたちは一斉に活動を始めます。ソウルを中心として全国的に、つまり南北を通じて国内にいた人びとによって朝鮮共産党が組織されていく。そしてこまかくいうと、解放前からのセクトの関係がからんではじめ二つの朝鮮共産党ができますが、やがてそれが朴憲永を中心に合体していきます。古参活動家の多い長安派共産党の方がスタートは早かったが、朴憲永らの火曜派共産党が組織が強かったのでイニシアティブをとったわけです。その間の理論闘争についても若干問題がありますが、省きます。これらの党組織はいずれもソウルに中心をおいて組織された。

朴憲永は、二〇年代朝鮮共産党創立以来、一貫してほとんど国内で活動してきたいわば筋金入りの「ボルシェヴィキ」で、一九三七年、国内の最後の党再建運動であるソウルコムグループの指導者でもあった。その後も朴憲永は地下に潜っているわけですが、このような長い活動歴のなかで地方の人とのつながりを掘り起こしながら、組織のイニシアティブをとっていく。長安派は外に出て、すくなくとも形の上では転向して活動をやめていたので出発は早かったけれども、闘争の実績からしても、組織しているバイタリティーからいっても朴憲永の比ではなかった。こうして朴憲永を中心とするソウルコムグループがイニシアティブをとって、九月はじめ朝鮮共産党は一つの党として再建された。

南朝鮮地域はいうまでもなく、北朝鮮地域で古くから活動していた人たちも、多くは朴憲永とは関係があって、そういう人が朴憲永のソウルの指導部に従いつつ地方ごとに党組織・人民委員会をつくっていった。やがて状況がかわり、つまり分割占領により諸条件が北と南で若干ちがうという状況が生じるにつれて、これに対応すべく北朝鮮地域には一九四五年一〇月、朝鮮共産党北朝鮮分局というものがつくられますが、それもあくまでソウル中央の下での分局という形であった。

このように解放直後の朝鮮共産党で指導権を確立していた朴憲永については、いろいろエピソードがあります。朴憲永は写真でみても非常にやせた眼の鋭い小男で、とにかく徹底的に闘いつづけた人です。特に一九二六年の六・一〇万歳闘争のときは、官憲側が第二次共産党事件といわれる大弾圧をかけた。彼はそれより早く逮捕されたのですが、その多勢の被告からなる統一公判では、堂々と裁判官と渡り合い、裁判長にメガネを投げつけるような気魄を示し、服役後は精神錯乱をよそおって入院をかちとり、そこからただちに脱走してそのまま地下活動をつづけたといいます。ちかごろ、いろいろ気がねがあってつとめて朴憲永を矮小に描こうとするようですが、じっさいは驚くべきほど意志の強い人だったことはたしかのようです。一九三七年の「ソウルコムグループ事件」のときには、中心人物の一人だったけれど逮捕を免れ、かくまわれており、八・一五直後には、朝鮮南端の全羅南道の炭坑地帯で地下活動を四五年末までつづけたといわれます（編者注）。

とにかく、朝鮮共産党の国内活動家のなかでこれほどの経歴を持っている人はなかったといえる。だからといって、朴憲永を必要以上に美化すべきではないと思う。その短所もよくみておかねばならない。それだけものすごくきびしいスパイ政治の状況下を長年くぐりぬけてきた人だから、当然、対権力の鋭い感覚と警戒心を持ちつづけていた反面、あけっぴろげの大衆感覚には欠けていた。鋭く冷たくすべてを分析しきっていくといったタイプの人です。

またそういう活動経歴の関係からいって、ある意味では当然かも知れませんけど、いわば「オールド・ボルシェヴィキ」なのです。つまり、コミンテルン指導下の左翼運動をもっとも困難な条件の下であくまで実践してきたなかで培われた感性を持ちつづけていた。「ソ連は、われわれ社会主義者の祖国である。ソ連への忠誠、あるいはソ連の客観的に有利な条件のなかで生み出された理論的認識、および戦略戦術への信頼は絶対であるべきだ。自分たちの任務はそれをいかに具体的に実践していくかなのだ」と心から考えていたと思います。だから当然解放後もソ連の指導につねに忠実であろうとする姿勢を貫いている。

このようなことをくどくいったのは一つには、朴憲永を評価しなおしたいとする正当な問題意識から出発しながら、むしろ逆に、朴憲永を一面的に美化する傾向があるからです。例えば徳田球一が持っていた感覚と通ずるところを朴憲永がもっていたという面を一応知っておいた方がよいと思う。もっともそれでは、ソ連認識の点で、朝鮮国内にこの朴憲永の限界をこえた主張を明確にしえていた人がいたのだろうかといえば、基本的にその点ではおなじといえます。つまりこの限界はたんに朴憲永一人の限界ではなく、朝鮮共産党の、また世界各国の共産党の限界だったのです。そしてその周辺の共産主義者の共通認識だったのです。

特に八・一五の時点では、ソ連軍によって朝鮮北半部を解放されたということも加わって、ソ連の指導を疑ってみるような問題意識はむしろ露ほども持ってはならないと考えていた。信託統治問題における対応は、このようなことの結果です。まして一方、ソ連の側でもコミンテルンのような強固なタテの組織はないにせよ、あいかわらず朝鮮に対して実質上、指導性に従うことを強制しつづけているなかでは、朴憲永も金日成もこれを拒むことはできなかった。だからソ連の朝鮮問題への対し方にこそ、やはり民衆に対する裏切りの最大の責任があると思うのです。

そのようにソ連に従っているなかで、日本の場合と同様に南朝鮮でも、朴憲永らがアメリカ軍を「解放軍」と規定する問題が出てきます。これもしかし、もちろん、朴憲永一人の判断の誤りということではなく、朝鮮のコミュニストがすべてソ連の認識に追随したということのなかでのことです。第二次大戦後の課題をファシズムの残滓の克服という形で設定するしかたはそもそもソ連の世界認識のなかにあったようで、米・ソの新たな矛盾についてかなり甘い見通しをもち、連合軍としての友好関係がある程度維持できるように考えていたきらいがあった。そういう発想に忠実に従った結果が、日本でも朝鮮でも解放軍規定を導いたといえましょう。そこで、アメリカ軍が人民の側に立って民主主義を推し進めてファシズムの残滓を払拭してくれるものと期待して歓迎する。九月の米軍のソウル進駐に対して、朝鮮共産党も歓迎声明を出しているわけです。

ところが、上陸のその日からアメリカ軍はその期待を裏切っていく。南朝鮮での米軍は上陸のその日から血なまぐさい弾圧を加えてきたわけですから、現場ではいやでも解放軍ではないことに気づかされる。弾圧に対応するなかで、じっさいの行動においては、末端から闘うことによって誤りは早く訂正されていき、理論的認識の訂正はあとからという形になるわけです。だから文書の上では、四六年のはじめごろまでは解放軍規定がつづくのです（それでも日本共産党の転換よりは早い）。アメリカ軍が軍政をしき、人民委員会などに露骨に攻撃をしかけてき、大衆は早くもこれと闘いはじめた段階でも、ソウルの指導部としてはなにがしかの期待を捨てきれなかった。米軍も誤解がとけて大衆の支持が左右どちらにあるのかを知り、どちらが民主的でどちらがファシストに協力したか、を理解すれば乱暴なことはすまいと楽観していた形跡があります。

解放軍ということばに幻惑された上の方ほど、じっさいすでに抵抗のかまえは示しながらも、そういうことばにとらわれて、実状をかえって見誤っていたという面があります。そういう不充分さは、朝鮮共産党の朴憲永もたしかに持っていた。それは、ソ連が押しつけた観点に従い、それをのりこえられなかったために生じたことであり、そのことが南朝鮮の大衆意識との間に亀裂をつくってしまったのだととらえなければならないでしょう。

だからそういう状況のなかで、ソ連がなぜアメリカが南でやっていることを黙認し、みすごしてしまったのかということは重大な問題なのです。そういう問題意識でみていくと、ソ連がその国益本位に、かなり早い段階から北を守ることのみを眼目として北かぎりでの政権の安定化を構想推進していた可能性がどうしても推測されます。だからその構想がしだいに具体化するにしたがって、朴憲永を中心とする南の朝鮮共産党、そして北とちがって非常に困難な反米闘争をすでに開始しはじめていた南の大衆運動は、ソ連の側からいわば切り捨てられ、見捨てられてしまったのです。ただ、その北に対するソ連の分断路線にはまだ北のなかでも抵抗が当然あった。さきほどもふれたように、北の朝鮮共産党分局では、国内派の朴憲永と信頼関係を持つような人びとがまだむしろ有力な役割を果たしていたからです。そういう人びとは、南朝鮮革命、南朝鮮の反米闘争の支援に力点を置くことを強調しながら、あからさまにではないけれども、ソ連のそうした姿勢に対してもある抵抗感覚を示したかもしれない。

なぜそのようなことを推測するかというと、金九などとおなじ発想から北のなかで信託統治に反対した民主党の曺晩植《チョマンシク》らが放逐されていった四五年末～四六年はじめごろ、国内派の共産主義者もつぎつぎに失脚させられていくからです。北の国内派の共産主義者に関してはいまだ謎の事件が一、二あります。なかでも、早く一九四五年九月ごろの段階で起こった玄俊赫《ヒョンジュンヒョク》の暗殺事件は奇怪です。

彼は、平安南道という北のなかでは中心的なピョンヤンを中心とする地域の道党委員会を最初につくり、国内派の民族ブルジョアジーのなかではかなり良心的な、それだけ信望も高かった曺晩植と統一戦線を組みつつ北全体の人民委員会体制をまとめていくのにかなり重要な役割を果たしてきた人です。この人がある日突然、白昼路上で射殺されてしまう。手を下したのがソ連軍なのか何者なのか、公式発表もないのでわからないのですけれど、何らかの意図的な暗殺としか考えられません。ほかにも古参の道の責任者などが放逐されていったような例があります。

なかには放逐されたのかどうかわからないけれども、解放後には北で人民委員会の創出につくしていて、その後南に下ってきて活動するようになった人もいます。一般に南の弾圧がきびしくなるにつれて、年寄のマルクス主義者なんかが、南での非合法活動には肉体的に耐えられなかったりして、弾圧を避けてどんどん北に移っていたころに、わざわざ逆に北から南に活動の場を移しているのです。のちのパルチザン時代の南労党の指導にあたりつづけて李承晩に殺されてしまう李舟河《イジュハ》などがその例です。もっとも困難な時期を支えた中間指導者の一人として記憶に残されるべき名前でしょう。

とにかく簡単に図式的にはわりきれないけれど、あえていえば、南北をあくまで一体ととらえ、南朝鮮での運動を進めることに力点を置くか、それとも北を守るかという二つの選択のなかで、前者をとるような人びとがだんだん排除されていく、あるいは南に移っていくという形が明らかにあったわけです。そのことにはソ連の意志が働いていたとみられるのは当時の状況では当然と思います。そういう一連の事件から推測するならば、やはりソ連はかなり早い段階から、南の闘争を見棄て北を確保する腹を決めていた、とみざるをえない。

中国東北部で一貫して闘われたパルチザン闘争が八・一五以後どのように継承されていったのかという設問に簡単に答えることは誤解を生むかもしれないので、設問を逆にした形で、いかにその落差がデリケートな苦しみを政権にも人民にも与えているかをお話しましょう。

八・一五以前の、特に一九三〇年代の中国東北部での闘いは、確かにそこが解放闘争の主力となっていたことは明らかです。国内と気持の上で通い合うものはあったけれども、しかし、それでいて国内の大衆が何らかの形ですぐ参加することも容易にはできないようなところで闘われている（できなくしたのは日本です）。体験の落差が八・一五以後の錯綜した状況のなかでは、本来一体であったら生じなかったろうデリケートなかげりをおとさざるをえなかった。ソ連が金日成を北の政権を守る人として選ぶと、そのことに対しては当然、反共派の側から攻撃、中傷、あげ足取りがなされる。「あの闘争は国内とは縁もゆかりもなかったのだ」「中国語の方がうまいような人間なんだ」等々。デマに類することまで意識的に流される。「そうでない」と明確にいいきる具体的事実を国内人民が必ずしも知っていない（例えば、金日成の指導のもとで、じっさいに何らかの抗争にかかわった体験をもつというような）ことが、「たしかにそんな面があるな」と感じさせてしまう。そういう事実があるがゆえに、金日成も自由ではありえなくなる。逆にその落差を意識するならば、なされる攻撃への反批判のような形でも、「民族」にあくまで固執しなければならない。やはりいちばんの問題は、みずからの力で解放をかちとり、それを朝鮮民主主義人民共和国にもっていったのだというような実感を、大衆の側が必ずしもストレートな形ではもっていなかったという問題。そのようにあらしめた日本の戦争体制ではないかと思えます。八・一五以前の一定の形で闘われた抗日パルチザン闘争と国内民衆との関係が、八・一五以後の過程に関係してきている。特に北においては、関連がどうしてもいい意味ではないこともふくめてあるという問題でしょう。このような状況を北の内部できりひらく条件の一つとして南の変化がある、と私は考えている。

6　反米帝の闘い

一方、南の状況のなかに取り残されてしまった朴憲永たちは、アメリカ認識の限界などがあったわけですけれども、日本の場合とはかなりちがって、つぎからつぎへとアメリカ側が攻撃をしかけてくる。人民共和国は一九四五年中には完全につぶされ、これを支持するといってすませていられなくなった朝鮮共産党は、自己の影響下に多くの階層別大衆団体を組織し、四六年はじめには、それらを連合させた民戦（民主主義民族戦線）という新たな左翼の結集軸をつくり出していく。それは信託統治問題をへつつも、大衆動員などの点では最大の力量を依然として誇っていた。だからこの段階でも、まったく外からの干渉なしに南の人びとだけが自由に選挙をして指導者を選んだならば、やっぱりまだ左翼政権ができたでしょう。そこでアメリカは、さらに高飛車に直接朝鮮共産党をたたくという方向に出てくる。したがって、一九四六年のはじめには、口ではまだ解放軍と規定していたアメリカ軍と、朝鮮共産党は実践的には全面的に闘わないわけにはいかなくなっている。

そして、労働者のストライキや土地改革を展望する農民運動を基礎とする民戦の運動は、早くも四六年はじめから軌道にのっている。日本で二・一ストがとりくまれ、しかも挫折してしまうのが四七年であることにくらべれば、おなじ解放軍規定をとっていたといっても、体勢をたてなおすのは南朝鮮の方がずっと早かった。

四六年の五月あたりからのちは、特にアメリカの分断政策も露骨になってきて、一方ではカイライ権力づくりに取りかかりながら、朝鮮共産党の機関紙印刷所でニセ札を大量に刷って経済混乱を起こさせている証拠があがったと称する「精版社事件」をデッチ上げて、それを名目に朝鮮共産党を実質上非合法化していく。朝鮮共産党の機関紙『解放日報』も、このときまでは公然と出されていたが、これからあとは地下へ追いこまれていきます。周辺の左翼的な商業誌さえ四六年の半ばからあとは満足に出せなくされてしまう。要するに、運動全体が非合法的な活動に移らざるをえなくなった。この段階のことは、マーク・ゲインが『ニッポン日記』のなかでなまなましく記録していますから、読まれるとよいでしょう。

要約すれば、形式的な路線転換がどこでなされたかはともかく、四六年のはじめには占領軍であるアメリカ軍という南朝鮮人民にとっての最大の敵との闘いがはっきりと具体的に始まっていった。それは方針の評価は別としても、何といっても朴憲永を中心とする南の朝鮮共産党の当時の力量が軸になっての大衆運動として展開したということです。

そうした大衆運動の最初のピークは四六年秋の全国的な九月ゼネストにつづく、一〇月一日の大邱《テグ》を中心とする地域での人民蜂起でした。鉄道労働組合のストライキへのあまりに野蛮な官憲の弾圧に対して、市民というか、組織されない人びとがみるにみかねて抗議に立ち上った。当初から意図的なものではなかったようですが、警察署を占拠し、巡査を武装解除してしまう。マーク・ゲインの表現によれば、大邱市全体が革命の様相を呈していたといいます。つまり完全に権力機構は麻痺してしまっている。アメリカ軍政とそれが早くもつくりはじめていた韓国の諸機構が、まだまだ脆弱であったことにもよるが、とにかくあっというまに警察機関が大邱一市では消滅してしまう。

さらに注目すべきことは、このとき大邱市を解放した市民たちは、ただちに周辺の農村にレポ、宣伝隊を送り、おなじような行動は周辺の農村にまで急速におよんでいることです。あわてた米軍が戦車をも出して直接乗りこみ、それと対峙した市民のなかから多くの犠牲を出し、結局物理力によって大邱一市の全人民的な蜂起をつぶしてしまう。もちろんこのとき大邱がもっとも突出したけれども孤立して闘ったのではなく、南朝鮮の各所で労組のストなどを軸にして、組織的に人民蜂起が展開されています。アメリカの軍政に立ち向う政治闘争、組織された大衆的な行動が個別的にはそれ以前からあったけれども、全国的なものとしては大きな一つの画期点を示したのが、この四六年の一〇月人民蜂起です。アメリカ軍が物理的にこれを抑えこむまでには、まる一カ月間かかっています。

これに直面してアメリカ軍は、日本ではまだやっていなかったようなあらゆる手をつかって弾圧機構を急速につくりあげていく。いわゆる韓国軍の母体になるものまでこのときすでにスタートさせている。一方、運動の側には一〇月抗争で一つのパターンができた。これはいわゆる武装闘争では必ずしもない、大衆の規模の大きさによる圧倒的な示威そのものが主力です。弾圧に直面すると、石などは投げるけれども、はじめから準備したものとしてではない。圧倒的な大衆がまだそう強力でない警察機構をおのずから追いこむことができるという状況のもとでの大衆蜂起型の闘争が、それ以後、四六年、四七年にかけては三ヵ月から六ヵ月間を置きながら、波状的に何回となく組織されていく。

アメリカの側は、もっぱら武力的に上まわる体制を急速につくることでそれに対応した。アメリカ軍のやり方をチェックする何ものもなかったわけです。ソ連は黙過していたし、日本人民は占領軍のそれほど露骨ではない政策のもとでまったくボンヤリしていた。やりたい放題をやれるというアメリカの側に一方的に有利な条件のなかで、物理的な増強がどんどん進んでいく。そうなると、大衆蜂起型の闘争は、くりかえせばくりかえすほど、目立ってアメリカ軍を追いつめていく、という単純な進行には必ずしもなりえなくなる。両者の力が拮抗しあい、無差別発砲というようなことがくりかえされるたびに、大衆の側は傷ついていった。それから、活動家の狙いうち的な捜査などもきびしくなっていく。

朝鮮共産党の活動はこの時期には、地下活動としても困難になります。朴憲永などの幹部は、四六年夏からもう指名手配でまったく表に出られない。そしてこのころに、南朝鮮にあった朝鮮共産党の中央指導機関じたいが安全に指導できる場所としての北に移っているようです。朴憲永などをはじめとする最高幹部は北に移って、そこから南の運動を指導する。それは、党組織じたいも別にまだ北・南とわかれているわけではないから、闘いを貫徹するために当然の防衛措置でしょう。ただ、朴憲永らがそういう対策においまわされている間、朝鮮共産党北朝鮮分局のなかでは北じたいの体制を固めていく方向が、ソ連の後だてもあってかイニシアティブを握っていっている。

四六年春には、分局はすでに北朝鮮共産党と名乗り、実質的にソウル中央の統制下を離れているようですが、さらに、四六年末になると共産党から労働党への組織がえのなかで、南・北の党は形式的にも分離され、いわば同格の関係になっていく。労働党の組織改編は、表面的には共産党がほかのマルクス主義政党と合同して大衆的な階級政党にすることを目的にかかげていたけれども、そのとき、たぶんソ連の示唆があって、まず北朝鮮労働党が単独に成立し、それにならって南朝鮮労働党が別に組織されるわけです。そしてその後四九年、朝鮮戦争直前の段階ごろになると、うちつづく激しい闘いと弾圧で消耗した南朝鮮労働党（南労党という）は生き残った幹部の大半が北に移ってしまっているようになり、無傷の北朝鮮労働党にいわば吸収合併されるような形をとって一本化し、朝鮮労働党になる。そしてその南北労働党合同においては、完全に北の政治を従来から守ってきた人びとが党の中心を担い、南で闘ってきた朴憲永らとの関係は、いわば解放直後と逆転されていたわけです。

南の状況に話をもどしましょう。アメリカの側はその間、一方では弾圧体制をととのえながら、一方では米ソ共同委員会をぶちこわす。しかし、それからすぐ単選に直進するのではなくて、なおワン・ステップあります。つまり、アメリカは南の左翼を物理的につぶしてしまいさえすれば、なお全朝鮮を左右できるのではないかという幻想を追いかけていた。南北の人口比からいうと、ご存知のように南の方がかなり多い。だから南を完全にアメリカのペースにはこんでしまえば南北一体にしても、南の側、つまりアメリカの側が勝てるはずだというわけです。

　そうするためにはあまり色彩露骨な指導者を選んではかえってうまくいかない。そこで何としても朝鮮共産党だけは切り捨て、信望のある呂《ヨ》運亨《ウニョン》あたりまで利用していわば穏健左右翼の合作による中道政権をつくり、それに全朝鮮の統一政権を担わせ、それを全体としてアメリカがリモコンしていくという構想が出てくる。このプランなら共同委員会でも通りがいいだろうし、「合法的」に全朝鮮を「アメリカ化」していけると。この構想は、おそらくまだそれほど左翼に信望が傾いていることを知らなかった上陸前の段階でアメリカが夢想していた虫のいいプランでしょうが、ここへきて信託統治問題での左翼のつまずきなどをみて、その可能性をもう一回試してみたいと欲を出した。四六年の半ばから四七年にかけてそれが試みられます。

　ゴリゴリに「反共」に凝り固まったような李承晩政権に南だけ確保させるよりは、南北をとおして、アメリカの息のかかった中道という装いの政権ができれば、その方がいっそうアメリカにとっては都合がいいというわけです。そこで呂運亨などを一堂にあつめて左右合作を話し合わせた。しかしそのアメリカの夢想は南の強力な大衆蜂起闘争によって拒否され、不可能であることが証明されていく。呂運亨なども、大衆運動を背景にそういったアメリカの意図にはけっして乗ろうとしなかった。そこでアメリカは、その路線をあきらめると同時に、北をソ連が確保したいと思っていることを片目でにらみながら、北はソ連に渡しても、南はとにかくアメリカの方に確保しようとして、もっとも反人民的で、アメリカにベッタリの指導者、すなわち李承晩を中心とする分断体制を露骨に推進しはじめ、たちまち南だけの政権をこさえてしまう。四七年後半からは、分断という形で橋頭堡を確保するコースを突走ったわけです。

朝鮮問題を当時まだアメリカの投票機械みたいだった国連にもちこみ、国連の権威によってアメリカの決意を追認させ、「国連決議に従わないものは敵だ」という論法で切っていく。つまり、国連は朝鮮問題に対してこのときからけっして中立ではない。国連は、アメリカが軍政下で民衆の自由な意志を完全に弾圧し、李承晩政権をつくり出していくイチジクの葉っぱの役をしている。白を黒と平気でいうような国連朝鮮委監視下の「自由」選挙を通じて李承晩政権・大韓民国が、四八年八月にはできてしまうのです。

この段階で注目していいことは、かつての信託統治反対運動の急先鋒で李承晩といっしょにいままで反共主義でやってきた金九が、南のなかで叛旗をひるがえしたことです。分断の危機を目前にした彼にとって、「反共」の観念よりもさらに上位の価値としての民族の統一を確保することが、命がけで追求しなければならない課題でした。そこで彼は、分断に反対する連席会議に出るために、みずから四八年四月には北に出かけていったり、大車輪の活動をつづけた末、ついに李承晩らに暗殺されてしまう。朝鮮人民は、よくも悪くも大衆感覚に立った指導者をこうして失ってしまった。

大衆的な必死の反対にもかかわらず、しかし、こうして大韓民国はできてしまい、それをおっかけるようにして、北には朝鮮民主主義人民共和国ができていた。なおこの二つの国はいずれも、現実には朝鮮の半分しか支配していないけれども、どちらも全朝鮮の政権という建前で出発しています。その場合気をつけておきたいことは、北の朝鮮民主主義人民共和国には朴憲永はじめ南労党の越北した人びとも多くつらなっていることです。彼は外相という枢要な地位にまでついている。それと、部分的には南のなかで秘密選挙がやられているということがあり、狭い意味での北だけの政権ではなく、不充分な形ではあるけれど、南の人民の意志も若干は反映しているのだということです。つまり、たんに地理的に半分ずつの政権ができたわけじゃなくて、階級的基盤のまったくちがう二つの政権が北と南に分かれて、成立してしまったということです。

7　南労党パルチザン闘争

ところで、そういう分断の固定化の危機に直面するなかで、南の運動は新たな段階へ飛躍していきます。四八年五月に大韓民国をすべり出させるための南の単独選挙を行なうという公示が強引に出されると、この単独選挙に反対する大衆闘争が急速に盛り上り、運動に新しい局面をきりひらく契機となっていくのです。大衆意識の変遷からいえば、信託統治の問題以来失われていた左翼への信望が、アメリカの悪さが誰の目にも明らかになってくることによって、ふたたびもどってきたといえましょう。露骨な分断政策に対して、これではたまらないという大多数の気持を、金九の行動は象徴的に示していました。

とにかく単独選挙にだけは反対だ、分断を固定化させてしまってはならないという素朴な意識がふたたび運動の側にもどってきたわけです。そういう大衆的な気持を背景として、最初はおそらく自然発生的に、実力による単独選挙阻止の闘争があちこちで始まっていく。官憲側が武力を動員すれば、民衆もにわか仕立てにせよ武力をもって選挙阻止の行動を組む。それは、やがて南労党によってパルチザン闘争にまで展開されていく。これを契機にこの時期から朝鮮戦争の段階まで、南労党パルチザン闘争の時代というべき段階に入っていくのです。

単独選挙反対闘争がもっとも徹底して全人民的に闘われたのは、ご存知のように済州島《チェジュド》四・三人民蜂起です。ここではついに選挙は行なわせなかった。朝鮮のなかでもとりわけ貧しく、したがって、左翼への大衆的支持が強かったこの済州島では、人民委員会がそのときまで隠然と実質上生きていたくらいです。そうした厚みと伝統をもつ大衆の一斉蜂起に対して、米韓軍は大量の軍隊を集中して、さらには反共青年団の殺し屋たち、もっともすさんだ人間たちを動員して、全島的に見境なしの大討伐を行なった。文字通り全人民的蜂起なのですから、虐殺は相手かまわずやられていき、全島民の三分の一が犠牲にされるという空前の惨状でした。これに対して済州島民は、漢拏山《ハルラサン》にたてこもるパルチザン部隊を生み出して頑強な抵抗をつづけた。後方から兵士を支える人民の厚い層につつまれた突出したパルチザン闘争で、大衆があらゆる形でパルチザンを援護して強力な粘り強い闘争形態が全島的につくり出されており、抵抗は何年もつづけられ、韓国の施政がおよぶのはずっとあとになる。

そしてこの済州島民の蜂起はさらに韓国軍のなかに連鎖反応を生んでいく。討伐に向けられようとした一部隊が反乱を起こした有名な麗水《ヨス》反乱事件がそれです。一大隊まるごとが「済州島民を殺しにいくことにわれわれは加担できない」と反乱を起こし、武器をもったままその地域を解放し、人民委員会を復活させ、鎮圧軍が出動してくるとそれと闘いながら山岳地帯に入っていって、有名な智異山《チリサン》パルチザン根拠地という、南のパルチザン闘争のなかでも最強力な拠点をそこに築いていった。つまり智異山パルチザンの主力は、もとはといえば韓国軍の正規軍の一大隊が中心になったのです。なお、おなじような軍隊反乱は他の地域でも同時に起き、それぞれのパルチザン闘争をきりひらいていっている。

なおこの時期の国際情勢は、まだ中華人民共和国成立直前ですけれども、すでに国共内戦の大勢は決しており、アジアの情勢は大いに有利というコミンフォルムあたりの景気のよい判断があって、勢いにのって一気に押しまくるべく、一斉に反帝闘争に起ちあがれといったような号令がかけられていた。おそらくこの南でのパルチザン闘争も一般的にはそういう指針もふまえており、まさにその指針どおりほんとうによく南朝鮮のもちばで担おうという問題意識にもとづくものといえましょう。しかし、その蜂起はやがて歴史から切り捨てられていってしまう。

ここで注意しておきたいことは、朝鮮戦争前の段階で、アメリカならびに韓国軍は、物理的な力においてはかなり勝手放題にふるまっていたとしても、政治的な面に目を向けると、李承晩政権の基礎はむしろひどく脆弱で孤立していたということです。金九などからも、つまり右翼内部からも孤立し、大衆はいわば冷やかに背を向けていた。また急速につくられていた韓国軍じたいも、整然としたものではありえなかった。

そこで当時の南労党は、そういうスキをついて、ずいぶん大胆に権力機構、特に軍隊内部への工作を進めていったようです。権力機構を内部から解体し逆転していくというダイナミックな方針があったので、軍隊反乱の続発はたんなる偶然ではないのです。

当時の南労党の指導体制はどうなっていたかというと、朴憲永らの中央指導部は北にあり、その指示の下に、南には比較的少数の練達した党員が現地指導を支えていた。先にのべた李舟河や金三竜《キムサムヨン》らがその任務を担っていた。金三竜といってもほとんど知られていないけれど、労働者出身といわれていますが、どの本にもよく南の困難な時代のパルチザン闘争を指導するにふさわしいようなエピソード、人柄が紹介されている。朴憲永以上に南労党のこの時期を担ったのはむしろ彼らであろうと思うのです。しかし彼らは、朝鮮戦争の直前についに逮捕されてしまいます。逮捕されたときに、北の政権が、北にいるブルジョア民族主義者曺晩植らの身柄との交換を南に提案したことからみても、彼らの役割は重要なものであったことがうかがえます。

そしてその活動の重点は、もちろん大衆的蜂起の昂揚と同時に、権力機構の内部からの解体・逆転という、いわば虎穴にわけ入って虎児を得ようとするものとして執拗に展開されていたといえましょう。麗水反乱とおなじころ、韓国軍一大隊がまるごと、突然武器をもったまま三八度線を越して、北に帰順したような例さえある。韓国軍内部の空洞化はそういうことさえ起こるくらい非常に進んでいた。朝鮮戦争時にもそのことが証明されている、ぜんぜん闘わない軍隊として。なおおなじような工作は、国会やさまざまな官庁のなかでも進められていた。一連の工作や大衆運動の力量を背景としてパルチザン闘争がなり立っていたのだと、いうことをみておきたいと思う。こうして、パルチザンと官憲の側のますます補強されていく物量との一進一退の闘いが、朝鮮戦争直前までつづいていくわけです。

それでは、この時期のパルチザン闘争は権力をどこまで追いつめたのか。この点については、パルチザンなんてたいしたことはないとするアメリカ側からの評価と、性格はちがいますが、のちの朴憲永批判以後の北の評価とは、この時期の南朝鮮人民の闘いを小さくみる点ではよく似ています。むしろ当時の北の、南の切迫した闘いへの共感のにじみ出た記述のなかに多くの真実がふくまれていると思います。だからといって、そこに書かれていることのすべてが歴史的事実であるといってすますわけにはいかない。米韓軍が討伐のためにしたい放題のことをし、パルチザン根拠地の山を全部焼き払ってしまうというような「集中討伐」を平気でやっている。それがパルチザンに何の困難も与えないと考えるのは幻想です。そうかといってパルチザンの側が、中規模の都市に進出するような局面もじっさいあるということは、一方的に山奥に追いこまれていたということでもないことを意味する。総括的にいえば一進一退、パルチザンの側の実感としてはかなりけわしい闘いの連続という状況だったのではないか。必ずしもパルチザンがまったくうまくいっていたとはいえないが、といっていかなる物理力によってもなくされてしまうことはない。

済州島の闘いは、そうした一つの典型を示しているといえましょう。なお済州島の人民蜂起については、日本にいる済州島出身の人たちが資料を集めて、朝鮮語で出版した『済州島人民の四・三人民蜂起』というすぐれた資料集があります。済州島の場合、粘りに粘った闘いが執拗な討伐と拮抗するなかで、ついに人口の三分の一までが殺されてしまう。そうした闘いがきびしい闘いでないということはありえない。全体としてのきびしい闘い、南のなかでは金三竜が指導しており、北にいる朴憲永らは、北の政権のなかにありながらも主として南の運動の指導を担い、そこに政治生命をかけて局面を打開したいと心を砕いていた。しかし局面はたんに有利ばかりではない。ついに金三竜らも逮捕されてしまった。そして一方、中華人民共和国は四九年になって成立し、コミンフォルムは、状況はますます有利とアジり、パルチザンに歯をくいしばって頑張れと号令する。そこで、パルチザンとしては、とにかく頑張っていく、きびしいけれどもとにかく状況は有利なんだということを心の支えにしてもちこたえていく——これが朝鮮戦争直前までの状況であったと思います。

8　阪神教育闘争

つぎに本国の闘いと在日朝鮮人運動の関連について、十分に立ち入ることはできませんが、一ついえることは、四五年一〇月にいちはやく建設された朝連（在日本朝鮮人連盟）の運動は、はじめからたんに意識としてだけでなく、南の運動と非常に密接に関係を持ちながら展開したということです。人がじっさいに往来し、具体的な連絡をとっていた。民戦という大衆組織が本国で組織されたときには、そのなかに在日朝鮮人代表という部門に朝連の代表が正式に参加して一翼を担ってさえいるのです。文字通り一体なわけです。在日朝鮮人、特に強制連行されてきていた人たちが八・一五直後から多勢南へ帰っていったし、帰っていこうとして途中でとめられて日本にとどまることになった人も多いという状態のなかで、とりわけその段階の在日朝鮮人は、否応なしに本国とりわけ南の情勢を気持の上ですくなくとも一体になって心配していた。だから南で反米闘争が盛り上がるならば、それがただちに自分たちの問題意識となりえた。そういう感覚で運動が進められていった。そういうなかで、阪神教育事件における闘いもあったのだと思います。

一方その間、日本人はどうだったかというと、「他の国の様子どころではない。俺たちじしんが食うに困っていて精一杯だったのだ」というのですが、そういう面はたしかにあるけれど、それなら在日朝鮮人は苦労がなかったかゆとりがあったかといえば、そんなことはないし、南朝鮮の人びとの場合はもっとたいへんだった。きびしい状況にあるという点ではおなじ、あるいはひどかったのに、朝鮮人民は日本においても朝鮮においても、国際的な視野で問題をみすえていく視点が確立されていたのに、日本人の場合には、日本国内の在日朝鮮人に対する弾圧をさえ他人ごととしてみすごすという状況であった。GHQと日本の権力が密接に分業しながら、支配秩序を再建していくことを手をこまねいてみていた。ということは自分じしんの問題が何であるかさえわかっていなかったことになるのですが、なぜそんなだったのかは、もっと徹底して深めてみなければならない。現に「あの当時としてはそこまででもやむをえなかったのではなかったか」くらいの認識が私たちのなかにもありはしないでしょうか。そういうことを問題にしていかなければならない。

それからいま問題にしていることとはすこしずれますが、阪神教育事件が在日朝鮮人の民族教育に対する一貫した志向への戦後日本国家の一貫した弾圧史のなかでどう位置づけられるのかにふれておきたい。在日朝鮮人の自分たちの教育をとりもどしたいという要求は、例えば金達寿《キムダルス》さんなどの回想記にも出てくるように、八・一五直後から行動が始まったといってもいいくらい強かった。普通の家の二階などをつかって、塾というか、学校がぞくぞくと無数にでき、それがだんだん大きなものにまとまっていった。いままで抑えられてきたものをいっきょに奪回したいというエネルギーがおのずから生まれてきたわけです。その教育内容は、当然過去の日帝への批判があり、社会科学的な認識があり、そういった内容こそ、朝鮮人の子弟に自主的に教育されるべきもっとも重要なことだと自然に考えられた。

朝連ができていく過程と並行して、朝連ができてから学校をつくっていったのではなくて、後になり先になりしながら、学校は無数に生まれていった。それが日本の権力と、特に南朝鮮をもふくめて日本を視野においていたGHQの目には、もっとも日本のなかでは「危険」なものにみえた。民族教育は南朝鮮の非常に大きな大衆運動と合流しうる強固な部隊として目に映る。日本人の方はどうもあまりそんな関心をも持っていないし、GHQの支配にわりあいすなおに屈従しているけれども、在日朝鮮人はけっしてそうではないと。この認識じたいは残念ながらあたっていたと思うのです。

そのさい、在日朝鮮人が外国人であることはまだ講和条約までは確定しないのだから、民族教育も日本の学校教育のワクに従うべきだ、というまことに不当な論理で公立化による統制をはかった。自主教育を朝鮮人は誰の援助も頼らずに立派にはじめていたのに、それをワクに閉じこめていく。日本人が民主主義的でよいものだと喜んでいた日本の学校教育法の水準にまでひき下げてしまおうとするものだった。それが朝鮮人にとってとうてい承服しがたいものであることはいうまでもない。それへの徹底的な抵抗が全国的にあって、そのピークが阪神教育闘争なのです。

ところがそういう物理的強圧による公立化がひとわたりすんでしまうと、今度は公立というワクのなかに組みこみつつも、そのワクのなかで在日朝鮮人の民族教育の権利を認めることさえもが邪魔になってきた。教員の給料も都なら都から支払われるということじたいさらに不都合である、という排外主義が露骨に出る。朝鮮人にすれば何も公立にしてくれと頼んだわけではなかったのですが。逆にいうと、在日朝鮮人はそういうなかにとりこまれながらも、実質的にはそれをこえる教育内容を実施していたということでしょう。日本人教師にたいする闘争・意識変革を迫る闘いなどもふくめて。

梶井陟《のぼる》先生が自分の体験をとおして、自分が何の問題意識もない理科の教師としてたまたま朝鮮人学校に配置されたなかで悩みながら何を考えてきたかを『朝鮮人学校の日本人教師』にまとめています。すぐれた本だと思うのでぜひすすめます。

それはともかく、五〇年代なかばから、いよいよ一定の保障のある公立学校のワク外にほうり出していく過程がはじまる。こんどは「外国人の教育に日本の国家や自治体が金を出すいわれはない」という、前とはまったく逆転した論理。こうして在日朝鮮人のまことに正当な民族教育権を各種学校扱いし、さらには外国人学校法案を出して、民族教育を骨ぬきにする干渉をはかっている。要するに、排外主義そのものであることは明らかであり、その矛盾を貫く太い糸は「民族教育の否定」という思想であることが明らかなのです。

二　朝鮮南北分断の軍事的固定化

1　朝鮮戦争

朝鮮戦争については、「世界史の画期としての……」などと大上段にふりかぶった抽象的な議論が盛んですが、そうした議論はどうにも朝鮮人不在の朝鮮戦争論が多いということを最初にいっておきたい。国際政治の観点だけでわりきり、朝鮮内部の南北を通じての民衆の志と、それを抑圧するものとの矛盾が四五年以来せめぎあいつづけてきたその爆発、という面がほとんど捨象されているものが多い。米ソの冷戦の一つの将棋のコマみたいな、そういう朝鮮問題のイメージのしかた、例えば神谷不二の『朝鮮戦争』はその典型だと思います。それではやはり本当の朝鮮戦争論は絶対出てこないだろう、と私は思います。

神谷氏はじっさい、朝鮮戦争をまるで二つの機械がかみあって成立するゲームを観戦するように描きだしている。彼は、戦争をするのはとにかく人間なのだということがわからない、強情張りな坊ちゃんニヒリストです。形式論理が精密化すればするほど、何かが欠落していき、かつ危険でもあります。とりわけ、朝鮮民衆の歴史的経過のなかで複雑に積みかさなった心が彼には本質的にわからないし、だから歴史像全体がゆがんでくる。ただ、その神谷氏のはすにかまえた議論が「裸の王様」的に大むこう受けする効果を発揮するのは、特に開戦原因論においてで、日本の公認左翼の絶対平和論的観点からの、甘くてそらぞらしい北弁護論に対しては、かっこうのあげ足とりになっているからです。

じっさい、朝鮮戦争が結果として分断を固定化したことは明らかで、だから公式説明は、「そういう悪しき戦争を北側が始めたなどということはありえようはずがない。北はあくまで平和勢力であって、戦争に対しては守りの受身の姿勢しかもっていなかった。だから戦争が起こったのは、もっぱらアメリカがしかけたのであり、アメリカと韓国軍が攻めたにきまっている」という論理になる。だがこの論理では、直接の開戦そのもののきっかけとなった小戦闘についての一応の説明にはたとえなったとしても、開戦直後、北の正規軍が三八度線を越えていっきょに攻め下ったという誰の目にも明らかな事実を説明できない。北側に正義の民族解放戦争を闘う積極的な意志と決断があったと考えないかぎり、深刻にしてそれだけ多くの教訓がひきだされるべきこの歴史の一コマの理解が、まったくうすっぺらになってしまうということがあると思う。

ただし、神谷氏の小股すくい的な論法は、そのいやらしさにおいて、この論理以下であり、この論理に正面から太刀討ちできるものではけっしてない。私じしんの開戦過程論は後にのべるように、北側の主体的要因をも基本的な民族自決の権利の範囲内において位置づけた上で、やはりストーンの主張が正しいと考えているわけですが、そこへ進む前に、もう少し既往の議論にふれておきたいと思います。

つぎに信夫《しのぶ》清三郎もやはり何冊かおなじように開戦のきっかけについて書いています。神谷氏とはちょっとちがうけれども、つまりそれなりに朝鮮内部の経過をおさえた上で説明しているけれども、そのおさえ方がやはり全然見当はずれだと思うのです。信夫氏の見解では、南の李承晩体制はもう崩壊直前だった、そして特に開戦直前の選挙で反李承晩派が多数を占めており、ましてアメリカが朝鮮放棄を考えていたのだという。「アメリカの防衛線はグァム、沖縄、日本をつないだ線の内側であって、それから外側、つまり、韓国、台湾は放棄する」というようなことばが確かに当時のアメリカの高官の口に上ったことがないわけではない。しかし、それが戦略的効果、戦術的効果の計算をもつ政治的発言である以上、そのまま真に受けていいはずがない。ところが信夫氏は、それを論拠にして、南朝鮮の平和的な政治変革を通じての統一が実質的に目前の状況にあった、もし朝鮮戦争がなければ平和統一が簡単に展開したはずだという。つまり南の政治状況を非常に甘くみているわけです。たしかに、南の権力内はかなり混沌としてはいた。しかしだからといって、闘わずしてそれが屈服していったろうなどと考えることはできない。アメリカが朝鮮を本当に放棄するかまえをみせたことは、四五年にしろ、朝鮮戦争のその後の経過をみても、基本的にない。資本主義世界のチャンピオンとしてのアメリカが、朝鮮がその体制の外側に出てしまってもいいとわりきったことは一度もないわけです。一つや二つのことばがたまたまあっても、アメリカの長期的戦略論ぬきでは論証にならない。

それに、当時の南朝鮮はそんなのどかな状況ではない。パルチザンと韓国軍との間でまさに死闘がつづけられていた。議会の反李承晩派についていえば、それはたしかに一つの力ではあるが、李承晩はアメリカを背景にしてその意志をふみにじることぐらい平気だった。前にも後にも無数に例があることはちょっと調べればすぐわかることだ。李承晩と直接向い合っていたのは、やはりパルチザン部隊だった。信夫氏のいう平和統一勢力が主張に忠実に歩んでいくとしたら、必ずどこかでパルチザンが現にぶつかっているようなところまでいきつかざるをえなかったはずです。それを経ないで、簡単に李承晩が議会の多数に屈服したであろうなどと考えることは、朝鮮戦争前の南の情勢をきわめて表面的にしかとらえていない誤りでしょう。

このような例をひきあいにだしたのも、じつはわれわれの朝鮮戦争論の基本的視点はまだ確立していないためですが、特にさきほどの「弁護論」のように、北の政治勢力の主体的意志とその内部状況をキチンととらえようとする問題意識を欠いては、朝鮮戦争は論じられないと思うのです。

私は、北側の政治的意志決定があったことを当然のこととして考え、もっとも根本的な意味では民族解放の正義の闘争を闘う朝鮮人民の権利と認めた上で、しかしそれが朝鮮人民に真の解放をもたらすにたる内外の状況の正しい分析にもとづいた戦術的なレベルでも正しい決断であったといいうるか否か、またそうした決断をもたらした北側内部の政治構造は何かを考えてみたいと思うのです。

そこで、北は守っただけだといわなければ具合が悪いと思っている論者の頭にあることの一つは、国境を越えての「革命の輸出」という反共派のヒボウのことばへの気がねだろうと思う。ベトナム戦争もベトナム人民の戦いではなく、中ソが背後から操っていると考え、誰かに操られているものとしてしか人民の力をとらえられず、例えばソ連軍が軍隊で侵略して〝赤化〟してしまうぞとおどかすあの論法が朝鮮にも適用されることをおそれて、「そうではないんだ」「社会主義国は平和を愛好し、侵略的ではないんだ」と論証するために南の方だけを問題にする。その論理で説明のつかないことはさけてとおることになる。

だが朝鮮戦争をみる場合、北と南の関係は本来一体なのであり、「革命の輸出」がいいか悪いかという議論はさておき、北から南への軍の派遣は、一国から他国への「革命の輸出」ともちがうのだという点をまずおさえておく必要がある。じっさい朝鮮戦争直前の朝鮮民主主義人民共和国の政権は、南労党の活動を主に担ってきた朴憲永を中心とする人びとなどをふくんでいた。彼らがその一翼を担ったものとして政権がある。いうまでもなく朝鮮の南北は別々の国ではない、朝鮮という一つの民族が、外側からの圧力によってみずから望んだわけでもなく分断させられただけなのだ。南ではその分断を克服すべくパルチザン闘争が現に闘われていた。その南内部の力量を前提として、北に蓄えられた物質的な力、正規軍をふくめたものを投入し、南を解放するために役立てても、そのことは原理的には内政問題であって、他国がとやかくいうべきことではないはずだ。戦術的な判断の問題はあるとしても、正規軍をつかって何が悪いと北の側が開き直ったとしても、戦術的な当否は別として、何の不思議もないはずなのです。

もちろん、このレベルの本質論は、いわばあまりにも当然のことであって、むしろ、わざわざいうまでもないことかもしれない。また、今日異なった意味で、南北間の政治的統一（変革）が展望されている状況のもとで、不必要な逆宣伝のあげ足とりをされないために、このことにあえて言及されていないのも当然のことでしょう。けっしてどこかでいまのようなことがいわれているというのではなく、普遍的な論理の問題として、私たちの受けとめ方を考えてみたわけです、念のためにことわっておきますが。

ただ問題はむしろ、南の民衆の主体性がどう位置づけられていたのか、パルチザンと南の人民蜂起を主としながら、それに結合する役割を正規軍に担わせるという形での理想的な展開があったのか否か。また、作戦の展開過程に当然アメリカが介入してくることについての読み、特にソ連の対応ぶりを計算に入れた上での勝利の展望が読み切られていたのかどうかということでしょう。そこがあいまいだったために、アメリカの予想外に早い反撃によって朝鮮の人民はローラーが往ったり来たりするようななかで日常生活のすべてを破壊されてしまう。悲惨な体験、以前の時期にもまして悲惨な体験をくぐらされることとなった。だからその北の内部の判断の当否の問題はどうしても残るでしょう。南と北との関係は今日の民族国家の相互間の関係とはまったくちがう。朝鮮戦争は、朝鮮民衆の南北を通じて一体の力量が、内部矛盾を含みつつも外側の分断力と決定的にぶつかった悲痛の歴史としてある。基本的に悪いのは、朝鮮人民ではない、外部の力なのだ――この基本視点ができていなくては何もわからないでしょう。

もっと具体的にいえば、一九四五年から五〇年まで、南のなかで主として展開されてきたアメリカ帝国主義と朝鮮人民との抜きさしならぬ対立過程を引き継ぎ、それを全朝鮮人民の規模でいっきょに総決算をつけるべき場として持たれ、しかも外力によってまたも手痛くねじふせられる結果に終ったのです。つまり、朝鮮人民の側をたんなる受身にのみとらえては真実はみえない。

不条理な外力をはねのけるべく正義の闘いを挑んだのが朝鮮人民です。ただ、そういうからには闘いの場をいかなる形でつくるかに直接かかわった政治指導の論理的・倫理的責任はみすごせないことになります。もちろんそれは、アメリカ側、また日本の加担などの全面的な追及のなかのことです。また、じっさい四九〜五〇年頃のコミンフォルムなどの論調は、もちろん一般論の形ですが、北の正規軍等の力による南の解放を肯定する結論がそのなかからひき出されかねないような形で、威勢よく展開されている。その意味でも、朝鮮戦争を、ソ連の世界戦略、その下での北朝鮮の対応を抜きにして語るわけにはいかないでしょう。

そこで、北朝鮮政治の内部をみるばあい、北を「社会主義の東方のトリデ」として守るべくソ連に公認された部分と異なるという意味で、北のなかで南労党を代表するものとしての朴憲永路線の存在に注目すべきだと思います。朴憲永については今日、その南の革命に政治生命をかけていたことへの心情的共感から、もしくはまったく別の、朴憲永を美化することで金日成を否定しようという下心から、のちの結果をふまえて、開戦責任についてももっぱら金日成に帰し、朴憲永は開戦に反対であったと想像するような見解があります。そしてまた逆に、北朝鮮での朴憲永裁判では彼にスパイの汚名がきせられて、すべての責任は「スパイ朴憲永」に帰せられている。そのどちらも納得できる議論ではないと思う。

ただ、北朝鮮ののちの議論のなかでは、朴憲永ら南労党系の人びとが、南のパルチザンを過大に報告して有利な幻想をもたらした〝罪〟が論ぜられている。もちろん「スパイ朴憲永」が作為的にそうしたということはまったく信じがたいけれど、このいい方のなかに何か真実をとくカギがありはしないかと思うのです。前後の状況から考えて、南の膠着状態のなかで何とか局面を打開したいという気持は、むしろ当然朴憲永の側にこそ強くあったはずだ。南朝鮮革命に誠実なあまり、いっきょに総決算をつけたいとする南労党側の説得は、ついに「北を守る」側を説きふせるにいたったという順序と考える方が自然ではないだろうかと推測するわけです。

そう考えると、朴憲永が南のパルチザン闘争の力量に大きな期待をかけて自己の論理を立て、そしてそれに依拠して説得活動を行なった、その論理がのちに挫折すると同時に結果論的断罪を受けてしまったのだ、というように首尾一貫した推論が組み立てうるように思います。

そうはいっても、金日成ら、また特にソ連が全然知らないうちにいきなり戦争が始まった、などということはありえないことです。したがって開戦の結果に対する責任はソ連も共有するものであり、朴憲永一人を処刑してすむものではけっしてない。そのような意味あいで、総括的に開戦原因論については、やはりストーンが『秘史朝鮮戦争』で推測を下しているとおり、アメリカ側が特に李承晩を表面にたてながら仕かけていったワナに上記のような順序で北朝鮮側が乗ったこと、正規軍による南の解放を決定したことによって朝鮮戦争が始まったと考えます。

そのさい北に移っていた南労党の指導者たちの、あえて結果論的にいうならば〝焦り〟が一つの重要な契機になっていたと考えますが、その〝焦り〟ということばじたいすでに結果論であって、ソ連の対応しだいでは緒戦で米軍を海に追い落すことにまで成功しえたかもしれない状況のもとでの決断なわけです。だからむしろ、朴憲永らのソ連への幻想ないし過大な期待が朝鮮戦争に踏み切らせたといいかえる方がより正確でしょう。じっさい北の戦略は、軍事的には短期決戦型でした。また、北の正規軍の力だけではなくて、パルチザンが呼応し、基本的には南の人民の力、大衆的な蜂起に正規軍が力添えをする形で急速に南の解放をかちとる、そういう展望をもっていたと思います。その場合、当然予想されるアメリカの介入に対してはソ連がカバーすることを期待していたと考えなければつじつまが合わない。まさかアメリカが手をこまねいているだろうと考えるはずはないですから。

じっさいの事態も、開戦直後の一、二カ月の間に急速に進展する。南のなかでは急速に人民委員会が復活し、解放された地域ではつぎつぎに土地改革が行なわれ、パルチザンは山から下りてそうした公然活動に合流していった。そして戦線は、いわゆる釜山三角地帯まで狭まり、もう一息で米軍が海に追い落される局面までいって、膠着してしまう。いわば、アメリカの側が意外にすばやく対応したためにこの膠着が生じたわけです。つまりアメリカにとってははじめから予測していた事態であったという面があるわけですが、とにかく意外な早さで集中的に物量が投入されてくる。まして国連軍という錦の御旗がアメリカにとっては十二分に有利につかわれる。その錦の御旗のかげから、皆殺し的なナパーム弾が非戦闘員、南の解放された地域を含めて、あらゆるものの上にふり注がれる。残虐さを平気であえてする構造の下で、アメリカの作戦が展開される。

それに対してソ連の側は、やはりまったく手をこまねいてみすごしていたというほかない。それは朝鮮の側の考えていたこととはずいぶんちがっていたんではないかと思う。すくなくとも、国連軍という錦の御旗をやすやすとアメリカが手中にしたのは、国連の安全保障理事会というソ連が拒否権をもっているはずの場所なのです。なぜ拒否権を行使しなかったかというと、ソ連は中国問題等の関連があってずっと安保理をボイコットしていたからです。だから拒否権をつかうチャンスをみずから放棄した形になった。しかし、たとえボイコットしていたにしろ、そういう急な事態にさいしては急拠出てきてそれを防ぐことはできなかったはずはない。国際世論の前でアメリカがハレンチにも北＝侵略軍というレッテルを貼ることの不当さを糾弾して朝鮮を孤立させないくらいのこともソ連はしていないわけです。後々までおよぶ政治的なかけひきの道具としては、国連軍という名前は現実にアメリカ軍にとって非常に大きくものをいいつづけているのです。

もう一つ、米韓軍が釜山三角地帯に閉じこめられた時点においても、アメリカ軍は制空権をもっていた。ソ連のミグなどアメリカの戦闘機と対抗できる最新鋭の機種が朝鮮の戦線に出てくるのは、ずいぶん後の段階です。だから釜山三角地帯攻防の決定的瞬間の地区戦闘を、朝鮮人民軍の側は空爆にさらされながら戦わなければならないという不利を甘受せざるをえなかった。ある線までアメリカの武力が増強されるにつれて戦線が膠着する背景にそういうことがあり、そのうちに仁川上陸ということになってしまうのです。

もちろん軍事技術的な面、武器の問題だけに視野をかぎって議論を単純化することは危険だとは思いますが、ソ連は、なぜ手段を講じて表面に出ない形でもできたはずの物質的支援をしなかったのでしょうか。もちろんソ連が十分の物質的支援をしていて、米軍が海に落されていたとしても、その時点で朝鮮人民の問題はすべて解決ということにはならなかったはずですが、すくなくともローラーの惨禍はさけられたはずです。要するに、ソ連はことばでさんざん煽っておいて、本気で支援することを考えていなかったのだとしか解釈できないわけです。

2　朝鮮人民の惨禍と日本人民の責任

以上の緒戦の経過は、それ以後の緒戦の段階以上に深刻な様相を規定していくことになります。猛烈な絨毯爆撃、戦線が上がったり下がったりする度毎の避難、生活の手段を破壊され、さらには、アメリカ軍が戦闘員の足りないところを補うために現地で朝鮮人を徴発して軍隊の一員に強制的に入れ、「カチューシャ部隊」という悲しいことばができるぐらい一般化して、一〇代の少年がそういう体験をしている。たんに物質的だけじゃなく、生命を傷つけ、家族離散、同族同士の戦闘・憎しみあい、いかなる意味でも傷を負わなかった人は一人もないほどの痛手が、もっともよく不条理と闘おうとした朝鮮民衆の上に課せられた。朝鮮戦争がわれわれに提起しているもっとも重要な問題は、むしろそこにあるのではないでしょうか。

アメリカ帝国主義は、自国の国益のために強引に朝鮮民衆の意志をふみにじってやりたい放題のことをやった張本人です。しかし、そのアメリカを支えたものは何か。ソ連、日本を含めた世界中の朝鮮問題への対し方の総和が朝鮮民衆に犠牲を負わせ、そのような状況まで追い込んでしまった。朝鮮民衆に、挽回することが不可能ではないけれど、たいへんな労苦と時間を要するその後の徹底した分断状況を生み出してしまった。朝鮮人民の四五年以来の過程の総決算の願望を、またも外側からの力が無惨にふみつぶしてしまったのです。

しかも問題は、たんに開戦前にもどしたというだけでなく、よりむずかしくしてしまった。境界線の表面的な形は開戦前とほぼ変らないようにみえながら、北の人民に対しても南の人民に対しても、いやしがたい傷痕、こえがたい分断の壁を残していった。開戦前には、五体満足で家族もそろってとにかく何とか生きていけた人びとを、家族をバラバラにし、肉親を奪い、さらには精神的な打撃を残した。外側の力が、朝鮮民衆のそれまで蓄積してきた闘いの力をここで完全に解体してしまう強引な物理的な場としたこと、結果論的にいえば、それが朝鮮戦争の意味となってしまったのです。

朝鮮戦争のそうした結果はそれ以後、南北いずれをとっても、その内部の政治、経済、文化、あるいは人びとの思考の範囲をまで規定していくような傷痕を残していった。それだけ朝鮮戦争の責任論は朝鮮人民の立場では、私がふれたよりはるかに鋭く追及されざるをえないのだと思う。問題はまさに、そういう朝鮮戦争に日本人民はどのようにかかわっていたかということです。ご存知のように、アメリカ外交官の回想記などを見ますと「日本がなかったらアメリカは朝鮮戦争はできなかった。非常に助かった」というようにじつにアケスケに書いています。事実その通りであることを認めざるをえない。よく知られているように、いわゆる特需ブームとは何であったかです。アメリカは朝鮮戦線で莫大な物量の消耗戦を平気でやる、その武器の生産ないし修理はもっぱら日本が引受けている。日本の重工業資本は、戦後の復活のキッカケをここではじめてつかむ。特需が全体として日本の国際収支を支え、後の「高度成長」政策を可能にしていく。朝鮮戦争の犠牲の上に日本の資本主義体制、六〇年代以降につらなるその体制は築かれたのです。

いま一度そのことをきわめて重い問題として考えておく必要があると思います。

それと同時に、政治的な次元で日本人民がそういうアメリカならびに資本に対してどういう関係を持ったのかが、さらに主体的に追及されなければなりません。ご承知のように日共は、コミンフォルム批判などを契機としてともかく「闘」う。それはしかし、即席軍事路線ともいうべききわめて矮小な形であった。貴重なものを犠牲にし消耗させ、結局清算されるにいたるまで惨憺とつづけられた。しかもその重要な一翼に利用されたのが、在日朝鮮人運動でした。一翼という形をとりながら、むしろ祖国の危機にさいして、米帝の背後で少しでも祖国の人民に役立つ行動をしなければいても立ってもいられないという大衆的な在日朝鮮人の意識の盛り上がりが、上からの指示をまたずに立ち上がらせ、日本の運動にそのエネルギーが利用されていったのでした。そのことの重みをさらに重く受けとめるためにも、その時点の日本人民の多数がどのような意識状況にあったのかをほりさげねばならない。

〝占領ボケ〟ということばがまだ生きているくらい、当時大多数の日本人はアメリカ軍のいいなりに、北を侵略軍とイメージした。とりわけ、本来ならば労働者の国際連帯の立場に立つべき労働組合がすでにそうだった。総評〔日本労働組合総評議会〕が、民同〔民主化同盟〕を中心にまさにこの時期に生まれてくるわけですが、GHQの示唆を受けながら生まれてきた総評は、GHQの評価を鵜呑みにしたような朝鮮戦争観をそのまま機関決定として公式に打ち出した。「北は侵略軍であるから、国連軍の正義の行動は肯定されるべきである」という基本認識に立って、したがって、「それに協力するような軍需産業にかかわることもやむをえない」と肯定し、しかし、

「戦火に巻きこまれることだけはゴメンだ」という被害者意識を、自主性の証しのつもりで最後につけ加えている。

はしなくも、この文書が示している思想をもう少し拡大していくと、じつは戦後民主主義体制のなかでわれわれが自己の内につくり出している意識構造の原型なのだという思いがします。つまり「アメリカあたりの悪い奴がやる戦争にひきずりこまれるのはもうゴメンだ。日本は平和国家だ。しかし北の侵略軍も悪い」そういったような発想に安住していられる無神経さ。そもそも戦後民主主義というけれども、そのことばの意味が定着するのは本格的には、むしろ朝鮮戦争後なのではないか、と私は考えています。朝鮮戦争を全体としてこのような形でしか体験しえなかったことが、日本人民のその後の一つひとつの転機にたえず実質的に負い目として覆いかぶさってきているのではないかとも考えます。

三　統一への苦難の時代

1　戦後分断体制が北半部に課した条件

以上のことを前提として、つぎに、朝鮮人民が朝鮮戦争後、どういう結果を甘受することになったのか。南・北それぞれあらわれ方はちがうわけですが、朝鮮戦争以前には見られなかった強固な分断が完全に固定化され、南・北相互に背を向けあって一九五三年以降の段階に入っていくわけです。

朝鮮戦争は朝鮮人民のもっとも秀れた者、勇気ある者、アメリカの侵略に対して果敢に闘った者を、とりわけ深く傷つけた。また、ローラーのように戦線が往復した過程じたいが、それまで北も南もある程度同質であった階級構造、民衆の政治意識の分布を、北と南にふるいわけてしまう結果をもたらした。つまり、従来の北のなかのキリスト教の指導者や旧地主などの階層が、多くは完全な反共主義者になって大量にこの機会に南に下りてきた。南の反共、反革命、反人民的な力量は北から下りてきた部分まで合せたことによって非常に強化された。

逆に南の大衆は南にとり残されるわけですが、従来、南労党の地下組織などで活動していた人びと、また朝鮮戦争前には非合法に動いていたような人びとが、朝鮮戦争下の解放の一時期、短期間に大仕事をやらなくてはならず、必要に迫られて公然と顔をさらして土地改革などのために も働いた。しかも、その後に仁川上陸で局面が逆転したのですから、南のなかでもとにもどって地下組織を維持しつづけるということは、アクティブだった部分ほど困難だった。それでも、北へ撤収することが不可能になったために、やむなく南に残った人は、それはもう完全に組織を失った個人として辛うじて生きるよりほかなかった。撤収可能なかぎりはすべて人民軍とともに北に移動していった。

こういう目に見えないふるいわけが、この過程で進行するわけです。そういう意味で、単純に分断が固まっただけではなく、南は李承晩体制が以前にもまして強化され、徹底した反共弾圧政治を布《し》いていく条件が生まれてしまう。北は逆にいわば「純化」していかざるをえない。朝鮮戦争前には南と一体化する近い未来を念頭において一つひとつの政策を決定していた人びとの立脚点はなくなってしまった。北の「民主基地」かぎりでの工業化、いわゆる社会主義改造・建設をすすめていくほかないのだという主張の条件が明らかに強化された。構造的に、資本主義と社会主義というまったく背を向けた方向へ、相互の連関性を容易に回復しがたい展開がみられると同時に、民衆の気持の上で統一を志向する立場を当面失わせるような方向へ、南も北もそれぞれの政治がすすめられていくようになってしまう。物質的だけでなく精神的にも大きな打撃であったというのは、このような意味です。

特に南の人民の場合、戦争の結果失ったものは大きい。世界から隔離された密室状態が完全に固定化されたなかで、李承晩体制が叩き込む反共教育、あるいはナショナリズムの歪曲などを身に被りながら生きるしかなかった。北はいわば「すっきりして」しまったがゆえに、南の人びとがどういう心情で苦闘しているかについて実感を共有できにくくなった。「俺たちも同じなのだ」という形で南を考えることが解放直後よりもできにくい条件が生まれた。そういう精神的な分断が今日までありつづけている。そうあってはならないという人びとの尨大な努力が、その精神の分断に向けられつづけていて、しかもなおそれは解消していない。五三年以後六〇年までの過程は、南にも北にも、そういう共通の経過があった。

まず北についていうならば、朝鮮戦争が必ずしも勝利ではなかった結果についてソ連を糾弾するわけにもいかず、その責任の追及は内攻せざるをえなかった。戦争のある局面、体勢のたておしまでの一時期はガタガタになってしまったともいわれる。朝鮮を放棄して、戦前の抗日パルチザンと同じように「満州」に根拠地をもつことを戦中に主張した軍事指導者が、朴憲永とは別に批判を受けている事実もあります。しかし、体勢の再編成の最大の問題点は、分断の固定化を前提として北を固める配慮が優先せざるをえなかったということでしょう。朝鮮戦争の責任のすべてを南の運動に最大の責任を負ってきた朴憲永に帰するような朴憲永裁判（五三年八月）が行なわれてしまったことも、そのことと関連します。

朴憲永について、裁判では「アメリカのスパイ」であったと断定しているけれども、それは納得しがたく、この事件の本質はやはり路線のちがい、理論上のぬきさしならない対立であったはずです。理論的対立点をつきつめれば、北を守るか南の革命をさらにすすめるのか、です。しかしこの時点では、結果的に朴憲永が絶えず固執してきたような、南の運動を再建していく展望を具体的に示すことが非常に困難な状態に追い込まれていた。依然として自分の理論を曲げなかったかもしれない朴憲永には、具体的にこうやっていくんだという展望を示すことはほとんど不可能だった。そういう不利な条件のなかで、朴憲永の敗北は明らかであった。

そして、北を守る路線が結果論的にリアリティを獲得し、勝利を占めていく。しかし、この朴憲永との党内闘争の過程で必然的に南を当面実質上切り落していくことになったことが、北にとっての統一問題への接近を非常に困難にしている点は時を経るにしたがって大きく浮かびあがってくる。なお、朴憲永の処刑が公表されたのは五五年一二月になってからだった。ということは、ことの本質が、極悪なスパイが一人摘発されたということとはちがって、動揺が恐れられたことを証明しています。なお戦後党内闘争としては、南労党問題のあとにもうひとつ別のものがあります。それは経済建設のすすめ方をめぐるいわゆる延安・ソ連派と金日成派の対立ですが、その経緯は後述します。とにかく朝鮮戦争を経て、はっきり北を守り北だけで「社会主義」建設をすすむところまですすめてしまう、という路線が定着するわけです。

北かぎりでの建設といっても、究極的な統一にまったく無関係に考えられていたのではなく、それじたい簡単なことではなかったということには注意しておく必要がある。というのは、朝鮮戦争のさいアメリカのナパーム弾等によって、もともと工業地帯である北の生産施設がほとんど破壊しつくされてしまったところから出発しているからです。朝鮮戦争直後、北の工業生産力は半分ないし三分の一に低下しています。文字通り廃墟のなかからの再建、元にもどすことだけでもたいへんなはずです。もちろんソ連等からの経済援助（有償借款だそうですが）はあったけれども、それだけで再建できるものではない。朝鮮戦争はまた、あまりにも多くの働き手を農村から奪っている。そのため、例えば農家が女手だけになってしまって、自分たちがいままで耕していた土地、土地改革によって与えられたその土地全部をすら耕しきれない家が続出している。労働力が足りず、家畜等が失われたため、土地を遊ばせてしまうことすら多かった。労働力不足を解決するためにも、必然的に協同化しないわけにはいかなくなっていた。南はともかく、今度は北の人民じしんのために火急の課題であった。

そういう事情のため、農村では協同化、社会主義的な集団的所有制への改造を推進する一方、国営の重工業部門の再建、拡充に、資源も労働力もフルに活かさねばならなかった。大衆意識を鼓舞し、叱咤激励して、とにかく無我夢中で働くということが呼びかけられる。とりわけ朝鮮戦争後の数年間は、ものすごい頑張り、息ぬきもできないような要求が大衆に対して提起されている。しかも、その間の物質生活水準は低いままです。じつはそういう経済建設のすすめ方をめぐって、五六年から五八年にかけて党内論争があったのです。

あまり耐乏生活を強要しすぎるではないか、もう少し消費生活なんかを考えた方がいい、という一見常識的な主張が延安・ソ連派から出てくる。それはまた、国際分業論的なニュアンスに立つソ連の意見でもあった。莫大な設備投資を要する重工業、基幹産業なんかはソ連に依拠すればいいではないか、という。東欧のコメコンと同様ですが、そういう形でソ連の大国的な意図が現実におしつけられている。北朝鮮には重工業なんか発展させなくてもいいではないか、というようなことを示唆している。延安・ソ連派は、このソ連の意向に呼応して重工業中心主義を批判し、消費財生産優位を主張したのです。ところが注目すべきことは、この分派の主張の方が一見常識的なようだけれども、勝ちを制しえなかったことです。極端にいえば、飲まず食わずに頑張ろうではないか、という路線の方が勝ちを制したわけです。その路線を採用しただけ重い負担が大衆の肩にかかってきた。けれども、北の大衆はそれをとにかく支えていった。

それだけのエネルギーというものはいったいどこから生まれたのだろうか。やはり日本帝国主義の支配の時代、ごく日常的な物質からさえも疎外されていた長年の生活体験、それに加えて、朝鮮戦争の体験からきていると思う。とにかく頑張って遅れを取りもどすんだ、物質的豊かさを自分たちの手でつくり出すんだ、そのために当面何が何でも頑張るほかないいんだ、というアピールが素直に受けいれられる意識が北の人民のなかにあった。それが「千里馬運動」をも可能にした。なお同じことは、じつは体験を共有する南の人民にもいえることです。ある意味では驚くほど強気の経済路線をとにかく成功させた大衆的エネルギーにこそ、われわれは注目すべきだと思う。

五〇年代末のこのような不眠不休の努力の結果、重工業の骨組みが一応でき、東洋のチェコといわれるようなまとまった工業化が完成して物質的にはややおちついてきます。朝鮮戦争後の南北経済の対比をいえば、北の方がずっと地味で着実です。あまり派手に誇張した宣伝をして、かえって真実まで疑わせているところがあるような気がします。奇跡ではなく、とにかく一定の生産力の回復はそうした努力によってもたらされた。南の方が当初はむしろ派手にみえたけれど、アメリカ帝国主義の破壊的「援助」のなかで経済・社会的な矛盾が深まっていく。これと対照的に、北にはきっちりとまとまった、工業・農業国家ができあがっていく。

しかし、問題はかえってこのような建設が一段落したあとに生じている。南の大衆運動に対して北がどのような役割を果たせるのかがふたたび現実の問題となってくるなかで、しかし、分断が固定化した状況の下ではほとんど何もできない。さらに、朴憲永との論争のなかで切り落してきたことが思想の問題として尾をひいている。統一の暁には一定の役割を果たし得る物質的基盤が北には築かれているけれども、北の体制がまとまればまとまるほど、北の大衆意識は南の人民の苦しい運動とは遠ざかったところでまとまってしまいがちになる。

さきに私は、今日の朝鮮統一のカギを握るのはやはり南の大衆運動である、といいました。それは、このような北の「根拠地を守る」型へのある意味ではやむをえぬ固定化を念頭においてのことです。したがって五三年以後、六〇年の場合でも、統一問題に北から能動的に何かを提起してゆくというより、南の矛盾が深まり南の大衆がそれを乗りこえていくことによってきりひらかれる新たな局面を北が受けとめていく、という形になっているわけです。そういう関係が今後も見通されると思う。六〇年の「南北連邦制」という統一提案も、そのように理解される。朝鮮戦争前のような南との一体感、朴憲永の時代のように精神的にも実質的にも南の大衆運動につながっている、というのとは少しちがう。その意味でも、朝鮮戦争後の南の運動は、北と別個なところから新たな出発を遂げねばならなかった。

2　李承晩の時代

つぎに南に目をうつしますと、南の戦後はご存知の通り李承晩体制、そしてアメリカの「援助」という名の失業の輸出、不況の輸出です。要するに南朝鮮の生産力を破壊する、余剰農産物の導入によって農業生産まで破壊する。「援助」が恒久的につづくことによって、アメリカの独占資本は市場を獲得し、逆に南朝鮮の経済発展はゼロになります。控えめな公式統計ですら労働人口の三分の一という尨大な失業人口が常時存在する。世界資本主義の失業問題は、各国独占資本のメカニズムの結果として、すべて南朝鮮という反共分断国家のなかに集中されていってしまった。

そうして生みだされた民衆の不満を、ムリやり力ずくで抑えこむのが李承晩の役割でした。きれいごとのアメリカ流民主主義では南の体制はもつわけがない。あまりにも生きにくい社会、まっとうなことでは到底生きていけない生存競争、そのなかで屈服して生きることを迫る力の独裁、加えて朝鮮戦争の体験から身につけた生きるための知恵、それらは表面的にはひどく屈折した姿勢を南の民衆に浸透させた。彼らはもはや四五年の時点のように素直で楽天的ではなかった。「民族ニヒリズム」ということばがありますが、外側の力に抵抗して頑張ってみたけれども所詮勝てなかったというあきらめの気持が、特にファナティックな反共主義にもひたれぬインテリ層を支配していた。屈折したどろどろした民衆意識の上に李承晩体制がそびえ立つようになるわけです。

それでも食えないことに対して、おとなしくしているわけにはいかない。そのことだけをとっても簡単に屈服してしまうわけにはいかない気持を、李承晩体制というのはムリやりに抑えつける体制として確立されていく。李承晩が議会を無視したことを、アメリカはいわゆる三権分立の観点から大所高所に立って批判したりしたけれども、李承晩にいわせれば、アメリカが必要とする体制を維持していくために大衆を抑えこむには猛烈な方法以外ないんだということでしょう。アメリカに対して李承晩は、そういう不平をぶつけたりもしています。

ところで朝鮮戦争直後の南の新聞などには、こうした事態を予測した危機感はあまりありません。復旧建設についての議論を南・北読みくらべてみると、南の方がずっと派手で、北は地味な宣伝しかしていない。破壊のすごさからしても、なすべき仕事の尨大さにいかにも緊迫している様子がみえる。一方、南はわりあい楽天的で、資本主義諸国の豊富な援助によって、例えば西ドイツが戦後奇跡的な復興をとげたような再建が労せずしてできるだろう、資本主義のショー・ウインドーを南朝鮮に築くのだというような、いまから考えるとずいぶん楽観的な展望が示されています。

じっさい破壊の程度やアメリカの物量だけみれば、南の人がそう考えたのも不思議はないかもしれない。けれども、結果は逆だったのです。アメリカ、やがて日本帝国主義の利害にしたがって経済・政治体制が編成されていったことによって、反共の軍事橋頭堡を築くために、李承晩を先頭に立てて人民抑圧の体制をつくり出していったことによって、そしてさらに、朝鮮戦争前から一貫してあった自主的な統一・変革をめざすエネルギーをムリやり封じこめることによって、ますますいびつな社会構造・政治状況をつくってしまった。資本主義のショー・ウインドーどころではなくなっていく。それどころか、そういう南朝鮮の根本的な矛盾は、年ごとに顕著に深まっていく。それをのりきるべく、李承晩はさらにムリを重ねていく。これが南朝鮮の五三年から六〇年にいたる過程です。

五三年から六〇年にいたる南朝鮮社会の表層の暗い沈滞は、当時の新聞なり雑誌を一見しただけですぐわかる。型にはまった反共論一本やりの単調さで、同じ雑誌でも六〇年以後のものとはまるでちがう。六〇年以後はたとえ軍事政権に物理的に弾圧されても、ひとたび自信を回復した人びとの問題意識は、何らかの形でおのずからあらわれる。抑圧への抵抗がいったんはじまれば、六〇年四月以後のような、多様な展開をとげうる底流が絶えてはいなかったのですが、五三年から六〇年までの社会の表面からはそれを非常によみとりにくい。分断の固定化後の、南朝鮮の頭を抑えつけられるような息のつまるような雰囲気は、外側からはなかなかわかりにくいことです。精神的にも苦しい時代をこの間、民衆は過ごしてきたのだと思う。

李承晩時代は、以上のようにたいへんな時代です。ただ最後にいっておかねばならないのは、そういう南朝鮮の大衆と李承晩の間に、ひとつだけ一致する点があったということです。それは、日本帝国主義の支配に対する憎悪です。李承晩は、その点だけは首尾一貫させています。もしそうでなかったら、解放後の政治にも登場すべくもなかったはずです。李承晩はそれが大衆との唯一の接点であることを自覚していたがゆえに、その姿勢だけはあくまで守った。

いわゆる「李ライン問題」として知られている事柄も、その本質はかつて植民地時代につくり出され、さらに解放後もつづいてきた日本独占との生産力落差から南朝鮮の零細漁民の生活を守るという切実な問題としてあり、たんに李承晩個人の恣意ではない。形式上の「公海自由の原則」の名の下に日本の装備のいい漁業独占が、というよりじっさいは下請け漁民なのですが、危険を承知で李ラインを侵犯し魚をとりつくしてしまう。じっさい危険を冒すのは末端零細漁民であるという日本社会の差別構造の問題があるのですが、そこだけに目を奪われて李承晩に単純に憎悪を集中することは、南朝鮮漁民の生活問題をまったく無視することに通じていたわけです。

南朝鮮の世論を背景にして、この問題にかぎらず、李承晩時代の日本に対する強硬姿勢は朴政権と顕著にちがうところですが、一回も崩されておりません。李承晩は、すくなくともその点だけは貫いている。逆にいえば、もしそれがなかったならば、李承晩政権の崩壊はもっと早かったともいえましょう。李承晩の暴虐さにもかかわらず、その対日姿勢がそれを覆い隠す役割を果たしえたということは、日本帝国主義への蓄積されてきた怒りがいかに切実なものとして南朝鮮人民のなかに生きつづけていたかを証明しています。失脚後、六五年に李承晩が死んだとき、その葬儀に七万の民衆が自発的に参列しているその心情は、このことをぬきにしては理解できない。このことをわれわれは肝に銘じたいと思う。

ところが「李ライン」あるいは李承晩に対して、当時の日本のあらゆる世論は、子供まで含めて「李承晩は世界中でもっともきらいだ」とか「李ラインで日本の漁船を捕えてしまう韓国とはそういうひどい国だ」という認識を示していた。このようにつくり出された世論が、日本の側では逆に、再軍備を肯定させるイデオロギー的武器として利用されていった。竹島問題についても同様ですが、日本の国家権力は李承晩の対日強硬姿勢のよってきたるゆえんを意識的に誤り伝えて、排外主義を戦後的なしかたで国民意識のなかに復活・定着させるテコにつかっていった。そしてそれを許した背景にはやはり、李承晩個人についての客観的分析はおくとしても、南朝鮮の大衆がどういう問題意識をもっているかについての、日本人民のまったくの無知があった。

四　革命と統一への新たな画期

1　六〇年四月蜂起

それでは李承晩時代の矛盾は具体的にどのようにあらわれていたのか。とりわけ目立つことのひとつは、農村の食べていけない零細農がどんどん都市へ集まらざるをえなかったことです。都市へ集まるといってもアテがあってじゃない。構造的な農業不振のなかで農村にいるよりは何とかなるかもしれないといった淡い希望の下に、都市に流れこむけど、結局職はない。毎日、半端な仕事でもありつくことができようかと失業者が街をさまよう。じつはそういう人びとこそ、六〇年四月闘争のなかで学生がつくり出した状況のなかに登場してくる市民の実体にほかならないのです。市民というと格好いい背広でも着た人間を想像しますが、南朝鮮の大都市の市民というのは、そういう未組織労働者ないしは半失業者です。彼らこそ「不況の輸出」の結果をモロに蒙って、そのしわよせの構造に対して直観的な反発をいだいた人びとなのです。彼らの活路は、学生のエネルギーにただちに呼応する以外になかった。そういう人びとを五三年以後のアメリカの支配体制はますます多くつくり出していくものだった。

一方、「援助」すなわち失業の輸出がさらにすすんでいくにしたがって、アメリカは隷属的な資本主義をかなり急激に発展させている。アメリカ資本と結びつき、「援助」と結びついたものが国内の富のほとんどをわがものにし、かつての地主階級が占めていたと同様の立場に立つようになる。アメリカの支配体制を支えるものとしての財閥、韓国資本主義が展開し、富める者をいっそう富ましていく。それと反比例して、ますます食っていけない人間の数がふえていく。この悪循環を断ちきらんとする南朝鮮人民のエネルギーは、ついに六〇年にいたって爆発点にたっする。

李承晩の不正選挙糾弾のデモに参加した少年に対する官憲の虐殺を直接的な契機とする六〇年四月蜂起で、潜流していたエネルギーはいっきょにふきあげていく。四月蜂起の目標は、端的に李承晩の独裁を倒すという政治課題の一点に集中していった。学生が口火を切り、市民が合流し、素手の大衆行動に対して官憲は無差別発砲をもって応じた。ときあたかも、安保闘争と同じ一九六〇年のことです。官憲の犠牲となった者の総数は一八六名。なかには一一歳の少年をはじめ、小学生が六人、中学生が一六人、高校生は三三人、大学生とほぼ同数、学生以外に失業者・無職の市民がかなりの比重を占めている。組織らしい組織もなく、一〇万を超える大衆が李承晩の官邸に押しかける。その力はついに李承晩を辞任においこむわけです。

その詳細な経過には触れませんが、ひとつのエピソードを紹介します。李承晩政権打倒の闘争がソウル市内のほとんどの大学、高校に及び、すべての学生が街頭に出るという状況でのことです。梨花《イファ》女子大学という名門女子大は李承晩の腹心の母が総長をしていたという点で締めつけもきびしく、お嬢さん学校という性格のために、この大学だけは自発的な学生の行動がなかった。

そのことを恥ずかしいと思うと、娘を梨花女子大学に送っているひとりの父親――年老いた、地方で医者をやっている――が、娘に書き送る手紙の形で新聞に投書して、大きな反響をよんだ。

「……一人の父親として国家の一人の同胞として、このように悲しく苦しい思いをするのは、わたしの生涯において今度がはじめてだ。……新聞という新聞をありったけひっくりかえして、もしやわたしの娘の学校の名も出てきやしないかと、どれだけさがしたかわからない。……わたしはお前の学校の名をただの一度もみつけだすことができなかった。新聞を読みながらも、涙がこみあげてきて、じっとしていられないような、このわきたつような歴史的な場面で、その若い隊列のなかで、よりによってわたしの娘の通っている学校だけぬけていたということは……ソウルの街が、おしなべてお前のような若い世代の炎で燃えつくしているとき、お前はどこで何をしていたのだ？

あの『血の嵐』が山野をふきまくり、ついに古くて腐ったものたちが、お前たちの若い心の前に屈服してしまったその時刻に、わたしの血を受け継いだお前は、いったいどこで何を考えていたのだ……」

日本の父親とはだいぶちがいます。日本の大部分の父親なら「ああ娘がデモにいっていなくて無事でよかった」くらいでしょう。最近の学生運動では梨花女子大学の名もしばしば登場しますが、六〇年の時点では動かなかった。医者といえば比較的豊かなインテリ階層に属しましょうが、そういう人にしてから、このような気持がいても立ってもいられないほど昂まってきて、娘にこのような手紙を送っている。このことが示す運動を支える拡がり、厚みには注目しなければならない。

六〇年四月蜂起はしかし、巧みに先を読んだアメリカによって収拾されてしまう。再生したばかりの大衆運動の側には組織がなく、理論的というよりも感性によって、反李承晩独裁という目標をみていた。そういう情勢を読んだアメリカはついに李承晩に見切りをつけ、張勉《チャンミョン》政権という、ある程度開明的なブルジョア政権にすげかえることで終息させていこうとする。反米闘争へと運動がさらに昂まる展開を防ぐ先手を打っていく。そういう事態収拾路線がそれをも乗りこえようとする力に先行したために、政権の交代という結果に終ってしまう。

しかし、問題はそのことをあげつらうことではない。南朝鮮民衆にすくなくともこれだけのエネルギーが潜在することを、われわれが見通しえなかったということの方が重大でしょう。それに、六〇年四月を経た南朝鮮の民衆意識は変化をとげている。抽象的にいえば、民族的な自信の回復ということでしょう。それがことばや行動の端々にうかがえる。これは、南の人びとにとって解放前もふくめてみずからの力で政治をとにかく動かした、ひとつの政権を倒したはじめての経験なのです。解放直後には朝鮮人民共和国をつくり出したけれども、つぶされてしまって現実に政権を変えるまでは勝ちとれなかった。しかし六〇年四月には、大衆運動の力がすくなくとも李承晩を辞任においこむところまでは主導権を握った。みずからの力でできるんだという実感がいちばん重要なことだといえます。

その実感のなかから、新しい明確な方針をもった運動の芽が生まれ、短時間のうちに急速に発展していくことに、むしろ注目すべきです。つまり朝鮮戦争以前の組織的な運動とはすべていったん切断され、五三年から六〇年の間はほとんど空白です。そして六〇年四月は、その意味でまったく新しい運動の出発をもたらしたものとして画期的な時期なのです。例えば南労党パルチザン闘争等の個人的な経験をもつ人びとは南朝鮮に現にいるわけですが、しかし全体としてのその経験の継承ということはなく、途中で切断されているわけです。六〇年代以降の運動の原点は、やはりだれもが六〇年四月に置かざるをえない。六〇年四月蜂起の型のままでいいということではなくて、そこから出発して四月の段階をさらに乗りこえていくという、南朝鮮の大衆運動の一貫した課題がきちんと位置づけられたということでしょう。そういう意味において六〇年四月は、やはり解放後の南朝鮮人民にとって画期的な歴史の切れ目であり、新しい段階への出発点であり、まさに「四月革命」だったわけです。

ところでアメリカの収拾策のなかから生まれた張勉政権は、なにしろ民衆の運動によって政権につけたわけなのですから、李承晩政権のように挑発的ではありえなかった。立場上、アメリカのいいなりになり、日本のいいなりにもなり、民衆のいいぶんもある程度気にする、どちらに対しても弱腰の、いわば日和見主義的な政権とでもいいましょうか。そこでこの政権の下では、その間隙をついて従来とは質のちがう大衆運動がつぎつぎに生まれていきます。以前とは比較にならないほど自由にものがいえるわけですから、労働組合も活発化し、従来のような御用組合でないものが続々できていく。学生運動も急速に組織的に動いていく。市民運動も、例えば不正蓄財を追及すること、李承晩時代の特権財閥の異常な肥大化を追及する運動など、具体的な目標にそって展開していく。この不正蓄財処罰問題は、ペンディングのまま軍事クーデターとなり、うやむやにされるどころか、かえって日本と結びついた財閥が重工業に進出して、国民経済の核心部を握るための媒介手段にまですりかえられてしまう。

南朝鮮人民の闘いにとって北朝鮮の役割は何だったのか。六〇年の四・一九から四・二六～二七にいたる南の闘いが、現在の北とも、またかつての南労党の闘いとも切断された南朝鮮人民の深部からまったく新たに出発しているということを強調しておきたい。北についていえば、四・一九を北なりに受けとめて、六〇年の八月一五日の解放一五周年慶祝集会のときに「南北連邦制」の提案をし、具体的な南北の経済協力の青写真を示したということが顕著な事実です。北が生みだした物質的力をもって南の人民をカバーしていく統一への具体的なプロセスへと歩みよるべきことを、主要には北の人民に訴えた点でそれなりの意義がある。

ただ現在の北朝鮮が統一に何を寄与するのかというと、統一後の物質的な面をのぞいては、漠然としている。南朝鮮革命に北が有効に理論と実践によって寄与していくというのは困難であり、南朝鮮人民じしんの思想と実践こそが決定的な要因であり、しかも南の民衆の闘いいかんが朝鮮全体のカギになっていくという構造だろう。ところが、北朝鮮の政権はここのところがはっきりせず、四・一九のあと南の運動に対して高いところから説教するような論評がしばしば公表され、実践的にも一定の試みがあるようです。その論評はいわば結果論であって、そのかぎりでは、その通りというほかない。四・一九革命の限界について、大衆が組織をもっていなかったからダメだった、欺されてしまった、という型通りの指摘をしているもので、南の人民がそこから実践的指針を得ることのできる内容には乏しいというほかない。

また、北はそれだけではなく、四・一九以後、かつての朴憲永の時代と同様のかたちで南の闘争に影響を及ぼすべく種々の試みをしたようだが、いずれも大した成果をあげるにはいたっていない。つまり、何をやってみても結局、南の人民の意識のなかまでは入っていけない現実ができてしまっている。南北連邦制の提案などは、そうしたなかで影響を与ええたわずかな例でしょう。

朝鮮戦争後の南北の生活の隔りが、簡単に北が指導することを不可能にしてしまっている。そして、南朝鮮のカギは南の人民の立上りに決定的にかかっており、北はそれを側面から支援するのだという認識は、七〇年の朝鮮労働党五回大会の中央委員会報告ではじめて認められるにいたっている。ことばだけでもそういう表現がされるようになったのは、画期的なことです。いままでは、南の人民にとって必要なことは金日成の唯一的指導を受けいれられるかどうかだ、と主張してきたわけですから。

そういう観点から、例えば同じ報告では四五年以後の南の大衆運動の指導者の評価を改め、呂運亨や李承晩と闘って五九年七月に処刑された進歩党の曺奉岩《チョボンアム》を再評価しています。北の側から南の人民の方に歩み寄ろうとする姿勢は、ただちに朝鮮現代史の観点をも変えていったわけです。結局、北は南の大衆意識の前進が決定的段階にたっしたときに、北に蓄積された物質力で寄与することができる、しかしそこへいきつく道は南の人民の力にかかっているんだということを、ホゾをかむ思いで北が認識したということでしょうか。抽象論としてではなく、現象論としてそのことをはっきりみておく必要がある。

2　六一年初頭の情勢と朴軍事クーデター

こうして六〇年のうちからすでに出はじめていた機運は、特に六一年になると、平和統一の条件を南朝鮮人民の主体性においてつくり出していこうとする目的意識的な大衆組織を生んでいく。学生戦線では民統学連（民族統一全国学生連盟）という全国団体が生まれます。量的にも内容的にも、ずいぶん変化しています。その発足宣言文等をみると、六〇年四月の段階の文書がもっぱら心情の吐露であったのにくらべて、一貫した論理を自覚的に表出している。当時、平和共存ということばが大いにはやっていた時期で、その論理を客観的与件としながら運動の道筋を展望していく。後から考えればずいぶん楽観的なもので、そのために軍事クーデターでまたしても一敗地にまみれるわけです。

もうひとつの特徴は、アジア・アフリカの民族主義運動の大きな流れの一環として自分たちの運動を位置づけていたことです。いままで南朝鮮人民はアジア・アフリカからまったく背を向けた姿勢をとらされてきた、しかしよく考えてみると、アジア・アフリカの課題と共通するものを自分たちももっている、大きな歴史の流れに自分たちの国の政治を合流させていくためにも自主統一をかちとっていかねばならない、そのためには、アメリカの南朝鮮支配そのものとの対決をぬきにすることはできない、という論理です。

また、六一年二月に『民族日報』が創刊された意義も大きい。これは商業紙ですが、ひろく民族主義運動の機関紙に似た役割を果たしていくようになります。キューバ革命についてのヒューバーマンの記事、南ベトナム解放民族戦線の紹介も出しているということでおよその見当がつくでしょう。南朝鮮人民がその間全然知らされずにきた世界についての必要な知識をいっきょに満たしていき、それがたんなる知識以上のものに転化されていく契機をつくったといえましょう。

六一年はじめになると、米軍はこの傾向の危険性をみてとり、張勉政権を締めつける「米韓経済技術協定」を新たに結びながら、弾圧立法（「デモ規制法」「反共臨時特例法」）を加重させようとはかった。それは当然、闘争を激発させ、「ヤンキー・ゴー・ホーム」が公然とスローガンに掲げられる状況が生じた。つまりこの時点では、早くも帝国主義認識を踏まえた自主平和統一論が具体的な展望をもって運動の側に獲得されていた。具体的とは、論理だけではなくて行動の次元にまで貫かれていくことです。なかでも鮮明なイメージを与えたのが、民統学連が提唱した「板門店における南北学生の会談」という行動提起でした。それを実現するために南の学生は大勢板門店に向けて行進しようではないかと呼びかけた。それはたいへんな反響を呼んで、北からもこれに呼応する。自主的統一への道程が大衆の手の届きそうなところに見えてきた。これが六一年の五月一六日の軍事クーデター前夜の状況です。

つまり、抑圧された期間が七年間も長くつづいただけ、そこでのマイナスを取りもどすにはずいぶん時間がかかりそうに思えたのが、むしろそうではなく、六〇年四月から六一年はじめまでの一年の間に巨大な大衆感覚の変化が起こっている。そのことは、外側からの圧力さえ入らなかったら、南朝鮮民衆が四五年以来一貫してきた志向の実現にはそう長い時間はかからなかったはずだということを証明している。この六一年はじめの状況こそ、アメリカにとって四月蜂起以上に深刻な事態なのでした。だから五・一六の反共軍事クーデターは起こされたのだ。因果関係は明白です。またしても、朝鮮人民内部の力を外側からムリにつぶしていくことがくり返されたのだ。大筋としてはそのように五・一六クーデターをみることができます。

ただ、こまかい次元で、軍事政権の登場が完全にアメリカCIAの筋書どおりなのか、それとも、韓国内部からの多少とも自発的・独走的な動きがアメリカとの必然的ゆ着をとげていったのか、事実問題はまだわかりません、決定的な判断の材料がかくされているからです。想像される範囲でいえば、やはり後者の要因も無視してはならないのではないか。

それはともかく、軍事クーデターの実質的主役であった朴正熙《パクチョンヒ》という人物についてちょっと考えてみたい。注目されることは、彼が慶尚北道の貧農の三男で、決して豊かな家の出身ではないことです。しかも、日帝時代も皇民化教育の時期に成長し、貧しいなかで刻苦勉励、その教育をもっともよく身につけていった優等生であり、そして「満州」軍官学校・陸士を出て、朝鮮人に当時の日本帝国主義が認めていた唯一の立身出世の道をつきすすみながら、その価値体系をみずからの内面に刻みつけていった人物だということです。そこでたたきこまれた反共主義やファッショ的感覚、天皇制的儒教倫理が、彼の文章や演説のなかにただよっていることに私たちは気づくのです。この経歴が、八・一五直後すぐに韓国軍に採用される条件となり、情報将校として朝鮮戦争から戦後をすごしてきたのでした。

要するに、朴正熙は下からの反共主義というべきものを体現しています。貧農の育ちということが、特に軍事クーデター当初には逆転された強味としてつかわれてさえいる。朴正熙ら青年将校は、アメリカの「援助」が生みだした経済構造の偏頗《へんぱ》性が農村に対して潰滅的な打撃を与えていることを実感的にもとらえ、重視してさえいる。二・二六事件当時の日本の状況と似ている面がなくはない。朴正熙の主観のなかには、そういう農民の苦しみを救済するという儒教的な指導者意識みたいなものがたしかにあります。そしてクーデター当初にはその面を表面に出して、四月革命の継承者と自認しさえして、貧農層の幻想をぐっと体制の側にたぐりよせようとする役割を果たしている。もし彼が上層出身だったら、そういうことはできなかったはずです。

そうした複雑な屈折がありながら、実質上アメリカそして韓国資本の意志に完全に密着していく擬似「下から」性には、ファシズムに通ずる一面があったと思う。しかし、まったくファシズムと同じものとして説明するわけにはいかない。六〇年四月が引きだしたエネルギーをとんでもない方向へ収束していくためには、自身も下から出てきた、貧しい者と気持が通ずるものであるかのようなスタイル、ポーズをとれるものが必要であった。そういう役割をかって出ながら権力の座を獲得するにいたったのが朴正熙であり、彼をしてそういう行動にかり立てた内面的契機は、まさに皇民化教育のなかではぐくまれたものでした。

そういうポーズを一面とりながら反共の大前提のもとで軍事政権がやっていったことは、自主平和統一の芽をだした力量を片っ端からたたきつぶしていくことだった。民統学連、民自統（民族自主統一中央協議会)、統一社会党、社会大衆党、社会党などの社会民主主義政党、教員労組をはじめ一連の労働組合、『民族日報』など、六一年はじめに公然と勢揃いした諸組織が完全に弾圧・解体されてしまう。またしても、南朝鮮人民の苦労してやっとつくりあげたものが一夜にして水の泡になってしまう。主要な指導者たちのすべてを死刑をふくむ重刑に処し、民族の最良の部分を血にまみれさせる。

軍事クーデターは大衆をふたたび出口のないニヒルな状況に追い込んでいくかにみえたのでした。しかし軍事政権の効力は、外面的な力以外のものではなかった。それだから、李承晩の時期とはちがって、いかに厳しくしめつけられてもそれなりの抵抗のしかたが編みだされ、運動はたとえ地下の伏流となっても簡単に消滅されるようなものではなくなっていた。学生運動に組織的一貫性は認めにくいとしても、その発想は六〇年以来一貫して保持されつづけているのです。それでは、そういう粘り強さをもった大衆の志向に対して朴政権は何をもって対峙したか。ひとつはやはり反共軍事裁判などの威嚇です。学園査察と称してＫＣＩＡ(韓国中央情報部)員が学校に常駐している。一連の無気味につくられた「事件」の見せしめ的裁判。そういう恫喝はむしろ李承晩段階に勝るとも劣らない。

しかし、朴政権には李承晩政権とは一点ちがっているところがある。それは、近代化とか工業化とか、さらにはナショナリズムなどのことばをふんだんにつかう点です。総括的には、朴「近代化」路線と呼ばれるものです。外資をひきいれてでもとにかく工業化をすすめて失業者を最低限の賃金でこきつかわれる労働者として〝救っていく〟という「近代化」路線を本気で推進し、そのことで従属経済への道を突走っていることです。朴政権が長期化するにつれて、物理的弾圧と同時に、この面が表面に出てきているといえる。朴政権はまた、マスコミ操作の仕方なんかも情報将校出身らしくアメリカじこみのスマートさで、つまり、悪い意味でより「近代化」した政権であるといえましょう。

もうひとつ、朝鮮人民が一貫してうけついできたナショナリズムを非常に歪めた形で組織することによって体制を維持しようとしていることが重要です。李承晩のときとはちがって、日本との関係では「第二の李《イ》完用《ワニョン》」といわれてもいいというほど日本独占に密着した朴政権が、ベトナム戦争をナショナルな価値の実現の場のようにみせかけている。「韓国の軍隊が史上はじめて外国を助けるために出兵することは画期的なことではないか。それによって国威が上り、韓国の国際的な地位が高まるのである」という訴え方を、南朝鮮の民衆をだますべくさかんに展開しています。民衆は長年、民族的抑圧に頭をおさえこまれた末に、そこへフイとこの訴え方がされたとき、たしかに民衆の心情のどこかに触れるのです。「民族的価値の回復」という幻想が、ベトナム戦争という虚偽の出口にむかっていくようなしくみをつくり出していることは重大な問題でしょう。もちろん、理論的に思考する学生などは、こういうワナにはかかりにくい。ところが心情・感覚のレベルでは、この宣伝のしかたが影響力をもってしまう。それを利用してのベトナム派兵がまた外貨を獲得し、それが韓国資本主義の「工業化」を支える。そういう破廉恥な路線を朴政権は「ナショナリズムの実現」であるかのようにいうわけです。

3　日帝の再侵略と闘いの質的飛躍

朴政権の「近代化」路線にとって、まさになくてはならない存在として日本帝国主義が登場している。朴政権と日帝とは本質的に利害が合う。朴政権下の失業者をこきつかうだけつかって「近代化」するという路線は、日本独占資本の願ってもないことです。しかも戦前とはちがって、直接の弾圧を朴政権がみずから果たしていくということは、戦前以上に日帝に有利な条件です。一方アメリカにとっても、そういう日韓間の隷属機構の強化によって、資本主義の道を歩むことへの幻想にひきつけられる部分が、官僚として、資本家として、南の社会で中枢的な位置についていくしくみが好都合である。アメリカのベトナム戦争は、そういう背後の事情に支えられて成立する。アメリカが韓国にかまけていられないことからくる空白を、日本がうめることには何の不都合もない。このような米日韓支配層一体のしくみのなかで、いまや日本の帝国主義的進出は政治的・軍事的介入の段階にまで入っていこうとしている。

そして重要なのは、朴政権の反共近代化路線を支える役割に、日本の資本だけが政治的にも経済的にも、ある意味ではみずからの死活をかける覚悟をきめているということです。日本政府も一時はそういう危険をおかすことに躊躇したくらいですが、いまやアメリカとの相互関係にも規定されていやおうなくトコトン侵略的な姿勢にのめりこんでいっている。鉄鋼プラントのようなきわめて政治性の濃い援助などは、朴政権と一心同体の感覚に立ってはじめてできうることです。六五年日韓条約以後、ともかく朴政権が南の体制をとりつくろい、支配を貫徹していくために不可欠な要素として日帝は南朝鮮のなかに深く入りこんでいっている。六一年からの朴政権の構造じたいが李承晩の時代とはちがってある意味では日韓条約を不可欠の要素としている。南の民衆の一貫した志向の側からみれば、日韓条約を契機に日本帝国主義はその志向に直接敵対するものとして、かつての敵の再来である上に新たな敵として登場してきているということです。

最近の政治・経済的構造の分析それじたいに深入りしませんが、重要な点だけおさえておきたい。反共軍事政権の支えとなる隷属資本主義的な発展、非常に露骨な輸出奨励とか国威発揚とかを、ドル後退を背景に日本帝国主義が自己の利益のために利用するという依存関係がある。その「近代化」コースは、自主統一こそすべての先決条件とする民衆の志向に直接対立するものだということです。朴政権は、極端には福祉国家論的な幻想までもちだして対外依存的資本主義の発展の幻想をまきちらすことを自己の政治生命にかかわらせている。これが幻想であることの論証は、そう困難なことではない。現に外資のカンフル注射が切れた途端に韓国資本主義の景気も悪くなる、という性質からみても幻想以外の何ものでもない。しかし幻想が成り立つ程度には表面的なカンフル注射がなされつづけているために、全般的な経済の弱体化がよけい表面に出にくくなってさえいる。むしろ南朝鮮民衆のなかに幻想がしみこんでいっている過程は見すごせない問題をふくんでいる。

特に大衆全般というよりも、六〇年四月闘争のなかである程度役割を果たしえたインテリ層の一部が、何はともあれ最低の生産力を確保することは有意義なことだから、そのために体制内に入って経済官僚・技術官僚として協力していこう、という誘惑にさらされていることです。生産力論に完全に居直る方向にまで一部がとらえられていく。それが朴政権の官僚支配体制を下から支えるモメントをなしている。こういう部分はまた、日本帝国主義に対してもストレートに抵抗を示しえなくなっている。六〇年の運動を正当に継承し、自主統一の目標を固持する人たちにとって、この内部の傾向と闘うことが、最大のことではないにしても、六〇年代の新たな課題としてあらわれているといえよう。日韓会談反対闘争やその前後の反財閥の闘争も、こうした脈絡のなかで位置づけられる。

そうした状況を意識しながら六一年以来この一〇年間につみかさねられ、編成しなおされてきた自主統一をめざす闘いの内容は、基本的には一貫したものをもちながら、質的にちがうものをもつようになってきていると思う。つまり、四九年から六〇年までの屈折した大衆意識の歴史をうけて、六〇年の闘争はエリートとしての学生が民族的使命感に立って突破口を開き、「市民」があとからついていくという型に図式化されるものだった。いまの状況はそれでは間に合わない。「近代化」路線からも完全に疎外された大衆じしんの目的意識的な立ち上がり、それによって六〇年の闘いの限界を突破するしかない。

この一〇年間に、そうした運動の転換をめざす小さな試みが数多くわれわれの目にふれない形でつづいてきていたことをまず知らなければならない。例えば、六〇年を闘った学生の先進的な部分が表面的には地味に農村に入っていっていたそうです。それは、旧地主制のかつての支配とはちがった資本主義体制の矛盾を身に蒙っているいまの農民の当面している問題は何なのかを理解し、農民じしんの力をひきだすことに再出発の原点をすえようとするものです。小さなグループでの目立たぬ試行錯誤が、一方では六四〜五年の日韓闘争を支え、さらにいちだんと質的にも深まった闘争を準備しつつあるといえましょう。

静かな変化が、とりわけ七〇年一一月の全泰壱《チョンテイル》氏の闘いを受けとめようとする民権守護の闘いのなかに鮮明にあらわれていたといえます。失業すれすれの、だからどんな安い賃金でもこきつかわれてしまう、そしてそのことが日本独占の利潤の源泉にまでされているような下積みの労働者じしんの立ち上がりに呼応する形で、それと媒介しながら展開していった学生運動。彼らが全泰壱氏の焼身自殺を自己への糾弾と受けとめながら闘っていること、そこに、いままでの南朝鮮の学生運動と同じ目的でありつつも、より具体性を帯びた姿が表現されていると思う。この新しい潮流はさしあたり朴三選阻止の闘争に目標をしぼりつつも、七〇年代なかばにいたる新たな闘争の地平を一歩一歩きりひらいていく基本的展望をすでに手にしているといえましょう。六〇年の闘争を継承しながら、さらに六〇年とは客観的にも主体的にもちがった質をふくむものとして、その作業のひとつとして、六〇年に出発点をおくいまの運動の歩みを四五年以来の南朝鮮人民の運動全体の流れのなかにもう一度とらえかえしておくこともなされようとしている。

七〇年一一月に始まるこの新しい運動に対してかつてないすばやさで朴政権が弾圧にあたったのも、敏感にもそうした本質的なところに運動が立入ろうとしていることを感じたからでしょう。アッという間に大学を全部休校にして冬休みにつなげてしまい、その間に全泰壱氏が働いていた平和市場の問題についてだけは部分的に手を打って、それでもう問題は解決したかのように大わらわの宣伝をする。体制側とつかず離れずの上からの労働組合づくりなどもおこなわせる。そのような封じこめ、冷却するための手をつぎつぎに打った。しかし、じつは平和市場は南朝鮮経済の構造的矛盾という氷山のほんの一角にすぎない。全泰壱氏につづく労働者じしんの立ち上りは、あちこちで吹きあげている。こうした状況に対応すべく、朴政権の側も日韓闘争時以上にすばやく巧妙に盛り上りの芽をつみ、運動への先制攻撃までかけてきている。

この二つの力のつばぜりあいのなかで、外側からおしつけられたあらゆる障害を一つひとつふりきりながら血みどろで前進してきた南朝鮮人民の闘いが、ますます確かな足どりをもちはじめていることを結論として、この報告を終りたい。南朝鮮人民は、それならわれわれ日本人民はどうするのか、と問いかけている。

付記

三回に分けて連載された本稿は、一九七〇年秋から七一年初頭にかけて、青年アジア研究会の主催のもとで三回連続して持たれた研究講座の、第三回目に私が話したものをおこして語句を整えたものである。学習会は毎回午後二時から始めて九時までという猛烈なものだった。

三回の学習会の報告のうち最初の二回分については、それぞれ「排外主義克服のための朝鮮史」「朝鮮民族解放闘争史と国際共産主義運動」として青ア研の手でパンフレットとして刊行された。そして第三回目、すなわち本稿も、同様になされるはずであったものが、その後、同会の事情によってそのままになっていた。ところが、もう忘れかけていた最近になって本誌（『破防法研究』）編集部から、あらためて掲載の話があった。私としては当初、特に現代史を対象とする本稿のような性格のものを、いまさら公刊することは遠慮したい気持が強かった。

本来ならば、現在の問題状況に即して、構成から考え直さなければならないところである。だが、とりわけ現在の混沌（表面的な）のなかで、それはなかなか単純な作業ではない。それに、読み返してみると、現在にいたる基本的問題点の展望はすでに出ているようである（ということは、五年間われわれをふくめてが、状況を大きく変えるにはいたらなかったということであるが）。むしろ、読み返すことが、五年前に何を考えていたかに照らして、現在の私たちの主体的状況をおのずから点検することにもなった。いったん公表を約束したものでもあり、編集部のすすめもあって、以上のような事情のなかで五年前の文章を部分的には補訂したが、あえて基本的には手を加えずに公けにすることにした次第であることをご了承いただきたい。

本稿の原型ができて以降の五年間には、もちろん、七二年の南北共同声明やベトナム人民の全面的勝利をはじめ、重要なことがらが数多く生起した。しかし、なかんずく、南朝鮮人民のたたかいにとって最大の条件の変化は、日韓条約体制のもとでの従属資本主義化の誰の目にも明らかな進行により、南朝鮮の社会経済構造がすでに大きく変動してきていることであろう。最近、私と一緒に南朝鮮の経済を勉強しはじめたばかりの年若い勤労学生の一人が、何冊かの資料に目を通したあとで、「やはり日韓条約が決定的だったんだなあ。一〇年前だったらまだ統一問題もそれほど複雑ではなかったのに、日韓条約で決定的に後もどり不可能の道に入ってしまったのではないだろうか？」と、実感のこもったことばを吐いた。その新鮮な感受性に、私もあらためて教えられる思いである。それは、一〇年前に責任を負うべき世代に対する糾弾であるとともに、今後の一〇年に見通される私たちの課題のいっそうの大きさを感得したがゆえの、重い決意をあらわしてもいたのだった。

そして「日韓一体」の経済構造が基底に横たわるがゆえに、周知のとおり南朝鮮における政治的矛盾は極度に尖鋭化している。とりわけ「ベトナムのつぎは朝鮮」というような国際政治のメカニズムが外から作用し、米・日・ソ・中それぞれの思惑をもちながら、この南朝鮮内部の状況の推移に視点をすえている状況が、南朝鮮人民のたたかいの与件をいっそう複雑にしている。南朝鮮革命の主要な要因のひとつとして「国際的力量」が数えあげられている（北の認識）なかで、われわれは、原則論ぬきの戦術論に翻弄される危険に直面している。このようななかで、依然として、本稿にふれてあるように、状況のカギをにぎっているのは南朝鮮人民の純粋に内発的な主体的力量である、とする視点に立つことが、日本における私たちの責務の増大さに照らしても、ますます重要になってきていると思う。

しかしながら、そのような視点を固守することすら困難にする頽廃が進行しているのが、帝国主義の内側にある私たちの状況ではないだろうか。かえりみて私たちの主体的条件はどうか。無自覚のうちに大いに動いているつもりで空転や足ぶみをしていはしないか。それどころか、五年前のみずからの発言を基準として現在をはかるとき、みずからの批判にたええないということすらないだろうか。五年前にいったことをいま一度ふりかえってみるべきときだと最初に書いたのは、この意味である。この重苦しいときを必ずのりこえていかねばなるまい。

なお、例えば文献紹介の項などは、いまだったら相当ちがうものが紹介されねばならないところだが、あえてそのままにしてあることをお断りしておきたい。

参考文献

『統一朝鮮年鑑一九六五―六六年版』統一朝鮮新聞社、一九六五年
劉浩一『現代朝鮮の歴史』三一書房、一九五三年
金鐘鳴編『朝鮮新民主主義革命史』五月書房、一九五三年
高峻石『南朝鮮経済史』刀江書院、一九七〇年
D・W・コンデ『アメリカは何をしたか』全六冊　太平出版社、一九六七・六八年
I・F・ストーン『秘史朝鮮戦争』青木書店、一九六六年
金煕一『アメリカ帝国主義の朝鮮侵略史』朝鮮青年社、一九六四年
民族問題研究会編『朝鮮戦争史』コリア評論社、一九六七年
孫性祖『亡命記』みすず書房、一九六五年
イ・ユンボギ『ユンボギの日記』太平出版社、一九六七年
村常男『韓国軍政の系譜』未来社、一九六六年
白峯『金日成伝』二・三部　雄山閣、一九六九・七〇年
李殷直編『ソウル／四月蜂起』新興書房、一九六七年
朝鮮科学院経法研『朝鮮における社会主義の基礎建設』新日本出版社、一九六三年
徐大粛『朝鮮共産主義運動史』コリア評論社、一九七〇年
渡部学・梶村秀樹編訳『日本に訴える――韓国の思想と行動』太平出版社、一九六六年

梶村秀樹「南朝鮮の支配構造といわゆる隷属資本」『朝鮮史研究会会報』八号、一九六四年
同「北朝鮮における農業協同化運動についての一考察」『朝鮮学報』三九・四〇号、一九六六年
中川信夫『李承晩・蔣介石』三一新書、一九六〇年
佐藤勝巳・梶村秀樹・桜井浩『朝鮮統一への胎動』三省堂、一九七一年
金達寿『太白山脈』筑摩書房、一九六九年
金石範『鴉の死』講談社、一九七一年
金芝河『長い暗闇の彼方に』中央公論社、一九七一年

編者注　朴憲永は八・一五直後にソウルに移って朝鮮共産党再建の活動を行なっているので、四五年末まで全羅南道で地下活動を続けた、という記述は誤りである。

解題――初出誌その他

排外主義克服のための朝鮮史

新納豊

青年アジア研究会の研究講座『日本・朝鮮・中国』の第一期「朝鮮史とわれわれ」の第一回として一九七〇年一二月に行なわれた講演に若干の加筆を施したもので、一九七一年六月、「研究講座　日本・朝鮮・中国　第一集」としてパンフレットの形態で青年アジア研究会から刊行された。「朝鮮史とわれわれ」は一九七〇年一二月から七一年三月まで三回にわたって講演され、第二回の講演「朝鮮民族解放闘争史と国際共産主義運動」は七一年一二月に、「研究講座　日本・朝鮮・中国　第二集」として同様に青年アジア研究会から刊行されており、その末尾に「研究講座・第一集に敷衍すること」と題して、一、自分の痛みにつながる日帝百年の歴史、二、マルクス主義の歪曲に抗して、三、日本労働運動の腐敗との闘い、四、李光洙の道にみるもの、の四項目が追加された。また、第三回の講演「八・一五解放以後の朝鮮人民」は『破防法研究』二五号（一九七六年三月）、二六号（同五月）、二七号（同八月）に三回にわたって連載された。尚、この三回にわたる講演記録は一九九〇年四月に『排外主義克服のための朝鮮史』として単行本の形態で青年アジア研究会から刊行された。

朝鮮民族解放闘争史と国際共産主義運動　劉孝鐘

青年アジア研究会の研究講座『日本・朝鮮・中国』の第一期（一九七〇年一二月〜七一年三月）の第二回として行われた講演の記録。一九七一年一二月、「研究講座　日本・朝鮮・中国　第二集」としてパンフレットの形態で青年アジア研究会から刊行された。なお、同パンフレット末尾の「編集後記」には、文中の見出し、中見出しはすべて同編集部によるもので、また「講座の際の梶村氏と参加者との質疑、討論は、一部は本文に挿入し、一部は関連する章の末尾に注として附した」とある。本文の流れと注の内容が必ずしもぴったり対応しないのは、このためであると思われる。満州の表記が「満州」になっているのも同様の事情によるものであろう。しかしこの違いは単純なものではない。梶村自身は、本著作第四巻Ⅱの論文の題名などからも確認されるように、地域名としては「満州」ではなく、満州と表記していた。それにしたがって、ここでは「満州」、在「満」朝鮮人、「北満州」をそれぞれ満州、在満朝鮮人、北満州に直した。

八・一五以後の朝鮮人民　水野直樹

『破防法研究』二五号、二六号、二七号（一九七六年三月・五月・八月）所収。

一九七一年三月、青年アジア研究会主催の研究講座『日本・朝鮮・中国』の第一期「朝鮮史とわれわれ」で行われた講演の第三回。のち、第一回、第二回の講演記録とともに、梶村秀樹『排外主義克服のための朝鮮史』（青年アジア研究会、一九九〇年四月刊）に収められた。『破防法研究』所収のものを底本とした。

解説　いま、なぜ梶村秀樹なのか——朝鮮と向きあうために

山本興正

I

梶村秀樹（一九三五〜一九八九）は、戦後日本の朝鮮史研究におけるパイオニアの一人であった。彼は、一九八九年に五三歳で逝去するまで、日本における朝鮮史研究、朝鮮人差別撤廃のための運動を牽引し、また大学での研究者養成だけでなく、働く人びとへの教育にも尽力した。歴史家・姜徳相《カンドクサン》は、この梶村の歩みを指して、「研究、教育、実践を三位一体としてなしとげた人」と表現している。(1) その早すぎる死のためか、不当に貼られたレッテルのためか、もしくは朝鮮そのものが日本思想史において重視されないという伝統のためか、梶村は戦後思想史においてその業績に見合う注目を受けているとはいえない。だがいま、日本で未曾有の排外主義が吹き荒れているこの困難な時代において、梶村秀樹ほど過去の忘却から甦ることを要求されている人物はいない。いま、なぜ梶村秀樹なのだろうか。

梶村秀樹は、戦前の植民地支配合理化に寄与した歴史観、つまり朝鮮は歴史的に遅れた発展段

階にあり、その「近代化」の使命を負うのは日本の役割であるという朝鮮「停滞史観」、朝鮮は自力で発展する主体的能力を欠如させているため、歴史的に常に大国に翻弄されるほかなかったという「他律性史観」、この二つの相補的な歴史観を克服すべく、朝鮮人とりわけ朝鮮民衆が外圧を受けながらもさまざまな営為を通して一貫して歴史の主体としてあったことを証明する「内在的発展論」を提起し、新たな朝鮮史研究の地平を拓いた。梶村にとってこの作業は、日本人の朝鮮に対する歴史的責任を確定するためにも重要であった。戦後の朝鮮史研究においては、姜徳相や朴慶植《パクキョンシク》などの在日朝鮮人歴史家と、山辺健太郎や中塚明などの日本人研究者が、日本帝国主義の朝鮮侵略史の実証的暴露という作業に取りかかっていた。また旗田巍《たかし》は、アジア・ナショナリズムの台頭という世界史的な動向のなかで他律性史観に代わる朝鮮史の見方を提示し、さらに日本人の朝鮮人に対する責任の問題を「民族の責任」という形で提起していた。梶村にとって、それらは不可欠で重要な作業であったが、さらに内在的発展の視角が必要であった。なぜならば、内在的発展の視角とは、社会経済史の厳密な把握とともに朝鮮民衆の主体性を対象化するものであり、そのような事実に基づいた主体的歴史像こそ朝鮮人が最も渇望していたものであったからである。また内在的発展の視角は、視座の転換によって日本人の朝鮮に対する責任意識を必然化するものであった。その転換とは、そのような主体的で肯定すべき歴史と未来があったにもかかわらず、日本帝国主義がそのさらなる開花の可能性を奪ったという、朝鮮史の可能性への確信に基づく認識の転換である。日本帝国主義の朝鮮侵略は、朝鮮人が主体となる歴史と生の可能性を奪ったという点において最も犯罪的であるのだ。したがって、梶村にとって内在的発展に基づいた歴史観は、朝鮮人とは別の意味で日本人にとっても必要であった。一連の探究において、そのような主体的朝鮮史像の構築にとって求められるべき科学精神と情念は見事に統合された。本書『排外主義克服のための朝鮮史』は、梶村の朝鮮史に関する認識・方法・経験などが率直に語られており、格好の朝鮮史の入門書であると同時に、梶村秀樹という朝鮮史家・活動家の自らも自己変革を模索しようとする思想的格闘の記録でもある。

Ⅱ

本書が誕生する背景に、一九七〇年七月七日をめぐる出来事があった。この日、在日外国人の生に直接的、具体的に関わる出入国管理法案への反対闘争を副次的課題と位置づけ、民族問題への無自覚を露呈していた日本の新左翼は、在日華僑青年闘争委員会（華青闘）からの告発に対し、自己批判をおこなう。「七・七告発」として知られるこの体験は、ごく一部の有志に民族問題の深刻さに目を向け、自己のあり方を省みさせる契機となった。本書の冒頭に「非常に緊迫した状況」とあるのは、このことを指していると思われる。そこで、青年アジア研究会の主催で、朝鮮史研究者であり日韓闘争時から活動家としても知られていた梶村を講師として、計三回、毎回午後二時から始めて九時までという「猛烈な」学習会が開催されたのである。(2) 本書の近代の民族解放闘争の記述のなかで、国際共産主義運動との関わりに関するものが中心なのは、共産主義革命のあり方に関心をもつ参加者の問題意識を反映しているといえよう。本書はその学習会の記録であり、特定の時代背景をもつ歴史的ドキュメントであるといえる。

しかし本書には、もう一つ重要な側面がある。この学習会がなされる以前、梶村は自身のあり方を見つめ直すある二つの体験を通過している。その一つは、梶村が所属した日本朝鮮研究所が主催した座談会で「特殊部落」という差別語が発せられ、それを機関誌『朝鮮研究』に何の違和感もなく掲載してしまったことである。これは当然鋭い批判にさらされ、梶村に朝鮮に向きあう姿勢そのものを猛省させる契機となった。もう一つは、一九六八年の金嬉老《キムヒロ》事件の公判支援の活動のなかで、在日朝鮮人・金嬉老が内面化した日本の同化主義からの脱却つまり民族的主体の回復にどれほどの困難が伴うかについて、自らの主体のあり方とともに考えざるをえなかったことである。こうした経験によって、梶村は「日本の排外主義について……自分を抜きにして、自分の外側にあるものとして……客観主義的にというか、まるで他人事のように議論してきた」あり方を見つめ直し、「具体的な生活と行動の次元で、自分自身をつらぬいているもの、外側の日本社会の否定的なものと自分自身がどうかかわってきたのか、そこに問題がある」(二六―七頁)ことを痛感したのである。また金嬉老との関わりは、他者の生身の屈折した(させられた)意識や現実に目を向ける契機となったに違いない。それは学問的側面からみれば、梶村が六〇年代において立脚していた科学的歴史学から具体的に生きる個人の歴史的な記憶と感情のひだにまで入り込んでいく歴史学へと変貌をとげようとしていく過程でもあった。本書にみられる問題の具体性への梶村のこだわりは、その緊張した経験から彼が学んだ教訓である。本書は、梶村自身の歩みという面からみても、彼の認識の転換点を示すものとして重要な位置を占めている。

「すべての歴史は現代史である」（クローチェ）という命題のごとく、梶村の歴史の描き方は時代の変遷とともに変化したが、彼は一つの原則だけは一貫して守り通した。それは、朝鮮史を朝鮮民衆という価値基準から描くということである。梶村には朝鮮史の主人公は朝鮮民衆であるという信念があり、彼の歴史記述の方法論をめぐる数々の試行錯誤や他の論者との論争は、民衆をいかに記述・把握するかということと不可分であった。本書においてその特徴が強くあらわれているのは、外から強制された分断を前提とした歴史観をしりぞけ、統一された全体的歴史像を提示していることである。それは例えば、日帝の朝鮮支配によって国外に拠点を移さざるをえなかった運動を本国の民衆とのつながりにおいてみていることや、解放後の分断状況のなかで南北朝鮮の体制を別個に論じるのではなく、統一運動を南北朝鮮の底流にある民衆の共通意識からとらえ、さらに朝鮮の解放後の運動と在日朝鮮人運動との関連を読み取ろうとしていることにみられるだろう。また歴史的時間やイデオロギーの断絶に対しても、それを底流にある連続性もしくは一貫性とともにみている。関連して本書では、朝鮮をめぐる大国の動きがいかに朝鮮民衆の一貫した解放の希求をつぶしたかという点から、また特にソ連については、民族解放闘争と国際共産主義運動とのはざまで葛藤する朝鮮人革命家の要求に真に向きあえたかという点から批判的に検討されている。梶村の歴史像はこのように、強いられた所与としての断絶・分断に抗い、朝鮮民衆という価値基準からその意味をとらえかえす全体的朝鮮史像である。

ここで、こうした特徴を前提としつつ、梶村史学の方法である内在的発展論について一言しておきたい。今日、梶村史学を「世界史の基本法則のあてはめ」として否定的に評価するものがあるが、梶村の真意はどこにあったのか。それは本書にはっきりと記されている。確かに梶村の方法は史的唯物論に基づくものであり、封建制→資本主義→社会主義という発展の枠組みを軸に歴史をみていた。その限りで、世界史の基本法則を承認していたことは事実である。だが梶村いわく、内在的発展とは社会経済史の機械的段階区分のあてはめによって見出せるものではない。そうではなく、「植民地支配に抵抗する運動の中に見出される近代史の最も価値あるものは、少なくとも、植民地支配・統治者の側、またその周辺に強制的に、あるいはたまには自発的に、いわゆる隷属資本家・官吏・インテリなどとして組みこまれた朝鮮人の営為にあったのではない。そういう人たちの権力に屈服した生活の中でつくり出されたものは、それはそれとして複雑なひだをもちながらも、政治経済的にも、文化的な面でも朝鮮人のつくり出した最高のものなのではない。いうまでもなくそれは、徹底的に民族解放をめざして闘う部分の中にあった」（六八頁）のである。梶村はこのような民族解放のための数々の営為を具体的にとりあげる。例えば梶村が申《シン》采浩《チェホ》という知識人にみるのは「現実の植民地権力との抗争、精神的に対峙していた緊張の姿、また、対抗していくための思想を、朝鮮の青年大衆の中にひろめ、ともに前進していこうとする血みどろの努力」である。それは、一九三〇年代の民衆と知識人がともに触発しあい変革されていく農民夜学などの数々の営為、戦時下での個々人の無数の無言の抵抗、解放後の南北朝鮮の民衆の共通の志向のあり方など、時代を一貫する価値をもっている（植民地権力は、民衆のこのエネルギーに対する恐怖があったからこそ暴力・懐柔などさまざまな手段を用いてそれに対したのだ)。梶村は、民衆そのものを可能な限り対象化すると同時に、そうした民衆に真に向きあった知識人を通して民衆をとらえようとする。強力な圧力によって時には後退しながらも、自己変革を含みつつ前進してゆく、こうした顕在的な運動の底流に存在する「朝鮮人民の歴史のエネルギー」。梶村が内在的発展という言葉で提示したかったのは、こうした近現代朝鮮史にみられる一貫した価値なのである。もちろん、のちに梶村は「内在的発展論のバイブル」と評される『朝鮮における資本主義の形成と展開』(龍渓書舎、一九七七年)においては、資本と民族とのはざまにあった植民地下のブルジョアジーや解放後の隷属資本のあり方などを主題としているが、それは、民族解放闘争をとりまく条件を明らかにすることで、内在的な社会経済発展を有機的に包摂した人民闘争史を描くことが可能となると認識したためであった。今日、梶村の内在的発展論がさまざまに検討されつつあるが、梶村がどこに歴史記述の価値基準をおいているかということは、常に立ち戻るべき認識の前提である。

Ⅳ

梶村の歴史学は、朝鮮を通して日本人のあり方を問うというもう一つの特徴をもっていた。かつて「朝鮮史は日本のリトマス試験紙である」ということがよく言われたように、言葉のうえではこれは梶村の専売特許ではない。では梶村のこの問題への対し方には、どのような特徴があり、また今日において継承すべき点があるのか。

梶村は、客観的にみれば、つまり朝鮮人の側からみれば明らかな侵略を日本人側には侵略だと気づかせないようなイデオロギーこそ帝国主義イデオロギーであり、それが排外主義を生み出す原因であると考える。近代日本においてこうしたイデオロギーを支えたいくつもの例をあげながら、梶村は本書でそれらを次々に否定していく。アジア主義、福沢諭吉の脱亜論、大井憲太郎の連帯論、講壇マルキストの東洋社会論、日韓親善論、アジア主義再評価論、これらすべてを梶村は根本的に問い直す。福沢の脱亜論以外、これらはすべて主観的には善意に基づいたものである。だが梶村からすれば、自分が侵略に加担しているという自覚すらもてない状況こそ帝国主義イデオロギーに浸っている証拠であり、これらの「思想」はそのために他者である朝鮮人と肯定的な関係性を生み出せなかったのである。排外主義を成立せしめるのが他者に対する無理解であるとすれば、重要なのは、朝鮮民衆の視線を自身に突き刺すことによって、その基盤そのものを問い直すことである。自らがよって立つ価値観そのものが朝鮮民衆の生きざまにふれることによって足もとから揺らぐ経験。梶村はそれを「めくられる」と表現し、それこそ日本人自身が帝国主義イデオロギー・排外主義を対象化し克服するために最も必要なことだと考えた。

とりわけ梶村にとって問題だったのは、近代日本における民衆（大衆）のあり方だった。権力や知識人が帝国主義イデオロギーを共有していたとしても、民衆が自らの主体性のもとにそれに代わる朝鮮との向きあい方を確立していたならば、問題は違っていただろう。だが実際には、日本民衆はこのイデオロギーに組み込まれ、最も凶暴な侵略の下手人になってしまったのである。それはなぜか。梶村が問うのはそこである。梶村は、その原因を理論的に演繹し断罪するのではなく、民衆自身の歴史に入り込むことで、それを見出そうとする。梶村は本書で「天皇制国家の枠組みのなかの忠良なる臣民として生き」た「祖父・父・私」（八六頁）の朝鮮との関わりをみることを述べているが、これは以後の彼のライフワークとなった。梶村は、肉親と自己の身を切り裂きながら、朝鮮との否定的な関わりを明るみにだすことで、日本の民衆の人間的再生の可能性を見出そうとしたのだろう。そこにあるのは、絶対的な絶望ではなく、絶望から出発した変革の可能性への確信である。

だが今日、私たちが排外主義克服という課題を立てるとき最も注目すべきなのは、梶村が日本人のあり方および責任の所在を、朝鮮人の歴史的・同時代的あり方との関係性（梶村はこれを「否定的に結びつけられている」と表現する）において把握しているということである。ポイントは本書の次の言葉にある。

朝鮮人民の歴史のどこを考えても日本帝国主義の支配ということをぬきに真空の中にあったわけではない。特に日本帝国主義の性格が、朝鮮人の内面にまで入りこんでいくものとしてあっただけ、そのことをぬきにして、つまり民族的責任の観点ぬきに、日本人であるわれわれが単に客観主義的に歴史を語るわけにはいかないということが大前提です（一八二―三頁の注1）。

梶村にとって、民族的責任の追及という課題は自己完結的でありえないものであり、それと朝鮮もしくは朝鮮人に対する内在的な理解が内的に統一されなければならない。梶村は、その両者の統一のために必要なのは「朝鮮人民の長期にわたって帝国主義支配の下にあって生活しながら闘ってきた大衆運動、特に国内の運動が、どのように日帝支配を受けとめながら自分たちのものを創り出してきたか、というところに焦点を絞ること、つまり、朝鮮史の主人公は朝鮮人民であり、朝鮮人民がどのような客観条件の中で生き、闘ってきたかを全面的に明らかにしていく観点をつらぬくこと」（一〇三頁）であると言う。梶村の内在的発展論は、日本人のあり方、民族的責任を問うという問題意識と絶対に切り離せないのである。

　このように、梶村のいう日本人の民族的責任とは、それが単なる道義的次元にとどまることを許さない歴史的・同時代的関係性に基づくものとしてある。「正確な言葉ではないかもしれないが、彼の朝鮮史の研究方法に対して後輩研究者たちが『反省の歴史学』といって批判するのを聞くことがある。……彼はおそらく『反省』ではなくて即ち、歴史の真実、それを追究した結果だといいたいのではなかろうか[3]」。これは韓国の歴史家・姜萬吉《カンマンギル》の言葉だが、まさに梶村史学の本質を言い当てている。

　このように考えながら本書の構成をみると、朝鮮史をみる視点・姿勢について主に述べられている第Ⅰ部と、朝鮮民衆を価値基準において朝鮮の民族解放闘争・統一運動のあり方について述べた第Ⅱ・Ⅲ部は、梶村の思想体系において相互不可分の構成部分であることがわかる。本書が底本とした『梶村秀樹著作集』では編集上この三部がテーマにしたがって別々の巻に収録されているが、今回それが一つにまとめて出版される意義はこの意味でも大きいといえる。さらに、今日、排外主義克服の課題を掲げる人びとが排外主義者とどう向きあうかということだけに問題意識を自閉させ、在日朝鮮人の民族的主体の回復の努力がいかなる状況でなされ、その状況に自身はいかにかかわっているのかについて等閑に付すことが往々にしてみられることを考えると、私たちの問題意識にとって特に重要なのは、「排外主義克服のための朝鮮史」と銘打たれた第Ⅰ部からはじめて第Ⅱ・Ⅲ部の具体的な朝鮮民衆の営為に関する記述に進み、それを第Ⅰ部の姿勢論に投げ返すことではないかと思う。そこから本書をさらに深めるような朝鮮史の知識を身につけたいという要求が生じるならば、それこそ梶村の本望でもあろう。他者を内在的に理解する努力を通して存在規定性をもつ自らの主体を問い直すこと、そして自らの主体を問い直すためにも自己に結びつけられた他者を内在的に理解するよう努めること、そのような主体の緊張を伴う循環的な作業なくして排外主義を克服することなどできないに違いない。

Ⅴ

最後に、梶村の認識のさらなる展開について触れておきたい。梶村は以後、（本書でもおこなっている）朝鮮史の段階区分をした上で解放闘争の性格の移行をみるという問題視角を相対化、つまりイデオロギーレベルでの社会主義と民族主義の対立という枠組みを排除はしないながらも、そうした枠組みを固定化することで見失いかねない民衆運動史の豊富な事実とそれを包摂する共通の課題を具体的な文脈でとらえ返すことになる。詳述は避けるが、梶村は、一九二〇～三〇年代の植民地朝鮮における民衆運動を論じるなかで、当時の先進的な無名の知識分子の「民衆のなかへ」の努力が触媒となって展開した朝鮮民衆の「生きるための闘い」「亡ぼされないための闘い[4]」つまり民族解放という目標と不可分の多様な闘いを支えた志向の体系を「民衆的民族主義」と呼ぶ。梶村によれば、「自分たちが主体である人間的な自由と解放の場」つまり「民衆的民族主義の「新しい社会」のイメージ、自立した直接生産者の自由で民主的な共同体のヴィジョンこそ、狭義の社会主義と区別される、本来の意味での人民民主主義の成立根拠であった[5]」。そして、その「新しい社会」のイメージは解放後に継承され開花していくとみるのである。これは、イデオロギーの基底にある民衆の共通の希求を探るという点で、また民衆と知識人の関係のあり方という同時代の韓国民衆運動の課題とも時代継承的に考えようとする点で（この言葉自体、当時韓国でもよく用いられていたという同時代性をもつ）、まさに梶村の全体的歴史学、統一の歴史学の到達点となる概念であった。

ただここで私はもう一つ、この民衆的民族主義論の展開と並行してみられる梶村の変化に注目したいと思う。それは、実践という側面からみた変化である。日韓闘争、日本の対韓再侵略批判、金嬉老公判対策委員会での活動、指紋押捺拒否闘争、その他数々の朝鮮人差別克服のための運動への参与とそこでの経験は、梶村がその思想を深化させていく契機・過程であった。興味深いのは、本書では「戦後民主主義」の欺瞞性に鋭い鉾先を向けているにもかかわらず、次第に梶村が運動の過程のなかで民主主義の原則を肯定し、擁護する方向に向かっていくことである。梶村のこの変化と民衆的民族主義論の関係について、直接的な因果関係があるかはわからない。だが重要なのは、梶村が、朝鮮の民衆的民族主義のヴィジョンに描かれた民主的な社会は、実践のなかでつくり出されるものであると認識していることである。この認識が、日本の社会運動のあり方への、また日本社会のあり方への梶村のヴィジョンにも跳ね返ってきたと考えることは不可能ではない。また教育者としても梶村は、アカデミズムの枠内でのもの以上に「現代語学塾」や大学の二部（夜間部）などにおいて、知識人養成のためではない教育を大切にした。梶村はこのように、おそらくは朝鮮民衆のあり方にふれ、それに触発されながら、実践を通して真に民主的な文化をつくり上げようとしたのである。

VI

「われわれはともかく、今二〇歳ぐらいの世代がわれわれくらいの年齢になるころがえらい心配だよね。たぶん第三世界の人びとが新しく生み出しつつあるものが、今、試行錯誤中だから、その頃にはもう少しきちっとした整った形で姿を現してきて、その頃になってはっと気がつくということになると思うんです[6]」。これは、一九八〇年代におこなわれた問答での梶村の言葉である。この間、朝鮮史研究の分野では、梶村の真の意図は理解されないまま内在的発展論への攻撃が開始され、朝鮮民衆の底流への視座を後景にしりぞけ、民族解放闘争よりも植民地権力にからめとられた人物の内面世界へ、朝鮮ナショナリズムの歴史的意味の探究よりも抑圧性の強調へと、視座の力点を移していった[7]。また、梶村の「理念型」として朝鮮民衆をとらえるという方法に対する批判もなされた（だがそれは、ウェーバーのいう理念型の定義の理解という点と、そもそも理念型を立てずに対象把握は可能なのかという点において大いに疑問がある見解である。また理念型としての朝鮮民衆像に「日本人の読者が本当に共感しうるのか」という疑問に対しては、これまでの説明が反論に代わる(8)。そこでは全体的な傾向として、「脱政治性」「第三者性」を求める主体の緊張なき朝鮮史へと、研究そのものを支える問題意識の変質が進行していった。そして、日本人の民族的責任を追及するという実践的課題と切り離された朝鮮史研究の流れと軌を一にするかのように、「在特会」、ヘイトスピーチ、関東大震災朝鮮人虐殺の否定などの歴史修正主義、在日朝鮮人の民族教育への弾圧など、今日大きな問題となっている動きが台頭した。梶村の「心配」は、不幸にも現実化してしまったのである。

問題は現在のエキセントリックな排外主義だけなのだろうか。他者に対する想像力とそれに基づく自己の問い直し、さらには両者の関係性の歴史的検証を必要と感じないことこそ排外主義イデオロギーであり、それが今日の状況を用意したのではないのか。私たちは朝鮮人について、実は何もわかっていないのではないのか。それはつまり、日本人自身についてわかっていないということではないのか。梶村はいま再び、私たちにそう問いかけているように思える。

困難な状況は、実践のなかで思想を練り上げていった梶村秀樹という人物の格闘を危機意識とともに想起することを求めている。本書『排外主義克服のための朝鮮史』を読む意味は、今日ますます深まりつつある。

（やまもと　こうしょう／思想史・日朝交渉史）

注

（1）姜徳相「梶村さんを想う」『追悼梶村秀樹さん』「故梶村秀樹先生をしのぶ市民の集い」実行委員会、一九八九年、七頁。

（2）本書には収録しなかったが、本書の青年アジア研究会版（一九九〇年）の「あとがきにかえて」には、「七〇年七・七自己批判を出発点として、朝鮮・中国人民の存在とたたかいに学び、肉薄しようと日夜、学習に励んだあの頃の熱気」という記述がある。

（3）姜萬吉「梶村教授を追慕する」『梶村秀樹著作集』（以下『著作集』）別巻、明石書店、一九九〇年、一二九―一三〇頁。

（4）『常緑樹』（解説）」『著作集』第四巻、一九九三年、三五三頁。

（5）「一九二〇～三〇年代の民衆運動」『著作集』第四巻、三六六頁。

（6）「歴史の発展は幻想だろうか」菅孝行編『モグラ叩き時代のマルキシズム』現代企画室、一九八五年、一一六―七頁。

（7）この後者の朝鮮ナショナリズムに対して否定的に評価する傾向は、梶村の別の著書の解説者にも共有されている。例えば石坂浩一は、「梶村秀樹は南北の内戦として、民族の問題として、分断時代をとらえる傾向が強い。だが、その没後、社会主義が崩壊し冷戦が終結しながら、東北アジアに地域的緊張が残った二一世紀の現実をみると、東北アジアレベルでの認識が問われていることが実感される」という評価を与えている（石坂浩一「解説」梶村秀樹『朝鮮史――その発展』明石書店、二〇〇七年、三五一頁）。「東北アジアレベルでの認識」とは何かがはっきりしないが、この「社会主義の崩壊」という現実から梶村の民族観を否定的にみることが、彼の思想および意図を内在的にとらえたうえでの評価といえるかには疑問が残る。この問題については、梶村の他律性史観に対する批判、朝鮮史の「先祖帰り」への危惧、さらに彼の描く統一像を総合的にみて評価をすべきであると思われる。

（8） 宮嶋博史「梶村・安秉珆論争雑感」『著作集』別巻、一二七頁。

＊ この解説の執筆にあたって、姜徳相・愼蒼宇《シンチャンウ》・洪昌極《ホンチャング》各氏から貴重なアドバイスをいただいた。ここに記して感謝の念を表したい。

平凡社ライブラリー 823

排外主義《はいがいしゅぎ》克服《こくふく》のための朝鮮史《ちょうせんし》

発行日…………2014年12月10日　初版第1刷

著者……………梶村秀樹
発行者…………西田裕一
発行所…………株式会社平凡社
〒101-0051　東京都千代田区神田神保町3-29
電話　東京(03)3230-6579[編集]
東京(03)3230-6572[営業]
振替　00180-0-29639

印刷・製本 ……株式会社東京印書館
ＤＴＰ…………大連拓思科技有限公司＋平凡社制作
装幀……………中垣信夫

ISBN978-4-582-76823-7
NDC 分類番号221.07
B6変型判（16.0cm）　総ページ328

平凡社ホームページ http://www.heibonsha.co.jp/
落丁・乱丁本のお取り替えは小社読者サービス係まで
直接お送りください（送料、小社負担）。

平凡社ライブラリー　既刊より

林　淑美 編………………中野重治評論集
松下　裕………………増訂　評伝中野重治
森崎和江………………奈落の神々　炭坑労働精神史
安丸良夫………………日本の近代化と民衆思想
石母田正………………歴史と民族の発見――歴史学の課題と方法
ジョン・W・ダワー………………容赦なき戦争――太平洋戦争における人種差別
姜在彦………………増補新訂　朝鮮近代史
岡　百合子………………中・高校生のための朝鮮・韓国の歴史
安宇植 編訳………………増補　アリラン峠の旅人たち――聞き書　朝鮮民衆の世界
カール・ヤスパース………………戦争の罪を問う
西川長夫………………増補　国境の越え方――国民国家論序説
テッサ・モーリス＝スズキ………………批判的想像力のために――グローバル化時代の日本
尹健次………………「在日」を考える
金時鐘………………「在日」のはざまで
梁石日………………アジア的身体
四方田犬彦………………われらが〈他者〉なる韓国